PETER SELG

Michael Bauer
Ein Mitarbeiter Rudolf Steiners

PETER SELG

Michael Bauer

Ein Mitarbeiter Rudolf Steiners

VERLAG AM GOETHEANUM

Herausgegeben von der
Allgemeinen Anthroposophischen Sektion
der Freien Hochschule für Geisteswissenschaft
(Goetheanum)

2., korrigierte Auflage 2021

Der Verlag am Goetheanum im Internet: www.goetheanum-verlag.ch

Einbandgestaltung von Wolfram Schildt

Satz: Heiko Hanekop
Druck und Bindung: Majuskel Medienproduktion, Wetzlar

ISBN 978-3-7235-1692-8

Inhalt

Wenn man seiner hohen und doch demütigen Gestalt begegnete, konnte man meinen, einer von den holzgeschnitzten Aposteln der Nürnberger Meister sei von seinem Sockel herabgestiegen, denn nur Augen, welche den Heiland selbst gesehen hatten, konnten so blicken, wie die seinen.

Alexander Strakosch[1]

Nicht vergessen werde ich seine Worte, wo er von der menschlichen Kleinheit sprach, die man fühlt erst dann, wenn man im Geist wirklich einmal konkret vor einem Erzengel gestanden hat. Michael Bauer erinnerte mich immer an jene weisen Menschen, von denen Rudolf Steiner in seinen Rosenkreuzer-Vorträgen erzählt, dass der Schüler aus dem sanften, stillen Leuchten ihrer Augen den Glanz der Hierarchien wahrgenommen habe. Es war mein erster Eindruck, als ich zum ersten Mal über die Schwelle zu dem Zimmer Michael Bauers trat: Da steht ein Mensch vor dir, der die Engel aus eigener Anschauung kennt.

Eduard Lenz an Friedrich Rittelmeyer, Juni 1929[2]

Vorwort

> […] Einer, der ein wirkliches Verhältnis zu Steiners Mission gewonnen hat, kann ja nicht irre werden. Denn seine Ideen stehen so überragend in allem, was sonst geboten wird, drinnen, dass man nur verehren und lieben kann, wenn man versteht. Noch kann ja keiner von uns die Größe und Tragweite seines Wirkens richtig übersehen: wir stehen zu nahe dabei.
>
> Michael Bauer, 1913[3]

Der vor 150 Jahren geborene Michael Bauer (1871–1929) gehörte zu den bedeutendsten Schülern und Mitarbeitern Rudolf Steiners – für Andrej Belyj war Bauer die herausragendste spirituelle Persönlichkeit im Umkreis Steiners, stand als Schüler und Helfer in gewisser Hinsicht «an erster Stelle»[4]. Belyjs authentisches und aufgrund subtiler Beobachtung gewonnenes Zeugnis hat vieles für sich und gewinnt bei näherem Studium von Michael Bauers Leben und Werk noch weiter an Überzeugungskraft. Bauer ging den esoterischen Schulungsweg seit seiner Begegnung mit Rudolf Steiner in absoluter Geradlinigkeit und gelangte zu eigenständigen geistigen Wahrnehmungen und Erkenntnissen, die außerordentlich eindrucksvoll und so aus der übrigen Schülerschaft nicht bekannt sind. Er wurde darüber hinaus zu einem spirituellen Mitarbeiter Rudolf Steiners, beriet und begleitete unzählige Menschen auf ihrem meditativen Weg und unterstützte die Lehrer der Stuttgarter Waldorfschule, aber auch die Priester der Christengemeinschaft mit geistiger Vollmacht und Souveränität. Bauer trat publizistisch für Rudolf Steiner und die Anthroposophie ein, legte dabei nach Steiner als erster aufgrund eigener innerer Erfahrungen öffentlich Zeugnis von dem geisteswissenschaftlichen Schulungsweg ab und stand Rudolf Steiner außerordentlich nahe. Bauer übernahm Mitverantwortung für die Führung der Anthroposophischen Gesellschaft, so lange er dies aufgrund seiner körperlichen Verfassung noch irgendwie konnte; aber auch später hatte er einen klaren Blick für die Aufgaben, Möglichkeiten und Grenzen dieser Gesellschaft – und war oft tief betroffen von ihrem weitgehenden Versagen vor Rudolf Steiner. Nach Rudolf Steiners Tod war Michael Bauer nach Kräften darum bemüht, dass das Lebenswerk des Lehrers von den in der Anthroposophischen Gesellschaft vereinigten Menschen verinnerlicht und der Zivilisation zugänglich gemacht würde, überlebte Rudolf Steiner jedoch lediglich um wenige Jahre und hatte nur noch extrem limitierte Handlungsmöglichkeiten. Seit seinem vierzigsten Lebensjahr war er ein schwer kranker Mann – Rudolf Steiner bezeichnete es bereits Anfang der 20er Jahre geradezu als ein «Wunder», dass Bauer überhaupt noch lebe («Dies ist nur seiner starken geistigen Kraft zuzuschreiben.»[5]). *Wie* Michael Bauer diese auszehrende Krankheit bewältigte und was er ihr trotz größten Leidens an geistiger und kultureller Arbeit abrang, gehört ebenfalls zu den wesentlichen Signaturen seiner Erdenexistenz.

Menschen, die Michael Bauer näher kennen lernten, hatten häufig die Impression eines «Heiligen» im 20. Jahrhundert, eines modernen «Starez». Bauer hatte die großen geistigen Auseinandersetzungen an der Jahrhundertwende sehr bewusst mitvollzogen und wie Rudolf Steiner Naturwissenschaften an einer Technischen Hochschule studiert, im übrigen – ebenfalls wie Steiner – seit seiner Adoleszenz pädagogisch gearbeitet. Er war den Weg in die Geisteswissenschaft methodisch und in dem Bewusstsein ihrer epochalen Notwendigkeit gegangen, zugleich hatte er seit Kindheit an über besondere Kräfte verfügt, die wie ein Geheimnis der Schöpfung anmuten und fortwährend in und um ihn waren. Viele Menschen erlebten seine durchchristete Existenz geradezu als einen Segen; sein letztbehandelnder, nicht den anthroposophischen Zusammenhängen angehörender Arzt sagte über ihn: «Nie ist mir ein gütigerer weiserer Mann begegnet als Michael Bauer, der im höchsten Sinn des Wortes zerfallend Strahlen aussandte.»[6] Bauer selbst schrieb einmal über sich: *«[...] Nach allen Schwächen und Unzulänglichkeiten weiß ich immer eine Stätte in meiner Seele aufzusuchen, wo Kindesunschuld weset und wo ein Friede waltet, höher als alle Vernunft, nicht wie ihn die Welt gibt, wo der Himmel die Erde, die Gottheit den armen Menschen berührt und wo ewiges Leben in der Zeit wie ein Bronnen sprudelt. Mögen auch mich manche betrachten als wäre ich ‹ein Narr in Christo›.»*[7] – Mit diesen lukanischen Friedens[8]- und Liebeskräften[9], aber auch aufgrund seiner profunden Bildung und spirituellen Sicherheit, die ein offenbarer Ausdruck seiner seelisch-geistigen Entwicklungshöhe war, wurde Michael Bauer für viele Zeitgenossen ein zentrales Erlebnis und ein wegweisender

Geleiter auf ihrem Weg zu Rudolf Steiner und der Anthroposophie; unter diesen Menschen waren bedeutende und wirkmächtige Persönlichkeiten wie Friedrich Rittelmeyer und Christian Morgenstern, die beide eng mit Michael Bauer befreundet waren, ihn dabei aber bis zuletzt als anthroposophischen Lehrer und geistiges Vorbild betrachteten.

Michael Bauers eigener Blick jedoch war immerzu auf Rudolf Steiner und die Anthroposophie als der zeitgemäßen Gralswissenschaft gerichtet. Noch in seinem Sterbemoment erhob sich Bauer von seinem Krankenlager und betrachtete ein letztes Mal ein Porträt Rudolf Steiners – «*jeder Aufblick bedeutet die Erregung von Willenskräften des Aufstiegs. Wer nicht mehr aufblickt, der steigt auch nicht auf.*»[10] Bauer war ein hochintelligenter und kritisch-urteilsfähiger Zeitgenosse des beginnenden 20. Jahrhunderts, hatte den Agnostizismus in allen modernen Schattierungen kennen gelernt und sah die zivilisatorischen Abgründe mit bestechender Klarheit. Um so entschiedener aber ging er den Wandlungsweg der esoterischen Schülerschaft und praktizierte die geistige Kraft der Verehrung von Wahrheit und Erkenntnis, ja hatte «ein völlig *unmittelbares* Verhältnis zur objektiven Geisteswelt»[11] – und damit zugleich einen in aller Tiefe wahrnehmenden Blick für einen Initiaten wie Rudolf Steiner, der in seinem eigenen Erdenweg zum Träger eines zukunftsbildenden Mysterienwissens christlicher Herkunft und Ausrichtung geworden war. Dass die Anthroposophie die Möglichkeit und moralische Aufgabe eröffnet, in individueller wie sozialer Orientierung handelnd in die Weltwirklichkeit eingreifen zu können, stand für Michael Bauer fest und war ihm nicht zuletzt an Rudolf Steiners Arbeitshaltung und Lebensführung zu einer tiefen christologischen Erfahrung geworden:

> Der Urimpuls zum esoterischen Leben muss das Verlangen nach dem *Wissen* um *rechtes Handeln* sein. Also ein moralischer Impuls. Das Leben im Übersinnlichen ist dann ein reines Leben in Erkenntnis, das Wachstum ein Aufgeben des Denkens als eigenes Werk und ein Hingegebensein an die *Weisheit* der Welt. […]
> Das Erkennen ist ein Aufgehen im Heiligen Geist. Christus lebt in unserem Werk, wenn wir esoterisch leben.[12]

Wilhelm Kelber schrieb in einer Erinnerungsnotiz über Michael Bauer einmal die objektiv zutreffenden und in aller Tiefe zu bedenkenden Worte:

Er war ein lebendiger Beweis für das Wirken seines Lehrers und wurde von diesem öfters als ein solcher genannt.
Und er war ein reiner Repräsentant dessen, was mit dem «Ecce homo» angesprochen ist im Wesen des Christus. Er trug Seinen Namen an seiner Stirn.[13]

*

Mit der nachfolgenden, hinsichtlich ihrer dokumentarischen Quellen insbesondere auf den großen biographischen und werkeditorischen Arbeiten Christoph Raus[14] basierenden Studie wird intendiert, Michael Bauers Stellung zu Rudolf Steiner und zur Anthroposophie näher herauszuarbeiten. Diese Stellung im Einzelnen sehen zu können und Michael Bauer als herausragenden Schüler, Mitarbeiter und Begleiter Rudolf Steiners in seiner spezifischen Eigenart verstehen zu lernen, scheint überaus wesentlich zu sein – gerade auch angesichts von Bauers innerer Haltung nach Rudolf Steiners Tod und seiner methodischen Hinweise für den weiteren Umgang mit Rudolf Steiners Werk. Was Michael Bauer über die spirituelle Rezeptionsaufgabe der Anthroposophie, ihre Voraussetzungen und Bedingungen zu Lebzeiten Rudolf Steiners und nach dem 30. März 1925 zu sagen hatte und persönlich lebte *(«Das Höchste und Innerlichste des Werkes bleibt der gewiesene Weg»[15])*, hat einen nur schwer zu übersehenden Zukunfts-Charakter und ist bis heute mehr als aktuell.[16] An Michael Bauer kann – trotz seiner offensichtlich einzigartigen Schicksalssituation – ein exemplarisch-vorbildlicher Eindruck von dem entstehen, was eine gelingende esoterische Schülerschaft bei Rudolf Steiner realiter impliziert und welche konkreten Konsequenzen sich aus ihr – entgegen allen postmodernen Autonomie- und Eitelkeitstendenzen – für die seelisch-geistige Entwicklung und Wirksamkeit, aber auch für den inneren Umgang mit Rudolf Steiner und der Anthroposophie ergeben, bis in ihre öffentlich-publizistische Vertretung hinein. Michael Bauers eigentliche Lebensarbeit und Bedeutung sollte daher meines Erachtens weder allein in seiner wesentlichen Mitwirkung am Werden der Christengemeinschaft, noch in seinen außergewöhnlichen Niederschriften und Aufzeichnungen gesehen werden; in ihrem Zentrum gehen alle seine Arbeiten auf seine Existenz als rosenkreuzerischer Geisteswissenschaftler im 20. Jahrhundert und damit als herausragender und methodisch wegweisender Schüler und Mitarbeiter Rudolf Steiners zurück. Erblickt oder erahnt man dieses Zentrum seines geistigen Lebens, so eröffnet sich jedoch damit indirekt auch ein vertieftes Verständnis von Michael Bauers besonderem Wirken und damit von der spezifischen Bedeutung der von ihm begleiteten Aktivitäten und Entwicklungen.

An der von Rudolf Steiner begründeten Dornacher Freien Hochschule für Geisteswissenschaft konnte Michael Bauer aufgrund seiner schweren Erkrankung schließlich nicht mehr aktiv mitarbeiten – bereits in der Zeit der Grundsteinlegung des ersten Goetheanum, im Herbst 1913, aber hatte er an seinen (ebenfalls schwer erkrankten) Freund Christian Morgenstern geschrieben: *«Dass wir – wenigstens in Gedanken – wissend miterleben durften den Augenblick, wo nach zweitausendjähriger Entbehrung wieder eine Mysterienstätte die Erde weiht, das gehört wohl zum Wertvollsten dieses unseres Lebens. Nun werden wir, wenn wir wieder einmal geboren werden, hoffentlich den Weg zu solcher Stätte um so sicherer finden.»*[17]

Mein Dank für das Zustandekommen dieser Schrift, der – in Vorbereitung einer großen Werkbiographie Rudolf Steiners – weitere Studien über Christian Morgenstern, Edith Maryon und Assja Turgenieff nachfolgen werden, gilt insbesondere Margareta Morgenstern († 1968), Kurt von Wistinghausen († 1986) und Christoph Rau († 2018) für die von ihnen veröffentlichten, grundlegenden Arbeiten von und über Michael Bauer. Gedankt sei des weiteren Dr. Walter Kugler (Rudolf Steiner Archiv, Dornach) für die Erlaubnis zur Faksimile-Wiedergabe zahlreicher Dokumente.

Peter Selg

Casa Ciseri
Ronco sopra Ascona
Ita Wegman Institut
Arlesheim
August 2005/2021

1. Der Weg zu Rudolf Steiner

Wenn wir aufwachen aus dem Schlafe, wachen wir nur für einen Teil unseres Wesens auf. Der übrige Teil ist erst durch Schulung weiter wach zu bringen.

Der Mensch kann gleichsam die Rosen schon spüren, ehe sie hervorbrechen. Das Leben wächst aus dem Inneren. Wachheit steigern, bis man die Sterne am Tag, die Sonne um Mitternacht sieht.

Michael Bauer[18/19]

[…] Diejenigen, welche solche Dinge wirklich ganz energisch befolgen, wie sie in meinem Buche «Wie erlangt man Erkenntnisse der höheren Welten?» stehen, die finden schon den Weg in die geistigen Welten hinein.

Rudolf Steiner[19a]

Michael Bauer wurde am 29. Oktober 1871 in einem oberfränkischen Dorf geboren, an einem Sonntag – *«als die Leute am Sonntag von der Kirche heimkamen, war ich da; es muss wohl grad um 12 Uhr mittags gewesen sein, denn der Weg bis zur Kirche war recht weit»*[20]. Er wuchs in eine ebenso bodenständige wie gemütstiefe, von besonderen Fähigkeiten gekennzeichnete Familie hinein, in einer bewahrten Landschaft und vergänglichen Zeitsituation, die noch den Geist alter Spiritualität kannte und lebte:

> Ich weiß noch, wie mein Vater, der ein Bauer war, nie die Pferde an den Pflug spannte, ohne zu sagen: «Das walte Gott!», wie meine Mutter nie ein Brot zum Aufschneiden in die Hand nahm, ohne drei Kreuze darauf zu machen. Das war in einer nichtkatholischen Gegend.[21]

Michael Bauers Vater, ein Landwirt und Bürgermeister, Tierkundiger und Heiler, ließ für das Kind – wie für alle seine Geschwister – mit großer Selbstverständlichkeit «den Planeten aufschlagen»[22].

*

Michael Bauer war ein hochbegabtes Kind, dem man ab dem vierten Lebensjahr nicht länger den Eintritt in die Schule versagen konnte. Dort beeindruckte er den Lehrer bald durch die Intensität seiner Wachheit und den Umfang seines Wissens, nicht weniger aber seine Mitschüler und Geschwister. In der Erinnerung eines Stiefbruders hieß es später über ihn:

> Seine Kameraden lernten von ihm fast mehr als vom Lehrer selbst. Schon von klein auf kannte er jede Blume, vor allem auch jedes Heilkräutlein. Er legte sich allmählich große Sammlungen an und erklärte, was jede Pflanze bedeute, wogegen sie bei Krankheiten helfe. Auch das Gestein, von dem es bei uns vielerlei Arten gibt, sammelte und kannte er. Er gab auf alles acht, auf jedes Würmlein, und trug immer etwas von einem Ausgang mit heim. Niemand von uns wusste, woher er das alles hatte und verstand. Dabei hat er daheim für die Schule eigentlich nie etwas zu lernen brauchen – es ist ihm alles nur so *wie zugeflogen.*[23]

«Er gab auf alles acht, auf jedes Würmlein» – Michael Bauers Grundstimmung der Achtsamkeit und Verehrung, der andächtigen Liebe zu den irdischen Wesenheiten und ihren Werdegesetzen, aber auch zu Persönlichkeiten seiner Umgebung trat früh in Erscheinung und bestimmte einen verinnerlichten Welt- und Kosmosbezug, der seinen weiteren geistigen Entwicklungsweg kennzeichnen und fördern sollte.[24] Auch eine außerordentliche Hilfsbereitschaft und soziale Ausrichtung war dem gemütvollen und dennoch überaus aktiven Kind eigen, das Heilkräuter im Auftrag seiner Mutter sammelte[25] und ein Hüterjunge wurde, der zahllose Stunden mit den ihm anvertrauten Tieren in großer, wirkmächtiger Landschaft verbrachte[26]; wie sein Vater und Großvater vermochte Michael Bauer bereits in jungen Jahren, Wunden der Tiere zu heilen, ja heilende Kräfte der Blutstillung und Leibregeneration aufzurufen. Er verfügte auch über eine markante Musikalität, brachte sich das Geigen- und Klavierspiel weitgehend selbst bei und zog mit musizierenden Zigeunern umher, in selbstbestimmter Wesensentfaltung. Vierzehnjährig, am Ende der Kindheit und zu Beginn der schicksalseröffnenden Jugendzeit[27], starb ihm seine Mutter – ein Ereignis, das eine jahrelange Einsamkeit nach sich zog[28], aber auch den bewussten Umgang mit der Schwelle zur geistigen Welt anbrechen ließ. *«Erinnerung an den Augenblick pflegen, als meine sterbende Mutter von mir Abschied nahm. Von Liebe bedrängt im Angesicht des Todes.»*[29] In einer späteren Aufzeichnung Bauers hieß es:

> Das Leben nach dem Tode hat eine ganz andere Gestalt als das Leben diesseits des Todes; aber es bleibt Leben und als solches im Bereich der Liebe.[30]

*

Bereits in seinem sechzehnten Lebensjahr besuchte Michael Bauer das Lehrerseminar in Bamberg und begann achtzehnjährig als Volksschullehrer pädagogisch tätig zu werden, wurde *«vereinsamt in Pfälzer Dörfern Lehrer»*[31] – zeitgleich mit Rudolf Steiners Übersiedlung von Wien nach Weimar. Drei Jahre später, einundzwanzigjährig, am Ende des dritten Lebensjahrsiebtes und zur Zeit der geistigen «Ich-Geburt», erkrankte er lebensgefährlich an einer Pneumonie und wurde – ärztlicherseits bereits aufgegeben – von seiner Schwester gepflegt. Bauer überwand diesen großen Einschnitt in seine Werdensgeschichte und ergriff den mit ihm verbundenen Wandlungs- und Zukunftsprozess[32] – er nahm für vier Jahre Urlaub vom Schuldienst und stellte sich einem akademischen Studium, dem er – wie Rudolf Steiner – an einer Technischen Hochschule und in den Fächern Physik, Chemie und Botanik nachging («[…] Die naturwissenschaftliche Denkungsart ist die mächtigste Gewalt im Geistesleben der Neuzeit. Und wer von den geistigen Interessen der Menschheit spricht, darf an ihr nicht achtlos vorübergehen.» Rudolf Steiner, 1902[33]). An der Münchner Hochschule setzte sich Michael Bauer intensiv und mit größter innerer Beteiligung mit der modernen Naturwissenschaft (unter besonderer Berücksichtigung der Evolutionslehre) auseinander[34] und trieb umfangreiche mathematische Studien[35]; zugleich ging er ebenso entschieden den Weg einer konsequenten Innenwendung und esoterischen Entwicklung. Er studierte den Spiritismus, die Theosophie östlicher Ausrichtung sowie die mystischen Schriften Meister Eckharts, Johannes Taulers und Heinrich Susos und vertiefte sich immer weitgehender in die von ihnen beschriebenen Wege der spirituellen Selbsterkenntnis («Man kann die Summe des Wissens einer Zeit in sich vereinigen; empfindet man nicht die Tragweite der Selbsterkenntnis, dann ist alles Wissen im höheren Sinne ein blindes.» Rudolf Steiner, 1901[36]). Mabel Collins' von Rudolf Steiner Jahre später kommentierte und wiederholt für die meditative Arbeit empfohlene Darstellung «Light on the path» brachte Michael Bauer nach eigenem Bekenntnis *«die erste Helligkeit»*[37] auf einem außerordentlich schwierigen inneren Pfad, den er nach den Umbrüchen des 21. Lebensjahres mit größtem Ernst und einschneidenden inneren Erlebnissen[38] verfolgte – *«jeder Zuwachs im Leben der Seele ist ein Abbruch im Lager des Materialismus»*[39].

Michael Bauer in München, 1896

Die spirituelle Willensentschiedenheit, die Michael Bauer bereits zu dieser Zeit im Kreis seiner suchenden Freunde hervorhob und ihn zu einem «praktischen Okkultisten» werden ließ, bestimmte auch seinen Weg nach dem Ende des Studiums und der übernommenen Sorge für das Geschäft und die Kinder eines mittlerweile verstorbenen Vetters, in dessen Familie er in seiner ersten Münchner Studienzeit gewohnt hatte. Ob Michael Bauer in diesem verbindlichen Einsatz für das Lebensvermächtnis eines Toten – der Parallelen zu Rudolf Steiners zeitgleicher Verbindung zu Familie Eunike vorwies – möglicherweise einen geistigen Auftrag in einem tragenden Umraum auszuführen versuchte, ist dokumentarisch nicht bekannt. Jahre später schloss er die Ehe mit der Frau seines Vetters, nachdem er die Vormundschaft der verbliebenen drei Kinder (sieben der zehn Kinder der Familie waren früh gestorben) bereits unmittelbar nach dem Erdenabschied des Verwandten übernommen hatte. Das Geschäft aber gab er nach redlichen Bemühungen schließlich auf und kehrte Anfang 1898, knapp achtundzwanzigjährig und kurz vor der Vollendung seines vierten Lebensjahrsiebtes, mit seiner Familie aus der ökonomischen Verkaufs- und Tätigkeitswelt sehr bewusst in den Schuldienst zurück:

> Es war einmal ein Narr, der kaufte sich alle Räume voll Spieluhren und hielt es nachher für seine Pflicht, sie immer aufzuziehen.
> Die Menschen arbeiten und schwitzen, um den großen Apparat, den sie geschaffen haben, aufrechterhalten zu können. Und sie haben wirklich keine Zeit für anderes.[10]

*

In den zweieinhalb Jahren seiner schulischen Arbeit in Altenglan und Eisenberg führte Michael Bauer seine theosophischen Studien gemeinsam mit einem befreundeten Vikar fort, stand in innerem Kontakt mit einem okkulten Meister[41] und durchlief eine «unendliche Vertiefung der Selbsterkenntnis»[42]; in der äußeren Welt erfüllte er seinen pädagogischen Auftrag zeitgleich in eigener Diktion und Größe. Bauer, der noch ganz in der naturhaft-spirituellen Schöpfungswelt beheimatet war, unterrichtete seine Mit-Lehrer in Naturkunde, hatte dabei Klassen mit einer Größe bis zu 85 Kindern, die er souverän führte, verwirklichte Besuche in den Elternhäusern der Kinder und einen bildlich-imaginativen Unterricht aus seinen unvergleichlich-erzählerischen Möglichkeiten heraus *(«Wie sollte das Neue, das den Fortschritt bedeutet, zur Wirklichkeit werden ohne die Phantasie? Sie ist es, die die Wege zeigt, welche noch niemand gegangen. Aus der Erinnerung kann der Weg zum Neuen nicht kommen. Und das reine Denken entbehrt der Sinnlichkeit. Die Phantasie schlägt da ihre Regenbogenbrücke vom Himmel des reinsten Erkennens zum Erdboden der Verwirklichung. Wer aber wüsste für die Übung der Phantasie etwas Besseres als das Erzählen von dem, ‹das sich nie und nirgends hat begeben›.»[43])*. Den einzelnen Kindern gegenüber verfügte Bauer über eine nahezu unbegrenzte Hingabe- und Wahrnehmungsfähigkeit; er nahm das Wesen des ihm begegnenden oder anvertrauten Kindes ganz in sich auf und führte es zugleich liebevoll in die Welt der Natur- und Menschengeheimnisse ein. Michael Bauer wirkte auf Kinder in einer lebenslang nachklingenden Weise – auf Kinder, die er unterrichtete, aber auch auf solche, die in seiner Nachbarschaft wohnten, vor seiner Haustür auf ihn warteten[44] oder zu Besuch kamen:

> Da wurde nicht belanglos gefragt: Was macht dein Vater? Bauer lächelte uns zu, ein Lächeln, das man nie vergessen kann. Er führte uns in den Garten und ließ uns in den Kelch einer Madonnenlilie blicken. Dann erzählte er ein Märchen über diese edle Lilie, und im kleinen Wohnzimmer griff er nach einer Madonna im blauroten Gewand. Gelegentlich entlockte er seiner Geige zarte Töne.[45]

> Das Schönste war, wenn wir zusammen einen Wanderausflug machten. Michael Bauer war «draußen» von einer Aufgeschlossenheit, die sich allerdings nicht in Worten äußerte. Die Natur schien ihn zu lieben, und es war unglaublich, was er alles sah. Mir wäre es nicht verwunderlich gewesen, wenn er angefangen hätte, den Vögeln zu predigen [...].[46]

> Neues Wissen, Liebe, Kunst und Frommheit strömte aus seinem Wesen. Steine, Gestalten der Blätter, Formen der Bäume, Farben der Blüten und Früchte; Berge, Wiesen, Wälder, Bäche, Flüsse, Täler, Flug der Schmetterlinge, Gesang der Vögel, Wolken, Blitz und Donner, Sonne, Mond und Sterne sprachen durch ihn in ganz neuer Weise. Die Augen sahen plötzlich, die Ohren hörten unbekannte Töne. Wir liebten und verehrten ihn, wie kaum einen anderen Menschen.[47]

Neun Monate nach Beginn des neuen Jahrhunderts und zweiundsiebzig Jahre nach dem Auftauchen Kaspar Hausers kam Michael Bauer schließlich zur Michaelszeit des Jahres 1900 als Lehrer nach Nürnberg und damit an einen geistesgeschichtlich bedeutenden Ort, der in all den folgenden

Jahren im Zentrum seines Wirkens stand. 1902, als Rudolf Steiner Generalsekretär der deutschen Sektion der Theosophischen Gesellschaft wurde und sein Buch *Das Christentum als mystische Tatsache* erscheinen ließ, begann Bauer in Nürnberg mit eigenen theosophischen Artikeln und

Das Christentum

als mystische Thatsache.

Von

Dr. Rudolf Steiner.

Berlin

C. A. Schwetschke und Sohn

1902.

Rudolf Steiner: Das Christentum als mystische Tatsache (1902)

Vorträgen im Nebenzimmer eines Cafés, in einer kleinen Gruppe von theosophisch interessierten Menschen, mit denen er eine geistige Studienarbeit betrieb. Nach wie vor standen verschiedene literarische, philosophische, religiöse und theosophisch-orientalische Werke im Mittelpunkt von Bauers Interesse – die entschieden christlich-mitteleuropäische Wirkensrichtung Rudolf Steiners bzw. dessen eindeutige Positionierung einer esoterischen Geisteswissenschaft in der Kontinuität der abendländischen Entwicklung aber beeindruckte ihn zunehmend. Steiners wegweisende Schrift *Die Mystik im Aufgang des neuzeitlichen Geisteslebens* hatte bereits 1901 den geschichtlichen Weg einer geisteswissenschaftlichen Erkenntnispraxis unter den Bedingungen der Neuzeit und mit Bezug auf die Entwicklung der modernen Naturwissenschaft charakterisiert – eine Thematik, die von Rudolf Steiner anhand eindringlicher Skizzen zu Meister Eckhart, Johannes Tauler, Nikolaus von Kues, Agrippa von Nettesheim, Paracelsus, Valentin Weigel, Jakob Böhme, Giordano Bruno und Angelus Silesius überaus positiv entwickelt wurde («Ich hoffe in meiner Schrift gezeigt zu haben, dass man ein treuer Bekenner der naturwissenschaftlichen Weltanschauung sein und doch die Wege *nach der Seele* aufsuchen kann, welche die *richtig verstandene* Mystik führt. Ich gehe sogar noch weiter und sage: Nur wer den Geist im Sinne der *wahren* Mystik erkennt, kann ein volles Verständnis der Tatsachen in der Natur gewinnen.»[48]). All dies stand Michael Bauers eigenen Studien und Bestrebungen außerordentlich nahe. 1903 verschenkte Bauer dann wiederholt Rudolf Steiners Buch über das *Christentum als mystische Tatsache*[49], das ebenfalls als ein nachdrückliches Zeugnis des spirituellen Christentums unter den Bewusstseinsbedingungen der Moderne verfasst worden war – «Keine Zeile möchte ich geschrieben haben, die ich nicht vor einer wirklich sich selbst verstehenden Naturerkenntnis rechtfertigen könnte [...].» (Steiner[50])

Zu dieser Zeit versuchte Michael Bauer, Rudolf Steiner erstmals zu einem Vortrag nach Nürnberg einzuladen, und berichtete ihm von seinen Bemühungen, eine eigene theosophische Loge vor Ort zu begründen:

> Ich will also in allernächster Zeit den Versuch einer Gründung machen. Dass ich zurückstehe, falls nichts Lebensfähiges heraus käme, dürfen Sie mir glauben. Hoffentlich kann ich Ihnen bald Positives mitteilen.[51]

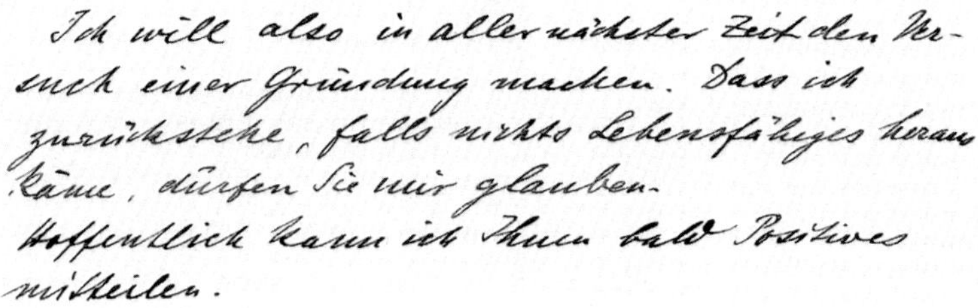
Ich will also in allernächster Zeit den Versuch einer Gründung machen. Dass ich zurückstehe, falls nichts Lebensfähiges heraus käme, dürfen Sie mir glauben.
Hoffentlich kann ich Ihnen bald Positives mitteilen.

Jahre später sollte Friedrich Rittelmeyer über diese entscheidende Entwicklungsepoche im Leben Michael Bauers schreiben: «Dass er Christ geworden ist, das verdankte er Rudolf Steiner, wie er andererseits in Rudolf Steiner das Christentum suchte. Immer wieder hat er es ausgesprochen. Keine Theologie der Gegenwart hätte seinem umfassenden Wirklichkeitssinn und seinem tiefen Wahrheitsgewissen genügt. Er wäre draußen geblieben, so sehr sein Geist für Christus geschaffen war – wenn nicht die Vorsehung ihm Rudolf Steiner geschickt hätte, der ihm einen Tempel auftat, in dem auch sein Denken beten und sein Beten denken konnte.»[52]

*

Parallel dazu arbeitete Bauer erfolgreich als Lehrer, brachte erste pädagogische Veröffentlichungen auf den Weg und wirkte mit großem Geschick und besonderer Ausstrahlung *(«Er liebte die Kinder um ihrer noch vorhandenen Himmelsnähe willen.»*[53]*)*. Die Ausbildung und Förderung des Menschenwesens war ihm ein innerstes Lebensanliegen – Michael Bauer hatte nicht nur ein großes pädagogisches Vermögen, sondern sah die gezielte Unterstützung der sich im Erdenraum entfaltenden Geistseele des Kindes als eine vordringliche Aufgabe in individueller wie zivilisatorischer Hinsicht an, als eine spirituelle Aufgabe von weitreichendster Bedeutung, der eine spezifisch-religiöse Dimension eignet. In den Worten Rudolf Steiners:

> […] Ist es nicht schließlich eine höchste, heilige Verpflichtung, das Göttlich-Geistige, das ja in jedem Menschen, der geboren wird, neu erscheint und sich offenbart, in der Erziehung zu pflegen? Ist dieser Erziehungsdienst nicht religiö-

ser Kult im höchsten Sinn des Wortes? Müssen nicht zusammenfließen alle unsere heiligsten, gerade dem religiösen Fühlen gewidmeten Menschheitsregungen in den Altardienst, den wir verrichten, indem wir herauszubilden versuchen das sich als veranlagt offenbarende Göttlich-Geistige des Menschen im werdenden Kinde![54]

Bauers berufliches Anliegen war insofern immer mit seiner geisteswissenschaftlichen Erkenntnis-Ausrichtung verbunden: die neuzeitliche Naturwissenschaft benötigte seiner Auffassung nach eine komplementäre Ergänzung durch eine reale Wissenschaft vom Geist, die den sich schulenden Entwicklungsweg des «erwachsenen» Menschen befördern und zugleich aus einer umfassenden anthropologischen Erkenntnis die Methodik und Didaktik einer zeitgemäßen Kindeserziehung formulieren kann. Als Michael Bauer Rudolf Steiner in den nächsten Jahren näher kennen lernte, sollte er bemerken, wie sehr sein eigener Weg auch in dieser Hinsicht mit demjenigen Steiners konvergierte.

Im Frühjahr 1904, in seinem 33. Lebensjahr, reiste Michael Bauer zu einem Vortrag Rudolf Steiners nach Weimar, an den einstigen Wirkensort Goethes und Schillers. Alle Münchner Jahre Bauers hatte Steiner hier in Weimar gearbeitet und versucht, die Entwicklungslinien des idealistischen Denkens bis in die Gegenwart weiterzuführen, das heißt aus ihren historischen Dokumenten freizulegen und im Sinne einer – dem zeitgenössischen Positivismus konträr gegenüberstehenden – goetheanistischen Geisteswissenschaft kulturell wirksam werden zu lassen. In Weimar waren daher nicht nur zahlreiche editorische Werke im Rahmen der naturwissenschaftlichen Sophien-Edition entstanden, sondern auch die drei großen Bücher über die «Philosophie der Freiheit», über Friedrich Nietzsche als «Kämpfer gegen seine Zeit» und über «Goethes Weltanschauung» von Steiner publiziert worden.[55] Nun sprach Rudolf Steiner wenige Jahre nach der Jahrhundertwende am selben Ort über das esoterische Christentum («Theosophie in den Evangelien, eine theosophische Osterbetrachtung») – *«um das Goethesche Gartenhäuschen blühten die ersten Frühlingsblumen»*[56]. Rudolf Steiner holte Michael Bauer dabei ebenso unangekündigt wie überraschend-direkt aus seinem Weimarer Hotelzimmer ab und forderte ihn zu einem gemeinsamen Gang in Richtung des Vortrages auf:

Rudolf Steiner, 1904

Steiner begrüßte ihn herzlich wie einen ihm längst Vertrauten und von ihm Erwarteten.[57]

Auch die nächtliche Rückreise im Zug unternahmen beide gemeinsam, in fortgeführten Gesprächen, in denen Rudolf Steiner Michael Bauer über Schwierigkeiten auf dem okkulten Weg beriet, in höchstem Maße sachkundig und sicher. Michael Bauer ließ in Nürnberg nur wenig über diese *«bedeutsamste und folgenreichste»* Begegnung seines Lebens[58] verlauten, behielt alles Wesentliche für sich. Zu seinem Münchner Studienfreund, dem Mediziner Felix Peipers, aber sagte er:

> Wenn Du auf esoterischem Gebiet weiterkommen willst, so musst Du Dich an Rudolf Steiner wenden.[59]

Später schrieb Michael Bauer:

> Steiner ist mir der Mensch, an dem mir eine Ahnung davon aufging, in welch geheimnisvoller Weise das Leben, die Erfahrung und die Seele eines anderen befruchtend, bereichernd und beglückend auf die eigene Seele wirken kann. Das Zusammenspiel der Wesen im übergreifenden Bewusstsein.
> Er war der Einzige, der auf nachtdunklem Weg ein Licht hatte.[60]

*

Bald nach der Weimarer Erstbegegnung – und ab dann zumeist mehrmals im Jahr – kam Rudolf Steiner zu theosophischen Vorträgen nach Nürnberg.[61] Bereits vier Wochen nach dem Weimarer Evangelien-Vortrag war er erstmals bei der kleinen und tief beeindruckten Gruppe der Nürnberger Freunde um Michael Bauer zu Gast:

> Wir hatten uns eingebildet, Dr. Steiner würde nun unserem theosophischen Wissen den letzten Schliff geben … Hatten wir doch mit Annie Besant den «Vorhof» betreten, uns in «uralte Weisheit» einführen lassen. Wir waren mit Leadbeater auf der Astralebene zu Hause, hatten Sinnett studiert, wir lasen zahllose Aufsätze aus dem «Vâhan», der «Sphinx» und der «Metaphysischen Rundschau», wir prüften die wissenschaftlich genauen Ausführungen du Prels und Aksakows über den Spiritismus, in dem Wahn, das hinge mit Theosophie zusammen – kurz, wir schienen gerüstet.
> Und was brachte uns Dr. Rudolf Steiner vom ersten Augenblick seines Erscheinens an? Es war nicht überlegenes Wissen in unserem Sinne, es war eine unbeschreibliche Herzlichkeit – unendliche, von Weisheit getragene Liebe, wie wir sie nach und nach staunenden Herzens fühlend erkannten. (Minna Rißmann[62])

Rudolf Steiner vertrat nicht die abstrakten Lehren führender Vertreter der theosophischen Bewegung; durch sein Wesen und seine Vorträge verkörperte er vielmehr einen vollkommen eigenständigen, in sich christlich-mitteleuropäischen Zug gelebter Spiritualität.[63] Hier, in Nürnberg, in dem Kreis um Michael Bauer – bei dem er wohnte und mit dem er lange Nachgespräche führte[64] –, sollte Rudolf Steiner erstmals über die besondere physiologische Signatur des Blutes, über ein geisteswissenschaftliches Krankheits- und Todesverständnis und über die menschlichen Temperamente sprechen, letztlich über christologisch-pädagogische Themen, die mit dem Lebens- und Geistesweg Bauers in einem inneren Zusammenhang standen und für große Bewegung unter den Nürnberger Freunden sorgten:

> Nach den Vorträgen saßen wir meistens noch beisammen in einem kleinen Zimmer. Bauer erörterte noch einiges aus dem Vortrag. Da trat Dr. Steiner noch einmal herein, stellte sich mit im Rücken verschlungenen Armen an die Türe und musterte die verstummte Gesellschaft. Da sagte Bauer ganz verlegen: «Wir spielen nur noch ein wenig Eckermännerles», was Dr. Steiner ein köstliches Lachen abnötigte und ihn zu einem neuen Gespräch veranlasste.[65]

Bereits bei Rudolf Steiners erstem Besuch Ende April 1904 gelang die Gründung der seit einem Jahr von Michael Bauer angestrebten theosophischen Loge, die den Namen des spirituellen Nürnberger Künstlers und Apokalypse-Schöpfers Albrecht Dürer erhielt. Die geistige Arbeit der anfänglich aus sieben Mitgliedern bestehenden Gemeinschaft erhielt dadurch eine notwendige Form und erfuhr durch Bauers Wirken und Rudolf Steiners regelmäßiges Kommen[66] eine sukzessive Steigerung – *«Teilnahme an der Geisteswissenschaft ist ein erstes Erinnern eines Impulses aus dem Leben zwischen letztem Tod und dieser Geburt»*.[67]

*

Die Monate nach dem April 1904 waren nicht nur für die Nürnberger Freunde, sondern für die gesamte weitere Entfaltung der mit Rudolf Steiner in Verbindung stehenden geisteswissenschaftlichen Strömung von größter Bedeutung – im Mai erschien Steiners Schrift *Theosophie*[68], im Juni und Juli wurden von ihm die ersten Aufsätze seiner Studien «Wie erlangt man Erkenntnisse der höheren Welten?» und «Aus der Akasha-Chronik» veröffentlicht. Ende Juli schrieb Michael Bauer daraufhin an Rudolf Steiner sehr direkt:

> Sehr verehrter Herr Doktor!
> Ohne viele Umschweife will ich sagen, was mir lieb wäre: Ich möchte eine Zeitlang Ihr Schüler sein und wäre froh, wenn Sie mir eine Aufgabe geben wollten, wie sie für mich not tut.
>
> Es grüßt Sie in Liebe Ihr
> Michael Bauer[69]

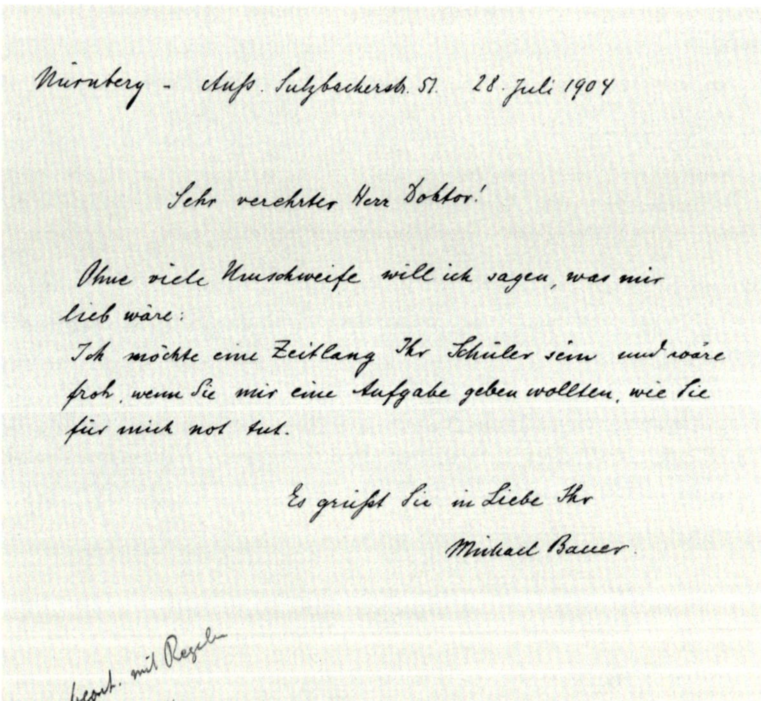

Nürnberg – Äuß. Sulzbacherstr. 51. 28. Juli 1904

Sehr verehrter Herr Doktor!

Ohne viele Umschweife will ich sagen, was mir lieb wäre:
Ich möchte eine Zeitlang Ihr Schüler sein und wäre froh, wenn Sie mir eine Aufgabe geben wollten, wie sie für mich not tut.

Es grüßt Sie in Liebe Ihr

Michael Bauer.

beant. mit Regeln
14/8 04.

Brief von Michael Bauer an Rudolf Steiner. Nürnberg, 28.7.1904
(mit Randnotiz Rudolf Steiners)

Nach Erhalt dieses Briefes bot Rudolf Steiner Michael Bauer die Mitgliedschaft in der «Esoterischen Schule» der Theosophischen Gesellschaft an, die er seit wenigen Wochen[70] in Deutschland (sowie in Österreich-Ungarn und der deutschsprachigen Schweiz) führte *(«Ihr Verhältnis zur theosophischen Bewegung ist ein so intimes, dass Sie in Ihrem esoterischen Leben am besten Befriedigung finden werden, wenn Sie sich der sogenannten «Esoterischen Schule» anschließen.»*[71]*)*. Steiner riet Bauer zu dem Eintritt in diesen verbindlichen Schulungszusammenhang[72] von Menschen, «die eine spirituelle Entwicklung zum Leitmotiv ihres Lebens machen wollen»[73], ließ ihm jedoch völlige Wahlfreiheit:

> Finden Sie es nicht angemessen für sich, beizutreten, dann betrachten Sie die Mitteilungen als nicht gemacht, und schreiben mir dies. Ich werde Ihnen dann auch sofort, ohne dass Sie Mitglied der Schule sind, das Nötige für einen esoterischen Entwickelungsgang angeben und allen Ihren Wünschen entsprechen.[74]

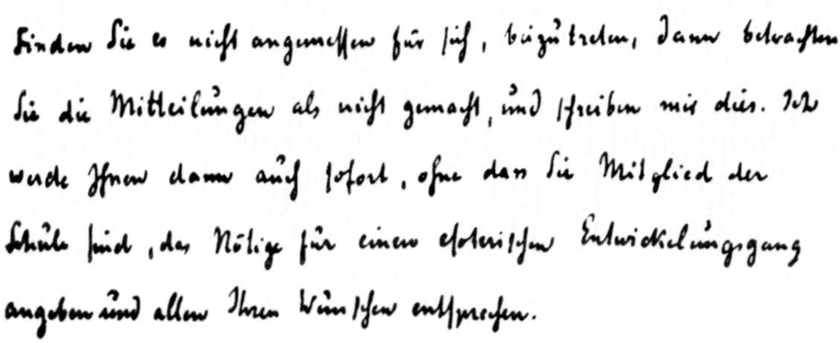
Finden Sie es nicht angemessen für sich, beizutreten, dann betrachten Sie die Mitteilungen als nicht gemacht, und schreiben mir dies. Ich werde Ihnen dann auch sofort, ohne daß Sie Mitglied der Schule sind, das Nötige für einen esoterischen Entwickelungsgang angeben und allen Ihren Wünschen entsprechen.

Michael Bauer aber trat der «Esoterischen Schule» mit Freuden bei, verfolgte in größter innerer Konsequenz die empfohlenen meditativen Übungen und berichtete darüber regelmäßig an Rudolf Steiner – in einem späteren Aufsatz schrieb er: *«Man ist niemals, wenn die Anweisungen des Lehrers gewissenhaft befolgt werden, unzweideutiger und bestimmter bei sich selbst, als gerade während der Übungen.»*[75] Weiter hieß es von Bauers Seite an anderer Stelle:

> Selbsterziehung. – Dieser Begriff ist richtig viel eher so zu nehmen, als ob man *durch das Selbst* erziehe, statt dass man nach der gewöhnlichen Auffassung *sich selber* erziehe. Das Selbst bildet seine Organe um wahrzunehmen, um tätig zu sein.[76]

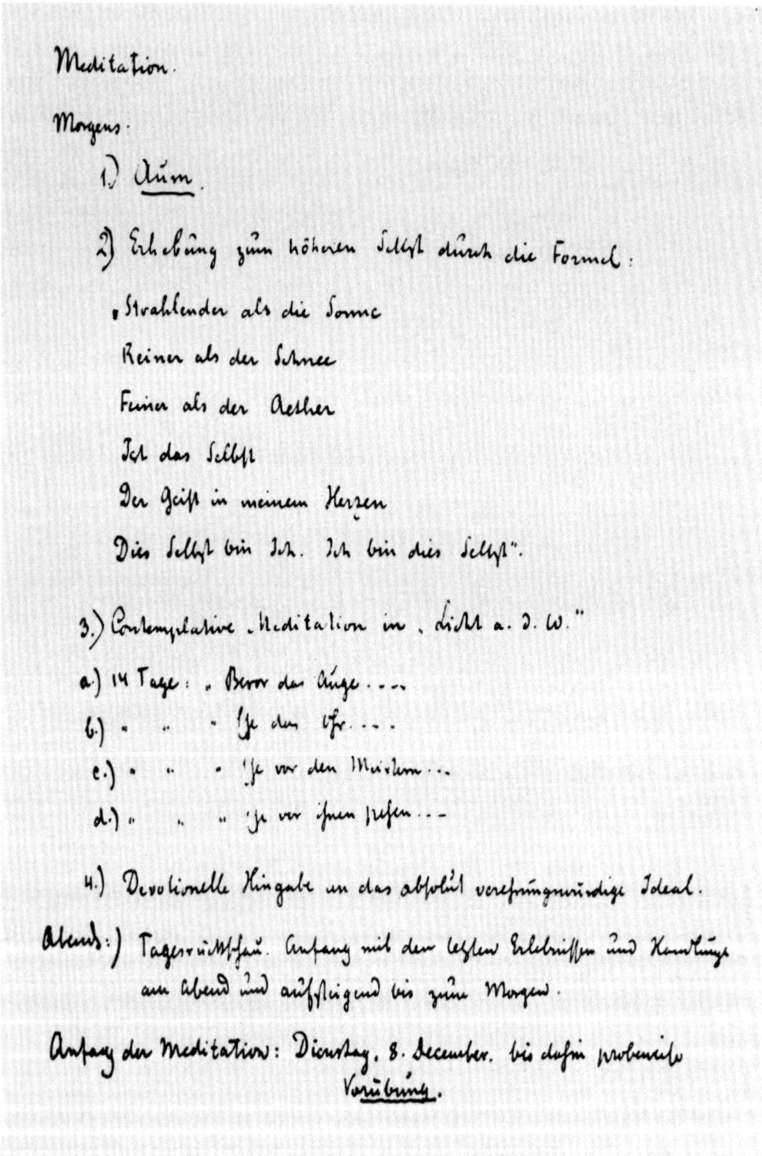

Meditation.

Morgens:

1.) Aum.

2.) Erhebung zum höheren Selbst durch die Formel:

„Strahlender als die Sonne
Reiner als der Schnee
Feiner als der Aether
Ist das Selbst
Der Geist in meinem Herzen
Dies Selbst bin Ich. Ich bin dies Selbst".

3.) Contemplative „Meditation in „Licht a. d. W."

a.) 14 Tage: „Bevor das Auge ...
b.) " " " Ehe das Ohr ...
c.) " " " Ehe vor den Meistern ...
d.) " " " Ehe vor ihnen stehen ...

4.) Devotionelle Hingabe an das absolut verehrungswürdige Ideal.

Abends:) Tagesrückschau. Anfang mit den letzten Erlebnissen und Handlungen am Abend und aufsteigend bis zum Morgen.

Anfang der Meditation: Dienstag, 8. December. bis dahin probeweise Vorübung.

Meditation von Rudolf Steiner für Michael Bauer

Auch an den intimen esoterischen Lehrunterweisungen der Schule, die kurz nach dem Weimarer Zusammentreffen begannen, konnte Michael Bauer von nun an teilnehmen – an Stunden einer «Schule», in deren mantrischem Mittelpunkt die «Christus-Kraft» wirkte. Jahre später sollte Rudolf Steiner in einer solchen Stunde erläuternd in München sagen:

> Dadurch, dass das Wort Fleisch geworden war, änderte sich auch die Lehrweise in den esoterischen Schulen. In der vorchristlichen Zeit war das Wort noch nicht wirksam. Es wurde schweigend gelehrt, und schweigend, in Bildern, erhielt der Schüler durch die Anschauung die Mitteilungen aus den geistigen Welten. [...] In den zu Recht bestehenden esoterischen Schulen der Jetztzeit, die zum Mittelpunkte die Christus-Kraft haben, kann nun durch das Wort gelehrt werden. Früher konnte nur durch Mantrams, durch den Laut, der Verkehr mit den göttlich-geistigen Welten bewirkt werden; jetzt aber kann der Mensch durch das sinnerfüllte Wort in seinem Innern die Vereinigung mit der Christus-Kraft anbahnen.[77]

*

Bereits 1905 trat Michael Bauer auch in den Vorstand der Deutschen Sektion der Theosophischen Gesellschaft ein – deren Aufgabe in der Brückenbildung des esoterischen Okkultismus zur Öffentlichkeit bestand –, und kümmerte sich von da an intensiv um die Sozialgestalt dieser neuen, spirituellen Bewegung[78] *(«Sie* [die Theosophen] *haben Eigenheiten, das ist wahr. Aber seien Sie gerecht. Sie waren die einzigen Menschen, die anfangs Rudolf Steiner überhaupt anhören wollten.»*[79]*).* Michael Bauer betrachtete die Theosophische Gesellschaft ganz offenbar von Anfang an als Wirkens- und Schutzinstrument für den geistigen Auftrag Rudolf Steiners und liebte nach eigener Aussage jeden Menschen, *«der um Dr. Steiner herum ist»*[80], den *«verehrten lieben Lehrer»*[81], dessen Wiederkommen nach Nürnberg er stets mit Innigkeit entgegenlebte. In einem Brief an Marie von Sivers schrieb Bauer am 13. Mai 1905 erläuternd:

> Mit Freudigkeit denke ich an sein nächstes Kommen und mit einem leisen Seufzer schließe ich den Gedanken, weil mir einfällt, dass es diesmal lange dauern wird. Lachen Sie mich nicht aus, dass ich beinahe in den Stil eines jungen Verliebten verfalle. Ich wäre zu bedauern, wenn ich da kein starkes Gefühl empfände, wo mir zum ersten Mal im Leben in Dr. Steiner ein Mensch begegnet, der durch sein Leben und Denken an hohes Menschentum glauben macht.[82]

Michael Bauer, 1907

Nicht zuletzt einem intensiven Wunsch Rudolf Steiners folgend[83], konnte Michael Bauer aber auch seine eigene theosophische Vortragsarbeit ab dem Jahre 1907 weit über Nürnberg hinaus ausdehnen. Bauer begann seine diesbezügliche Tätigkeit in Süddeutschland und in der Schweiz, wo er in Basel, Bern und St. Gallen sprach – an Orten, an denen Rudolf Steiner in den Folgejahren die anthroposophische Christologie entfalten sollte. Seine mündlichen Darstellungen bereitete er dabei jeweils umfangreich vor[84] – in den Worten Friedrich Rittelmeyers:

> Lange sann Michael Bauer immer über das, was er sagen wollte. Es war ein wirkliches Sinnen und Minnen. Er ließ die Wahrheiten, die ihm aufgingen, in immer

tiefere Schichten seines Wesens sinken und konnte sie schließlich kaum mehr heraufholen. Hätte nicht die Stunde des angesagten Vortrags gebieterisch gerufen, so hätte sich sein Gewissen in der Vorbereitung niemals genug getan. Dann aber sprach er in sonnenvoller Geistesruhe, immer ganz frei. Durch alles, was er sagte, strahlte eine herrliche Menschlichkeit hindurch. Eine Taufe zum Menschen erlebte man, noch ganz abgesehen von dem, was als Inhalt durch die Seele zog. Lange wirkte es wohltätig nach im Leben, dass man in einem rein-menschlichen Element gelebt hatte. Wie mit einem Zauberschlüssel wurde man aufgeschlossen für alles, was Mensch-sein ist.[85]

Michael Bauer schrieb einmal, dass die wirkliche Erklärung eines Zusammenhanges dessen reale Verklärung bedeuten würde *(«Die Welt ist so tief, dass du, wenn dir die wirklich auf den Grund reichende Erklärung irgend eines Dinges gelänge, zugleich auch die Verklärung desselben ausgesprochen hättest.»*[86]*)*; mit seinen Vorträgen bewegte sich Bauer ganz offensichtlich im Raum dieser spirituellen Verantwortung, was seine Zuhörer auch existentiell erlebten:

Seine Vorträge waren Resultate von Geistesübungen. Er sprach nur das aus, was er sich durch innere Arbeit selber zu eigen gemacht hatte. Er war am Ende seiner Rede ein anderer als am Anfang, und demgemäß wurden auch die Zuhörer verwandelt. Sie sahen sich vor eine Entscheidung gestellt. Entweder nahmen sie sich selber in die Hand, oder sie ließen sich fallen. Michael Bauer sprach immer dergestalt, dass die Freiheit der Zuhörer bewahrt blieb. Er wirkte durch sein reines Vorbild. (Albert Steffen[87])

Bauer selbst notierte:

Je mehr wir erfahren, was Freiheit ist, umso mehr geht uns die Bedeutung des Willens auf. Der Mensch ist in solchem Grade auf die Freiheit gestellt, dass das Richterwort Christi und sein Urteil nicht von oben her, sondern von innen her durch die Scham erfahren wird.[88]

In verschiedenen seiner Zuhörer wirkten Michael Bauers Darstellungen wie diejenigen Rudolf Steiners nach («mancher seiner Vorträge lebt in meinem Gedächtnis neben den besten, den stärksten Vorträgen Steiners»; Belyj[89]), auch konvergierten seine Themen wiederholt mit denjenigen Rudolf Steiners. Gleichwohl stand sich Bauer im Hinblick auf seine Vortragsbemühungen fortwährend in ausgesprochener Selbstkritik und größter Bescheidenheit gegenüber – in einem späten Brief sollte er, einundzwanzig Jahre nach Beginn seiner Nürnberger Vortragstätigkeit, formulieren:

> Wo uns die Demut verlässt, sind wir von Gott verlassen. Man darf sich freuen, wenn andere sagen, es sei gut gewesen – vorausgesetzt, dass man diesen andern ein Urteil zutrauen darf; manches Lob ist ein Tadel in Wahrheit –, aber man muss sich nicht einbilden, es angesichts der ungeheuren Not ringsum gut genug und angesichts der unabsehbaren Tiefe der Welt klug genug gemacht zu haben. Wir müssen unser Bestes tun und unablässig ringen.[90]

Zunehmend wurde Michael Bauers Sein und Wirken an der Seite Rudolf Steiners in der theosophischen Bewegung bemerkt. Bauers großer Vortrag über «Natur und Mensch» während des internationalen Pfingstkongresses 1907 in München – ein Vortrag, den Rudolf Steiner «gemüttief und geistvoll» nannte[91] –, aber auch viele weitere Momente seines spirituell durchdrungenen Wesens und Wortes sorgten für breite Anerkennung. Nicht zuletzt die reine Geistigkeit Michael Bauers, seine spirituelle Reife und sein selbstloses Eintreten für die geisteswissenschaftliche Entwicklungsströmung des esoterischen Christentums ermöglichten es Rudolf Steiner, in der Johannizeit des Jahres 1908 in Nürnberg seinen großen Kurs über die Initiaten-Apokalypse des Johannes halten zu können, über das «tiefste, bedeutsamste Dokument des esoterischen Christentums» (Steiner[92]) – im Gasthaus zum «Goldenen Adler», in der Stadt Albrecht Dürers und Kaspar Hausers. Michael Bauer, der in diesen Monaten seinen zweiten biographischen «Mondknoten» durchlief, begrüßte Rudolf Steiner mit einer besonderen Ansprache – Margarita Woloschina, die sie hörte, erlebte ihn dabei als einen «Geistesjünger» und notierte später über diese Nürnberger Erfahrung: «Ich habe selten eine edlere Erscheinung [als Michael Bauer] gesehen.»[93] Rudolf Steiner begann seinen ersten Apokalypse-Vortrag betont mit den Worten:

> Es ist ja gerade in dieser Stadt neben dem eifrigsten Streben nach Erkenntnis der großen geisteswissenschaftlichen Wahrheiten immer auch so sehr geltend gewesen und mit so tiefem Verständnis zur Darstellung gebracht worden, was anthroposophische Gesinnung, was wahrhaft anthroposophisches Leben ist, dieses anthroposophische Leben, das wir nur dann verstehen, wenn die geisteswissenschaftlichen Lehren uns nicht bloß etwas sind, was uns theoretisch beschäftigt, sondern wenn sie uns etwas werden, was unser eigenes Leben bis in die tiefsten Tiefen der Seele hinein durchgeistigt, durchfeuert, hebt, was uns aber auch in engeren Banden zusammenschlingt mit unseren Mitmenschen, mit der ganzen Welt.[94]

Berlin, 4. August 1907

Mein lieber Herr Bauer!

Beifolgend sende ich Ihnen die „Nebenübungen", welche auch die 3 letzten Zeiträume umfassen. Sie schrieben mir vor einiger Zeit, dass diese den Nürnbergern noch fehlen. Ich sende sie Ihnen, damit Sie sie, wann Sie es richtig finden, Ihren Esoterikern geben. Das kann natürlich auch nach Ihren Ferien geschehen. Denn es ist immer gut, wenn die Übenden möglichst lang bei einer Sache bleiben.

Für Sie selbst sende ich 7 Sprüche, die sich auf die 7 Wochentage verteilen. Man übt sie so, dass man sich am Freitag in den für Sonnabend, am Sonnabend in den für Sonntag u.s.w. vertieft. Sie können dies mehrmals im Tage machen und versuchen 20–30 Minuten die

Brief von Rudolf Steiner an Michael Bauer. Berlin, 4.8.1907

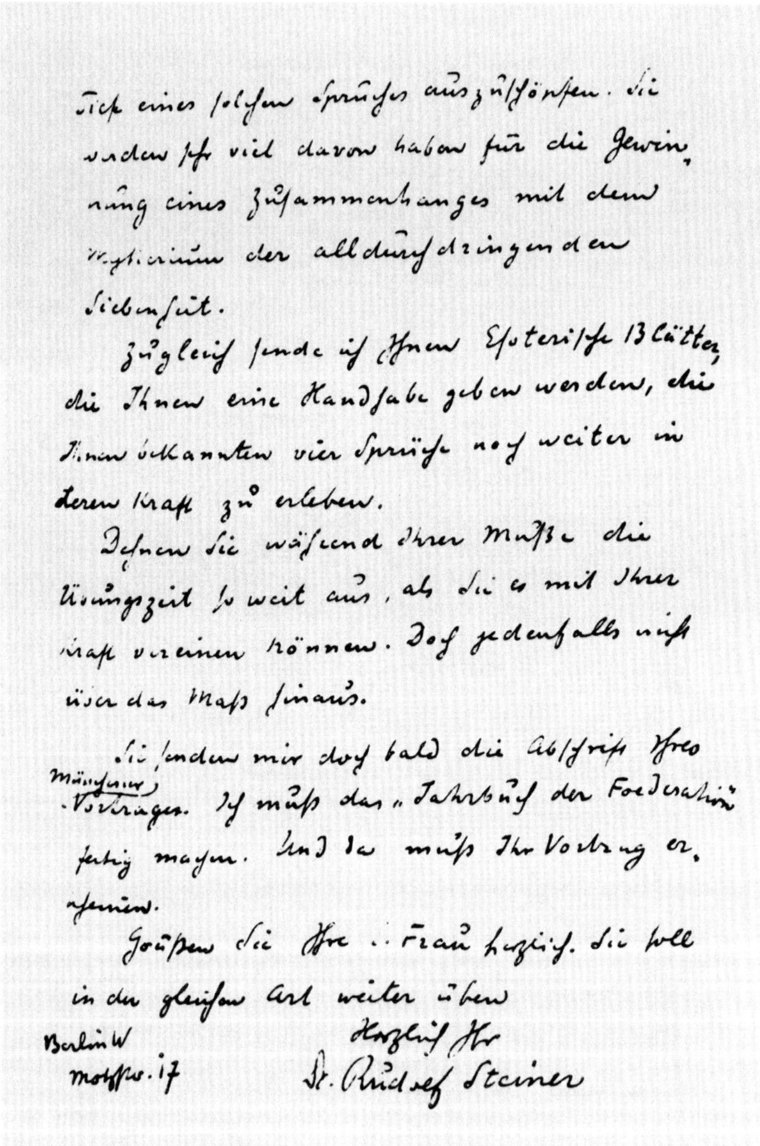

Tiefe eines solchen Spruches auszuschöpfen. Sie werden sich viel davon haben für die Gewinnung eines Zusammenhanges mit dem Mysterium der alldurchdringenden Siebenheit.

Zugleich sende ich Ihnen Esoterische Blätter, die Ihnen eine Handhabe geben werden, die Ihnen bekannten vier Sprüche noch weiter in deren Kraft zu erleben.

Dehnen Sie während Ihrer Muße die Übungszeit so weit aus, als Sie es mit Ihrer Kraft vereinen können. Doch jedenfalls nicht über das Maß hinaus.

Sie senden mir doch bald die Abschrift Ihres (Münchener) Vortrages. Ich muß das „Jahrbuch der Foederation" fertig machen. Und da muß Ihr Vortrag erscheinen.

Grüßen Sie Ihre .. Frau herzlich. Sie soll in der gleichen Art weiter üben

Berlin W
Motzstr. 17

Herzlich Ihr
Dr. Rudolf Steiner

Brief von Rudolf Steiner an Michael Bauer. Berlin, 4.8.1907

*

Am Vortag des Apokalypse-Kursbeginnes hatte Steiner in einem öffentlichen Vortrag über «Geisteswissenschaft, Evangelium und Menschheitszukunft» intensiv auf das Wirken Georg Wilhelm Friedrich Hegels hingewiesen, der von 1808 bis 1816 in der fränkischen Stadt gelebt und als Gymnasialdirektor gewirkt hatte, ehe er an die Universitäten von Heidelberg und Berlin berufen worden war. In Nürnberg hatte Hegel seine philosophischen Erfahrungen im pädagogischen Umgang wesentlich erweitert[95], aber auch mit seiner Schrift zur «Wissenschaft der Logik» ein hochkomplexes zweites philosophisches Werk – nach der Jenaer «Phänomenologie des Geistes» – verfasst, eine systematische Darstellung, in der er die Logik keinesfalls ausschließlich als Struktur des menschlichen Denkens, sondern als «die Gedanken Gottes vor der Erschaffung der Welt»[96] beschrieb.[97] Obwohl Rudolf Steiners Nürnberger Vortragseinleitung seines christologischen Vortrages vom 17. Juni 1908[98] vordergründig didaktisch motiviert gewesen zu sein schien und scheinbar lediglich zu Hegels Satz «Der tiefste Gedanke ist mit der Gestalt Christi [...] vereinigt», wurde Hegels Philosophie daraufhin für viele Jahre zu einem intensiven Studien- und Vortragsinhalt von Michael Bauers theosophischer Arbeit – insbesondere nach seiner Begegnung mit der norwegischen Theosophin und Hegel-Kennerin Helga Geelmuyden, die im April 1909, zehn Monate nach den Nürnberger Apokalypse-Vorträgen, an Rudolf Steiners Kurs über die «Geistigen Hierarchien» in Düsseldorf teilnahm und dort Michael Bauer kennenlernte. Geelmuyden hatte ihren Lebensweg im selben Jahr wie Bauer angetreten und 1908 Rudolf Steiners Aufsätze «Wie erlangt man Erkenntnisse höherer Welten?» in die norwegische Sprache übersetzt, tief beeindruckt von Rudolf Steiners Lehre und Wesen, das sie im Juli 1908, unmittelbar nach den Nürnberger Vorträgen, bei seinem ersten Besuch in Norwegen erlebt hatte. Noch im Jahr des Düsseldorfer Kurses, der den Anbeginn ihrer lebenslangen Freundschaft mit Michael Bauer bedeutete, übersetzte Geelmuyden die Schrift *Das Christentum als mystische Tatsache*, zwei Jahre später auch den für Michael Bauer wegweisenden Steiner-Vortrag «Die Erziehung des Kindes». Rudolf Steiner hatte Helga Geelmuyden in Düsseldorf in einem Gespräch darin bestärkt, in ihren Hegel-Studien fortzufahren und Hegel-Texte mit dem ihnen eigenen, «ganz ungeheuer disziplinierten Denken»[99]

Hegel-Büste (1826) aus dem Besitz Rudolf Steiners[103]

auch weiterhin den Zusammenkünften ihrer theosophischen Arbeitsgruppe zugrunde zu legen, was Geelmuyden dann auch tat, in zunehmend engerem Austausch mit Bauer («[Hegels] Gedanken erschienen mir eine gute Vorbereitung für die Anthroposophie. Eine solche Gedankenschulung erschien aber auch Michael Bauer lebensnotwendig. Nach und nach konnten wir immer mehr geistige Eindrücke einander mitteilen.»[100]). Michael Bauer trug bereits 1910 frei und sicher über Hegels Philosophie in Vorträgen vor und bewegte sich souverän in dessen Gedankenwelt, nicht zuletzt (aber auch keinesfalls ausschließlich) in religionsphilosophisch-christologischer Hinsicht. Wie Geelmuyden erfuhr Bauer tief und nachhaltig die gedanklich schulende und esoterisch vorbereitende Arbeit am Werk dieses «verzauberten Geistes» (Steiner[101]), auf das Rudolf Steiner seit der initialen Bemerkung von Nürnberg in den folgenden Jahren immer wieder aufmerksam machte. In seinem großen Hamburger Vortrag vom 26. Mai 1910 über die Eigenart und Rezeptionsschwierigkeit der Hegelschen Philosophie sagte er am Ende:

> Und gerade derjenige, der die Geisteswissenschaft vertreten zu müssen glaubt, muss darauf hoffen, dass diese [Hegelsche] Selbstzucht des Denkens der Geisteswissenschaft den Weg bahnen wird. Er muss den Weg finden zur Hegelschen strengsten Logik und kann nur so fest fundieren auf dem Fundamente des Gedankens das, was er in oft lockeren Gebilden aus höheren geistigen Welten herunterholen muss. So gibt es denn auf dem Gebiete des Übersinnlichen, wenn wir so sagen dürfen, nichts, was ein streng geschultes Denken ablehnen müsste. Schärferes, selbsterzogenes Denken wird den Übergang, die Brücke finden, die von dem letzten höchsten Produkte des physischen Planes, dem Denken, hinüber zum Übersinnlichen führt.[102]

*

Die Wende zum Jahr 1911 brachte schließlich auch Michael Bauers wegweisende Begegnung mit Friedrich Rittelmeyer, einem prominenten protestantischen Theologen und Prediger zu Nürnberg.[104] Rittelmeyer musste sich in der Vorbereitung eines Vortrages über «Die geistigen Strömungen der Gegenwart» mit der Theosophie beschäftigen und geriet an den gleichaltrigen Michael Bauer, dessen Ausstrahlung ihn von Anfang an – trotz seiner prinzipiellen Vorbehalte gegenüber der theosophischen Bewegung[105] – außerordentlich beeindruckte:

Eine hohe, schlanke Erscheinung mit einem länglichen, dunkelbärtigen, überraschend durchgeistigten Gesicht, konnte er für einen indischen Meister gelten, der mitten in den europäischen Großstädten umherwandelte. Ich habe von Menschen gehört, denen es ein Lebensereignis war, wenn sie nur, an seinem Garten vorübergehend, den unbekannten hohen Mann zwischen seinen Blumen sich bewegen sahen.[106] Der stärkste Eindruck aber ging von seinen Augen aus. Da war nichts Indisches mehr. Da leuchtete das Christuslicht in die Welt hinein. Ich habe niemals, nur Rudolf Steiner ausgenommen, ein solches goldenes Licht in den Tiefen eines Menschenauges scheinen sehen.[107] Weisheitsvoll gütige Menschlichkeit strahlte von ihm aus und erfüllte seinen ganzen Umkreis. Er war immer bereit, jeden Menschen anzuerkennen, und wäre es der Jüngste, und nie bereit, sich von irgendeinem Menschen überwältigen zu lassen, und wäre es der Größte. Selbst Rudolf Steiner gegenüber lebte er in schöner Freiheit. Ungebrochene Kindeskraft der Verehrung wohnte auch in dem reifen Mann, den schwere Schicksale und rücksichtslose Überanstrengung an den Rand des Grabes gebracht hatten. Mit dieser reinen Verehrungsfähigkeit, wie ich sie ungeschwächter nie in einem erwachsenen Menschen sah, verband sich doch ein sicheres Stehen im Eigenen, ein unverlorenes Selbst-Sein.[108]

Auf sein erstes Gespräch mit Bauer zurückblickend, schrieb Rittelmeyer später:

Ich versuchte das Gespräch einzuleiten mit der im Ton lächelnder Überlegenheit vorgebrachten Frage: «Sie glauben also an Wiederverkörperung?» Aber ich sah sofort, dass ich diesen Ton ein für allemal abzulegen hatte. Ein Schatten ging über das offene geistig-leuchtende Gesicht. Nicht unfreundlich, aber im Ton sicherer Abwehr kam die Antwort: «Ich kann nicht anders.» Nun erzählte er mir, in diesen und in den folgenden Gesprächsstunden, wie sein innerstes Suchen immer nach Christus gefragt habe. Dass er Christus als Gottessohn verehrend in sich tragen könne, bei allem unbefangenen Drinstehen in dem Wissen und Forschen der Zeit, das verdanke er der «Theosophie». Selbst wenn alles andere, das sie ihm gebracht habe, ihm wieder genommen werden könnte, dies Höchste sei ihm unverlierbar durch sie geworden. Der beste Beweis für die Wahrheit seiner Worte war der Mensch selbst. Hier war ein Christ-Sein noch anderer Art als selbst bei Friedrich von Bodelschwingh oder Christoph Blumhardt, denen ich auch gegenübergesessen habe. Dort lebte Christus in der Tiefe des Herzens und im reinen Wahrheitsgefühl für eine höhere Welt. Hier wohnte Christus im Licht des klaren Geistes und im Allerheiligsten eines freien Ich. Das war etwas Höheres.[109]

*

Michael Bauer, o.J.

Als Friedrich Rittelmeyer Michael Bauer kennenlernte, war dieser bereits seit vielen Jahren seinen konsequenten Schulungsweg gegangen. Selten sprach Michael Bauer von seinen okkulten Einsichten und Erfahrungen, in größter persönlicher Zurückhaltung; wenn er dieselben artikulierte, in «unglaublicher Schlichtheit und Selbstverständlichkeit»[110], erlebten jedoch die Menschen seines Umkreises, in welcher Spiritualität und Verschwiegenheit er beheimatet war:

> Nie kam ein zu großes Wort über seine Lippen, wenn er einmal von seinen übersinnlichen Erlebnissen sprach, und fast nie geschah dies ungefragt. Das Wichtigste und Größte aber behielt er bis zur Todesstunde für sich, weil ihm, wie er es einige Mal andeutete, zuweilen ein «Schweigegebot» auferlegt war, das ihn hinderte, über bestimmte Erlebnisse zu sprechen. Fragte man mehr, als er gefragt sein wollte und zu antworten bereit war, so konnte er, wenn auch immer noch gütig, so doch ernst-distanziert entgegnen: «Mehr *darf* ich nicht sagen.» Dies geschah noch in seinen letzten Lebenstagen. (Margareta Morgenstern[111])

Friedrich Rittelmeyer, der zum Zeitpunkt seiner Begegnung mit Michael Bauer bereits über weitreichende meditative Erfahrungen verfügte, war von Bauers geistiger Erscheinung nachhaltig ergriffen. Bauer verkörperte durch seine ganze Existenz und Wesensart die Realität der von ihm vertretenen Gottes-Weisheit (Theosophie), konnte Rittelmeyer auch in meditativen Fragen beraten und führte bald stundenlange Gespräche mit ihm, auch auf langen Spaziergängen und Wanderungen – «ein Tor zu einer neuen Welt tat sich auf» (Rittelmeyer[112]). Michael Bauer war für Rittelmeyers markanten, von großen inneren Widerständen gekennzeichneten[113] und sich ständig selbst überprüfenden Weg zu Rudolf Steiner ein Helfer und Garant ohnegleichen («An der Stelle, wo ich die ersten schweren Anstöße an der Geisteswissenschaft zu überwinden hatte, stand, vom Schicksal vorgesehen, Michael Bauer wie ein an einer Unfallstelle aufgestellter guter Engel.»[114]) Niemand anderes aus der theosophischen Bewegung hätte zu dieser Zeit auch nur annähernd Vergleichbares für Rittelmeyer leisten können wie der esoterische Christ und gebildete Philosoph Michael Bauer – «Der Geisteston seiner Aussagen war so, dass das Schämen vor Hegel und Fichte aufhörte.»[115] Wenig andere aber hätten auch die perspektivische Weite und den gemütstiefen spirituellen Blick für den hochbegabten protestantischen Pfarrer gehabt, der an seiner selbstbewussten Abneigung gegen den Okkultismus auch öffentlich keinen Zweifel ließ und seine Predigermöglichkeiten trotz seiner Begegnung mit Bauer noch immer für entsprechende Verlautbarungen nützte *(«Rittelmeyer habe letzten Sonntag auf der Kanzel erzählt, dass er sich seit einigen Wochen mit der Theosophie befasse, aber – diese fern liegenden Saturngeschichten usw. – Mit seinem Herrgott an der Seite durchs Leben gehen, sei doch viel einfacher und praktischer. So ungefähr wurde mir berichtet. Persönlich sind wir uns übrigens bedeutend näher gekommen. Ganz unberührt wird er doch kaum bleiben.»*[116]*)*. Rittelmeyer, den Bauer ohne Mitgliedskarte an allen anthroposophischen Zweig-Veranstaltungen teilnehmen ließ, scheute auch nicht davor zurück, Rudolf Steiner gegenüber Michael Bauer als «Ihren theosophischen Oberpriester» zu betiteln, um am Ende vor einer ersten direkten Begegnung mit Steiner beinahe zurückzuweichen:

> Als ich nun vor der Tatsache stand, Rudolf Steiner ganz persönlich gegenüberzustehen, sagte ich zu meinem Freund Michael Bauer: «Es ist mir doch etwas unbehaglich zumute. Wenn der Mann wirklich die Aura sieht?» Fein und vergnügt lächelte Michael Bauer: «Der liebe Gott weiß es ja doch», sagte er.[117]

Auf diese Weise eröffnete Michael Bauer weiterwirksame Wege, in großer geistiger Ruhe, Umsicht und Einsicht.[118] Er war zu diesem Zeitpunkt vierzig Jahre alt geworden und stand in einem ersten Zenit seines esoterisch fundierten Wirkens. Am Ende des Jahres 1911 aber ereilte ihn ein schwerer körperlicher Zusammenbruch in Form eines Blutsturzes.

*

ii. Krankheit und Lebenswende

Jede Krankheit zielt auf den Tod, d.h. auf *Befreiung* vom Eigen-Sinn des Leibes ab. Also auf eine Erstarkung der Seele hin. […] Krankheit rückt damit in die Reihe der Erlebnisse, die unsere Selbsterziehung, ja unsere Erlösungssehnsucht aufrufen. Krankheit wird zum Schicksal, das uns zur Selbstbesinnung, zur Erweckung aller im Ewigen gegründeten Seeleneigenschaften auffordert.

Wissen, dass man sein Schicksal gewollt hat und will – das verlangt freilich: Die Kraft und Einsicht des *himmlischen Menschen* auch im Erdensein bewähren.

Michael Bauer[119/120]

Am 16. Januar 1912, ein Jahr nach seiner ersten Begegnung mit Friedrich Rittelmeyer, schrieb Michael Bauer aus Nürnberg an Rudolf Steiner:

> Sie erinnern sich wohl, dass ich bei der Unterredung im Hotel Maximilian auch erwähnte, meine Gesundheit sei in letzter Zeit nicht recht in Ordnung. Inzwischen ist es leider nicht besser geworden und schließlich habe ich, wegen der rechten Lunge besonders, den Arzt befragt. Da wurde mir dringend zu einem Klimawechsel geraten und heute ist es so weit, dass ich in einigen Tagen an die französ. Rivièra abreisen will. Über den Ort bin ich noch nicht ganz schlüssig. Vorläufig habe ich drei Monate Urlaub genommen.
> Im ganzen ist mein Zustand so, dass ich hoffe, in dieser freien Zeit manches arbeiten zu können. Deshalb wollte ich auch Ihnen diese Mitteilung machen mit der Bitte: falls Sie einen besonderen Rat von Ihrer Seite für angezeigt hielten, mir diesen zukommen zu lassen.[121]

Schwerkrank gelangte Michael Bauer in den folgenden Wochen schließlich nicht an die französische Küste, sondern in das Tessin, nach Locarno-Monti, wo er einige Monate in einem kleinen Privatsanatorium lebte. In Gesprächen und Vorträgen half Bauer einigen seiner Mitpatienten im Umgang mit den Phänomenen der Krankheit, des Leidens und des Todes entscheidend weiter[122] – wie ernst es jedoch zu dieser Zeit um ihn selbst stand, verdeutlichen Briefsätze aus der Osterzeit, in denen es an einen Freund hieß:

> Der Segen der österlichen Zeit macht sich jetzt in meinen Nächten geltend.
> Ohne die Kräfte und Hilfen aus dem Übersinnlichen hättest Du mich wohl kaum noch einmal im Leben gesehen; so aber denke ich, die Pfade dieses Lebens werden uns noch oft zu gegenseitiger Förderung zusammenführen … «Das Feld ist reif zur Ernte.»[123]

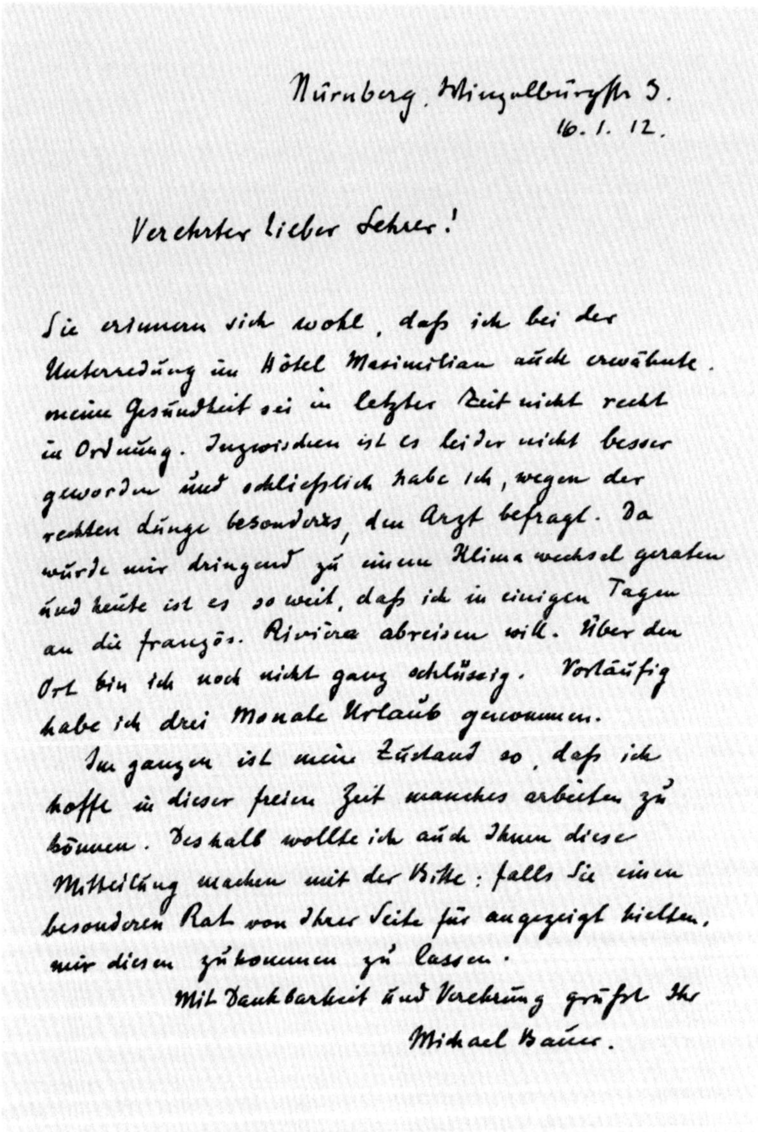

Nürnberg, Winzelbürgstr. 3.
16. 1. 12.

Verehrter lieber Lehrer!

Sie erinnern sich wohl, daß ich bei der Unterredung im Hotel Maximilian auch erwähnte, meine Gesundheit sei in letzter Zeit nicht recht in Ordnung. Inzwischen ist es leider nicht besser geworden und schließlich habe ich, wegen der rechten Lunge besonders, den Arzt befragt. Da würde mir dringend zu einem Klimawechsel geraten und heute ist es so weit, daß ich in einigen Tagen an die französ. Riviera abreisen will. Über den Ort bin ich noch nicht ganz schlüssig. Vorläufig habe ich drei Monate Urlaub genommen.

Im ganzen ist mein Zustand so, daß ich hoffe in dieser freien Zeit manches arbeiten zu können. Deshalb wollte ich auch Ihnen diese Mitteilung machen mit der Bitte: falls Sie einen besonderen Rat von Ihrer Seite für angezeigt hielten, mir diesen zukommen zu lassen.

Mit Dankbarkeit und Verehrung grüßt Ihr
Michael Bauer.

Brief von Michael Bauer an Rudolf Steiner. Nürnberg, 16.1.1912

Im Frühsommer konnte Bauer schließlich weiter an die Adriaküste und an den langjährigen Kärntner Wohnort des jungen Paracelsus, nach Villach, reisen. In einem Schreiben berichtete er von dort über seine Schulbeurlaubung für ein ganzes Jahr, teilte erneut mit, dass er ohne die theosophische Geisteswissenschaft – respektive ohne die mit ihrer Hilfe auf dem spirituellen Weg erworbenen Kräfte – bereits nicht mehr leben würde[124], und formulierte im Hinblick auf die kommende Zeit:

> [...] Ganz sind ja die schweren Tage nicht vorüber. Es mag das Jahr, das vor mir liegt, noch das eine oder andere Bittere bringen. Aber ich habe die Zeit meiner Krankheit benützt, um klar zu werden, und ich durfte meinem hohen Ziel ein Stück näher kommen [...].[125]

Er brauche zwar, so Bauer, noch eine Weile das durch die Krankheit erzwungene Einsiedlertum, hoffe aber, *«bald mit ganz anderer Kraft und Vollmacht im Leben zu stehen als früher»*.[126]

Was für innere Wege Michael Bauer in diesen schweren Krankheitsmonaten des beginnenden Jahres 1912 südlich der Alpen ausschritt, ist im Einzelnen nicht bekannt. Er betrachtete sie jedoch als notwendige Elemente seiner geistigen Entwicklung – *«ich durfte meinem hohen Ziel ein Stück näher kommen»*. Acht Jahre zuvor hatte Rudolf Steiner erstmals beschrieben, inwiefern der geistige Schulungsweg dem ihn gehenden Menschen auf einer gewissen Stufe auch vollkommen neue Verständnis- und Bejahungsmöglichkeiten der eigenen Lebenstätigkeiten und -leiden eröffnet – «denn jetzt weiß er: was er arbeitet, was er leidet, das arbeitet, leidet er um eines großen, geistigen Weltzusammenhanges willen».[127]

*

Nach Überwindung der ersten schweren Krise lernte Michael Bauer im Sommer 1912 Margareta Morgenstern kennen und trat damit seiner zukünftigen Verbindung mit ihr und Christian Morgenstern nahe, dessen Lebensweg im selben Jahr wie derjenige Bauers begonnen hatte und mittlerweile im Zeichen derselben Krankheit stand. Rudolf Steiner hielt in München große Vorträge über die Initiation, schrieb sein Buch *Ein Weg zur Selbsterkenntnis des Menschen*, ließ sein drittes Mysteriendrama

«Der Hüter der Schwelle» aufführen und empfing hunderte von Menschen zur persönlichen Beratung. In München erschien Michael Bauer erstmals nach seiner Erkrankung wieder im großen Kreis der theosophischen Freunde – der russische Dichter Andrej Belyj, der seit wenigen Monaten Rudolf Steiners Vorträge verfolgte und Bauer in München erblickte, berichtete später, es habe dort allgemein geheißen, dass es ein Wunder sei, «dass er überhaupt noch lebe»[128]. Und: *«Schon* 1912 *wurde von Bauer erzählt, er sei der erste Schüler Steiners, der einen selbständigen Weg gehe und eine selbständige geisteswissenschaftliche Forschung betreibe.»*[129]

Zurückgekehrt nach Nürnberg, griff Michael Bauer seine dortige theosophische Arbeit wieder auf und begleitete weiter den geistigen Weg Friedrich Rittelmeyers mit wacher Anteilnahme und größter Aufmerksamkeit («Er hat sehr viel Theosophisches gelesen, nimmt wieder ein paar Vortrags-Zyklen mit aufs Land und steht unserer Bewegung viel näher als er es sich selber gesteht. Ein bedeutsames Innenerlebnis wird ihn entschieden auf unsere Seite stellen.»[130]). Bauer organisierte im Winter 1912 – ein Jahr nach Rudolf Steiners Nürnberger Vortrag «Von Jesus zu Christus» – die Vortragsreihe «Die Religion im Leben der Gegenwart», in deren Rahmen neben ihm selbst («Religion und Erziehung») auch erstmals die protestantischen Theologen Friedrich Rittelmeyer und Christian Geyer referierten. Am 1. Dezember aber musste er sich aufgrund seines Krankheitszustandes endgültig vom Schuldienst pensionieren lassen, kurz vor dem Abschluss seines sechsten Lebensjahrsiebtes. Die durch die Krankheit erzwungene Aufgabe des Volksschul-Amtes bedeutete einen tiefen Einschnitt in seine Biographie und beendete seine praktische pädagogische Tätigkeit, die er achtzehnjährig begonnen hatte und die ihm überaus wesentlich war. In dem von Rudolf Steiner gekennzeichneten Sinne betrachtete er die spirituell durchdrungene Erziehungsarbeit als eine gottesdienstliche Handlung – in seinem Vortrag «Religion und Erziehung», den er in schriftlicher Form ausarbeiten und veröffentlichen sollte, hieß es hierzu erläuternd:

> Heilige Schauer kann man empfinden, wenn man gewahrt, wie tief verwoben der einzelne Mensch mit der Menschheit ist, wie treu die Entsprechung ist zwischen dem Heranreifen des Einzelnen und dem Werden der Menschheit. Ein *Kind* war

auch einmal die Menschheit, schwach und hilfebedürftig wie das Kind; langsam stieg sie von Stufe zu Stufe, langsam kommt sie zu sich selbst.
Hier das einzelne Kind – dort die ganze Menschheit aller Länder, aller Zeiten. Hier der Erzieher, der sich liebend dem Kind neigt, seine Wege ebnet, seine Seele erfüllt – wer dort?
Wer war es gewesen, der in allen Ländern Altäre errichtete, von heiligen Kultstätten aus den Ackerbau lehrte und in den Künsten unterwies? Wer hat die Menschheit ihren langen, langsamen Gang zu immer höherer Gesittung, zu immer reinerem Dienst geführt? Es war derselbe, der die Erde schuf und sie in den Sternenreigen stellte, sie mit Schönheit schmückte, sie mit Fruchtbarkeit segnete, sie so bereitend zur Wohnstätte – Seinem Kind. Es war derselbe, der in aller Größe und Herrlichkeit der Welt sich offenbart, und derselbe, der unter Donner und Blitz auf Sinai dem Kind, das von sich selbst aus das Rechte nicht gefunden hätte, die Tafeln mit dem unerbittlichen «Du sollst!» errichtete.
Sind diese Tafeln heute zerbrochen? Muss nicht jeder Erzieher, wenn er seinen Zögling wirklich lieb hat, auch heute noch sein «Du sollst!» aufstellen, solange es not tut, dass der eigene wissende Wille hineinrage in das noch unwissende Kind? Sollen aber die Tafeln ewig bestehen bleiben?
Nein. Es schritt schon einer über die Erde, in dem waren alle Gesetze erfüllt, waren alle strengen «Du sollst!» gewandelt in ein heilig frohes «Ich will!». Der einst auf Sinai kundgetan hatte seinen Willen in dem «Du sollst!», der war in diesem «Ich will!». Und was will doch dies «Ich will!» – *Bilden, Erziehen*. Die ganze Menschheit bilden und erziehen; alle; alle einzelnen, jedes Kind. Ist aber die Entwicklung der Menschheit heimlich verborgen in der Entwicklung des Kindes, dann muss die Erziehung des Kindes sein eine Wiederholung der Erziehung der Menschheit; dann aber ist der rechte Erzieher des Kindes der Stellvertreter Gottes.[131]

*

Wochen später, am 18. Januar des Jahres 1913, gab Michael Bauer brieflich seiner Hoffnung Ausdruck, dass der bevorstehende Sommer den *«definitiven Stillstand»* seiner Erkrankung bringen werde und berichtete von den schwerwiegenden Vorgängen innerhalb der Theosophischen Gesellschaft, an denen er aktiv teilnahm.[132] Zeitgleich zu der Nürnberger Vortragsfolge über «Die Religion im Leben der Gegenwart» und nach jahrelangen Auseinandersetzungen um Steiners abendländisch-christologischen Weg war die Herauslösung der deutschen Sektion aus den alten, nicht länger tragbaren Zusammenhängen der Theosophischen Weltgesellschaft erfolgt und hatte die Begründung einer eigenständigen Anthroposophischen Gesellschaft ermöglicht, in deren Zentralvorstand Michael Bauer zusammen mit Marie von Sivers und Carl Unger im Februar 1913 eintrat *(«[...] In der Hauptsache bedeutet unser Kampf einen Kampf um unsere Christusauffassung.»[133])*. Auf der ersten Generalversammlung der neugegründeten Anthroposophischen Gesellschaft sprach Michael Bauer in Berlin bezeichnenderweise über das Verhältnis der christlichen Mystik des Mittelalters zur neuzeitlichen Geistesforschung und beschrieb die partielle methodische Verwandtschaft, aber auch die entschiedene Zieldifferenz beider Wege. In seiner bald auch in gedruckter Form vorliegenden Darstellung skizzierte Bauer anhand einer subtilen Gegenüberstellung von Steiners Schulungsdarstellungen mit entsprechenden Aussagen Meister Eckharts, Heinrich Susos u.a., dass die anthroposophische Geisteswissenschaft eine reale – im Hegelschen Sinn verstandene – «Aufhebung» der Mystik impliziere, indem sie deren Intention der finalen Ich-Auslöschung durch eine Findung im höheren Ich des Geistselbsts überschreite und statt zu einer wort- und inhaltslosen Weltabgeschiedenheit zu realen geistigen Erkenntnissen gelange, die der Zivilisation zugute kommen können:

> Und sie tut das im umfassendsten Sinne. Es war wohl noch niemals in der Menschheitsgeschichte der Fall, dass okkulte Erkenntnisse in solcher Fülle dem allgemeinen Geistesleben so öffentlich zugewendet wurden, wie das heute geschieht. Es lagen die Pfade zu okkultem Erleben vielleicht noch niemals so sichtbar und zugänglich all denen, die sie suchen, wie heute. Nicht aus der Willkür der Okkultisten geschieht das so. Das dringliche Verlangen vieler Seelen unsrer Zeit nach Lösung schwerer Rätselfragen des Daseins, das sehnsüchtige Rufen nach Wegeweisung, um sich zurechtzufinden in den Wirrnissen und Widersprüchen des Lebens –, das zwingt die geistigen Mächte, die Hilfe bereitzustellen.[134]

Michael Bauers Weg an der Seite Rudolf Steiners war und blieb konsequent. Bauer hörte in den Berliner Tagen Steiners in die Gralsgeheimnisse mündenden Vorträge über «Die Mysterien des Morgenlandes und des Christentums», führte seine eigenen Arbeiten weiter und lebte trotz seiner zunehmenden körperlichen Beschränkung im Einsatz für die neue Anthropologie und Christologie, gerade auch in der Sphäre der inneren, spirituell-esoterischen Arbeit *(«Innerlich geht es gut, wenn auch oft unter Mühen, vorwärts. [...] Wir können ja unsere große Sache gar nicht ernst genug nehmen.»[135])*. Immer intensiver erlebte er das Glück, Rudolf Stei-

Mystik und Okkultismus.

Eine vergleichende Studie

von

Michael Bauer.

Berlin
Philosophisch Theosophischer Verlag,
Berlin W 30, Motzstr. 17.

Michael Bauer: Mystik und Okkultismus (1913)

ners *«Zeitgenosse und Schüler sein zu dürfen»* – *«Ich empfinde das täglich mehr.»*[136]

*

Auf Anraten Rudolf Steiners ging Bauer im Frühjahr des Jahres 1913 schließlich erneut in den Süden und reiste an die italienische Adriaküste, nach Portorose, an einen Ort, den Steiner zwei Jahre zuvor mit der erkrankten Marie von Sivers aufgesucht hatte. Auch Christian Morgenstern befand sich mit seiner Frau zur Erholung an dieser Stätte, ebenfalls auf Rat Rudolf Steiners, der einer Bitte Margareta Morgensterns um Angabe einer gemeinsamen Meditation der drei, sich enger aneinander anschließenden Menschen nachgekommen war. Die Freundschaft Michael Bauers mit Christian und Margareta Morgenstern entwickelte sich daraufhin in spiritueller Intensität und im Licht der Anthroposophie:

> Allabendlich kam Michael Bauer in Christian Morgensterns Zimmer, sobald dieser sich niedergelegt hatte und es begannen ernste Gespräche über Fragen, die Bauer, der ältere, erfahrene Anthroposoph, dem Weggefährten beantworten konnte. Dann sprach er allein, wobei er immer an die von Steiner gegebene Meditation anknüpfte, und sie täglich neu abwandelte und erweiterte. Am Schluss mündeten seine Worte jedes Mal in eine Strophe aus Steiners erstem Mysteriendrama: «Des Lichtes webend Wesen, es erstrahlet / von Mensch zu Mensch ...» Im stillen Raum blieb eine Weihestimmung zurück, wenn er geendet hatte.[137]

Margareta Morgensterns Erinnerungen belegen, mit welcher inneren Souveränität sich Michael Bauer in der anthroposophischen Geisteswissenschaft, bis hin zu ihrer mantrischen Gestalt, bewegen konnte *(«Dann sprach er allein, wobei er immer an die von Steiner gegebene Meditation anknüpfte, und sie täglich neu abwandelte und erweiterte.»)*. Andrej Belyjs Wort, demzufolge Bauer als der erste Schüler Rudolf Steiners betrachtet wurde, «der einen selbständigen Weg gehe und eine selbständige geisteswissenschaftliche Forschung betreibe», wurde in seiner Realität von Christian Morgenstern und seiner Frau in Portorose anfänglich erlebt. Michael Bauer vereinigte in seiner Person eine absolute Treue zu Rudolf Steiners Leben und Werk mit dem Vermögen, auf dem Weg der esoterischen Schülerschaft entschieden fortschreiten und zu eigenen spirituellen Erfahrungen durchdringen zu können, ja er begriff die Treue zu Rudolf

Steiner geradezu als die bindende Verpflichtung zu dieser schöpferischen Entwicklung.

Im übrigen beriet Bauer, der selbst mit seinen schweren körperlichen Einbrüchen rang, auch in seinen Briefen aus dem norditalienischen Ort verschiedene Menschen in Sorgen und Not – *«bei allen Schwierigkeiten müssen Sie doch heimlich manchmal die Freude aufsuchen, die einem werden kann aus dem Gedanken: Schwierigkeiten und Schmerzen machen stark. Sie sind ja zu weich im Gemüt [...] und müssen schon durch die Umstände etwas fester gemacht werden. Das Schicksal ist dabei, Ihnen einen Dienst zu tun.»*[138] In seinen Tagebuchaufzeichnungen aus diesen Tagen formulierte er:

> Fichte spricht in seiner «Anweisung» vom Sinn des Ungenügens und Schmerze in der Welt als dem letzten Band, das die Seele an das Ewige knüpft. Und hier springt der Grund unserer Leidensfähigkeit ins Helle. Wir leiden, weil wir zu einer anderen Existenz berufen sind. Unsere jetzige Verhaftung an den Sinnenleib ist nicht unsere letzte Bestimmung, sondern ein Durchgang.
> Leidend stehen wir auf der Grenzlinie zwischen Ewigkeit und Zeit. Das Leid ist gleichsam ein Zeugnis höherer Artung.
> Und hier begreift man auch, wie ein Hölderlin das Leid als *heilig* empfinden kann. Ja, wie ein ganz gottdemütiger Mensch dankbar dem Leid gegenüber fühlt. Ist die Sehnsucht der Seele nach höherem und reinerem Leben nur groß genug, so wird auch bald alles Leid als Mahnruf aus der Ewigkeit erkannt und dankbar getragen und schließlich als *Begnadung* hingenommen.[139]

*

Wieder in Nürnberg zurück, hielt Michael Bauer erneut Vorträge über Hegel, studierte Novalis und reiste in sein Heimatdorf – «mit den Bauern hat er geplaudert und sich für ihre Angelegenheiten interessiert. [...] Er war dem allen nicht entfremdet, er war nur darüber hinausgewachsen.»[140] Im Sommer war er dann abermals zu den Mysteriendramen in München und sprach dort am 1. September:

> Die Zuhörer rückten, so gut es ging, nach vorne, damit er seine Stimme schonen konnte. [...] Aber was ihm physisch fehlte, war geistig ergänzt, so dass man niemals die hemmende Krankheit, sondern immer die helfende Gesundheit empfand. (Albert Steffen[141])

Am Vortag von Bauers Darstellung hatte Rudolf Steiner seinen achttägigen Vortragskurs über die «Geheimnisse der Schwelle» beendet, nach über zweimonatiger Anwesenheit in München und abermals unzähligen Arbeiten und Menschenbegegnungen. Das vierte Mysteriendrama «Der Seele Erwachen» hatte den Zerfall einer Mysteriengemeinschaft gezeigt, ein Vorgang, den viele Schüler Rudolf Steiners mit Erschütterung erlebten («Nur die Fähigkeit, Ahriman zu erkennen, blieb Benediktus' Schülern. War das die Zukunft?» Turgenieff[142]) Sie warteten mit größter Spannung auf die intendierte Fortsetzung im nächsten Jahr in Dornach. Steiner brach vierzehn Tage nach Abschluss seines Vortragskurses dorthin auf, zur Vorbereitung der Grundsteinlegung und zu den beginnenden Bauarbeiten, nachdem er sich am Ende seines letzten Münchner Vortrages mit den Worten verabschiedet hatte:

> Möge immer mehr und mehr die Wahrheit des geistigen Lebens an unseren eigenen Seelen sich bekräftigen und offenbaren dadurch, dass dann, wenn wir nicht räumlich beisammen sind, wir doch beisammen seien, beisammen seien dadurch, dass in uns lebt die echte Wärme, die aus einem offenherzigen, aus einem liebevollen Erleben unserer Wahrheit in unseren Seelen aufleuchten kann, verbunden mit dem echten, ehrlichen Verantwortlichkeitsgefühl oder wenigstens mit dem Streben nach diesem Verantwortlichkeitsgefühl für unsere heilige und der Welt so notwendige Sache. Fühlen wir so, dann sind wir immer gleich im Geiste beisammen. Ob wir, durch unser Karma zusammengeführt, räumlich zusammensein dürfen, oder ob uns unser Karma für eine Weile zu unseren verschiedenen Taten und Lebenswerken räumlich zerstreut, wir sind doch sicher beisammen, wenn wir in der Wärme und in dem Verantwortlichkeitsgefühl unserer Seelen beisammen sind. Sind wir das aber, dann dürfen wir alle Hoffnung und Zuversicht und alles Vertrauen zu unserer Sache haben. Denn sie wird sich dann so einleben in die Kultur, in die geistige Entwickelung der Menschheit, wie sie sich einleben soll, so einleben, dass wir sie wirklich, diese unsere Sache, empfinden dürfen wie das Raunen aus der geistigen Welt heraus, das warm einschlägt in all unsere Seelen. Es wird geschehen, was geschehen soll, was geschehen muss – auch. Und versuchen wir, dass wir zu dieser unserer geistigen Gemeinschaft dadurch fähig werden, dass, soweit es an uns ist, durch uns geschehe, was geschehen soll, was geschehen muss.[143]

Am 15. September traf Rudolf Steiner in Dornach ein, kümmerte sich um alles Notwendige und vollzog fünf Tage später die feierliche Grundsteinlegung des Johannes-Baues unter erstmaligem Sprechen des «ma-

Rudolf Steiner in Dornach (25.10.1913)

krokosmischen Vaterunsers»[144], ein Vorgang, den Michael Bauer nur aus der Ferne geistig verfolgen konnte. In einem Brief an Christian Morgenstern aber schrieb er:

> Dass wir – wenigstens in Gedanken – wissend miterleben durften den Augenblick, wo nach zweitausendjähriger Entbehrung wieder eine Mysterienstätte die Erde weiht, das gehört wohl zum Wertvollsten dieses unseres Lebens. Nun werden wir, wenn wir wieder einmal geboren werden, hoffentlich den Weg zu solcher Stätte um so sicherer finden.[145]

Michael Bauer war sich seiner nur noch begrenzten Wirkensmöglichkeiten in dieser Inkarnation vollkommen bewusst *(«Es scheint mir manchmal, als müsst ich mich mit alter Seide vergleichen, die sich ja auch, wenn sie einmal zu reißen anfängt, nimmer gut flicken lässt.»*[146]*)*; er lebte jedoch mit aller Entschiedenheit auf Zukünftiges hin, gerade auch im Hinblick auf das Goetheanum und die intendierte Freie Hochschule für Geisteswissenschaft als der zentralen Mysterienstätte der Moderne. *«Wiederverkörperung ist ein Postulat der Liebe. Wer wirklich helfen will, wird nicht in einem Leben schon müde.»*[147]

In der zweiten Novemberwoche des Jahres 1913 hielt Rudolf Steiner zwei große Vorträge über das «Fünfte Evangelium» in Nürnberg, im Beisein Friedrich Rittelmeyers und Michael Bauers («Unvergesslich ist mir vor allem das Auge [Rudolf Steiners], in das wir damals schauen durften, wie es in die Vergangenheit blickte. Seine wachende Geistigkeit strahlte so viel Reinheit aus, so viel überzeugende Wahrhaftigkeit und Bescheidenheit, dass man sich vor dem größten menschlichen Ereignis fühlte. Manchmal schien es sich von innen her ganz leise zu feuchten, und dann war es, wie wenn flüssiges Gold in ihm glänzte.» Rittelmeyer[148]). Am Ende des Jahres 1913 war Michael Bauer dann zum letzten Mal gemeinsam mit seinem schwerkranken Freund Christian Morgenstern bei einem Steinerschen Vortragszyklus anwesend – den großen Leipziger Darstellungen über «Christus und die geistige Welt. Von der Suche nach dem heiligen Gral». Christian Morgenstern durchlebte diese Tage in hohem Fieber und erfuhr eine außerordentliche Würdigung durch Rudolf Steiner, der eindringlich über seine Gedichte sprach. «Sie werden durchflossen von einem sie durchdringenden und durchwebenden Geiste, der aus ihnen

Christian Morgenstern, 1913

strahlt, der ihnen innerste Kraft gibt, und der von ihnen in unsere eigene Seele hinein strahlen kann.»[149] Steiner brachte vor über tausend anwesenden Menschen Rosen zu Christian Morgenstern, umarmte und küsste ihn, bereitete ihm den «höchsten Ehrentag» seines Lebens (Morgenstern[150]).

*

Während Margareta und Christian Morgenstern sich nach dem Ende des Leipziger Kurses auf eine zunehmend verzweifelte Suche nach einem weiteren Pflege- und Aufnahmeort Morgensterns südlich der Alpen begaben, brach Michael Bauer – nach einer hochspirituellen Darstellung über das «Mysterium des Abendmahls» am 24. Januar 1914 auf der Berliner Generalversammlung der Anthroposophischen Gesellschaft – erneut zu einer eigenen Vortragsreise nach Süden auf. Am 20. Februar, als Christian Morgenstern vorübergehend in einem Sanatorium bei Bozen untergebracht worden war, sprach er in einem öffentlichen Münchner Vortrag eingehend über die «Durchchristung des Lebens»; seine dortige Darstellung kulminierte in Strophen des Dichters Friedrich Hölderlin, deren Schluss Bauer in christlicher Orientierung abwandelte bzw. weiterentwickelte. In seinem griechischen «Schicksalslied» des Hyperion hatte Hölderlin in der Anrufung an die himmlischen Mächte und in der Rückwendung auf den Menschen geschrieben:

Ihr wandelt droben im Licht
Auf weichem Boden, seelige Genien!
Glänzende Götterlüfte
Rühren euch leicht,
Wie die Finger der Künstlerin
Heilige Saiten.

Schicksallos, wie der schlafende
Säugling, athmen die Himmlischen;
Keusch bewahrt
In bescheidener Knospe,
Blühet ewig
Ihnen der Geist,
Und die seeligen Augen
Bliken in stiller
Ewiger Klarheit.

Doch uns ist gegeben,
Auf keiner Stätte zu ruhn,
Es schwinden, es fallen
Die leidenden Menschen
Blindlings von einer
Stunde zur andern,
Wie Wasser von Klippe
Zu Klippe geworfen,
Jahr lang ins Ungewisse hinab.[151]

Michael Bauer ersetzte diese letzten Verse – und formulierte im Hinblick auf die seit der Zeitenwende «durchchristete» Situation des Menschen, damit auch im Hinblick auf sich selbst und Christian Morgenstern:

Uns ist gegeben
Auf keiner Stufe zu rasten.
Es wachsen,
Es streben
Die tätigen Menschen
Von Leben zu Leben –
Wie Pflanzen von Frühling
Zu Frühling sich steigernd –

Durch Krankheit und Tod
Zu Gesundheit und Schönheit und Leben,
Sicher und ewig
Sich steigernd,
Ins Göttlich-Gute hinein![152]

*

Seine Vortragsreise brach Michael Bauer schließlich nach einer Benachrichtigung durch Margareta Morgenstern in Linz ab und eilte zum letzten Krankenbett Christian Morgensterns in Meran. Gemeinsam mit dem Freund konnte er noch die Korrekturabzüge der – Rudolf Steiner gewidmeten – Gedichtsammlung «Wir fanden einen Pfad» durchsehen und vieles geistig bewegen. Am 29. März, zwei Tage vor Morgensterns Erdenabschied, schrieb Bauer in einem Brief:

> Es ist erhebend eigentlich, eine Seele wie die des lieben Christian Morgenstern aus diesem Leben gehen zu sehen. Er ist morgens, wenn die Fieber gerade gering sind, trotz des ganz zerbrochenen und vermorschten Leibes geistig noch so rege und frisch und lebensstark, dass man den Gegensatz von Seele und Leib mit Augen zu sehen vermeint.[153]

Den Tod Christian Morgensterns in den frühen Morgenstunden des 31. März 1914 nahm Michael Bauer in seinem eigenen Zimmer geistig wahr – und berichtete kurz darauf Margareta Morgenstern, er habe im Sterbemoment ein aus dem Herzen Morgensterns brechendes goldenes Lichtmeer gesehen, das dessen Lager mit Glanz und Licht überflutete. Acht Jahre zuvor hatte Rudolf Steiner in einem Stuttgarter Vortrag gesagt:

> Die Erscheinung des Todes geht so vor sich, dass sich im Moment des Todes der Zusammenhang, der zwischen dem Äther- und Astralleib einerseits und dem physischen Leib andererseits besteht, namentlich im Herzen löst. Eine Art Aufleuchten findet statt im Herzen, und dann hebt sich über den Kopf heraus Ätherleib, Astralleib und Ich.[154]

Wenige Stunden nach dem Tod telegraphierte Michael Bauer an Rudolf Steiner in Dornach:

> Christian Morgenstern 5 Uhr friedlich heimgegangen.[155]

*

Nach der Begleitung des Leichnams zur Basler Kremation und einer Teilnahme an Rudolf Steiners Wiener Osterkurs über das «Innere Wesen der Seele und Leben zwischen Tod und neuer Geburt» sowie eigenen Vorträgen in Nürnberg und München («Dr. Steiner und seine kulturelle Mission») reiste Michael Bauer schließlich nach Norwegen, wo er über die Mysteriendramen sprechen wollte. Auf Anraten Steiners fuhr auch Margareta Morgenstern in das «geliebte Nordland», das Christian Morgenstern und Michael Bauer teuer war und dessen Sprache beide sprachen – Michael Bauer aber erlitt dort eine erneute große Krise seiner Erkrankung mit einer ausgeprägten Lungenblutung. Aus einem Sanatorium schrieb er – nur acht Wochen nach Morgensterns Tod – am 29. Mai beruhigend an den bereits benachrichtigten Rudolf Steiner:

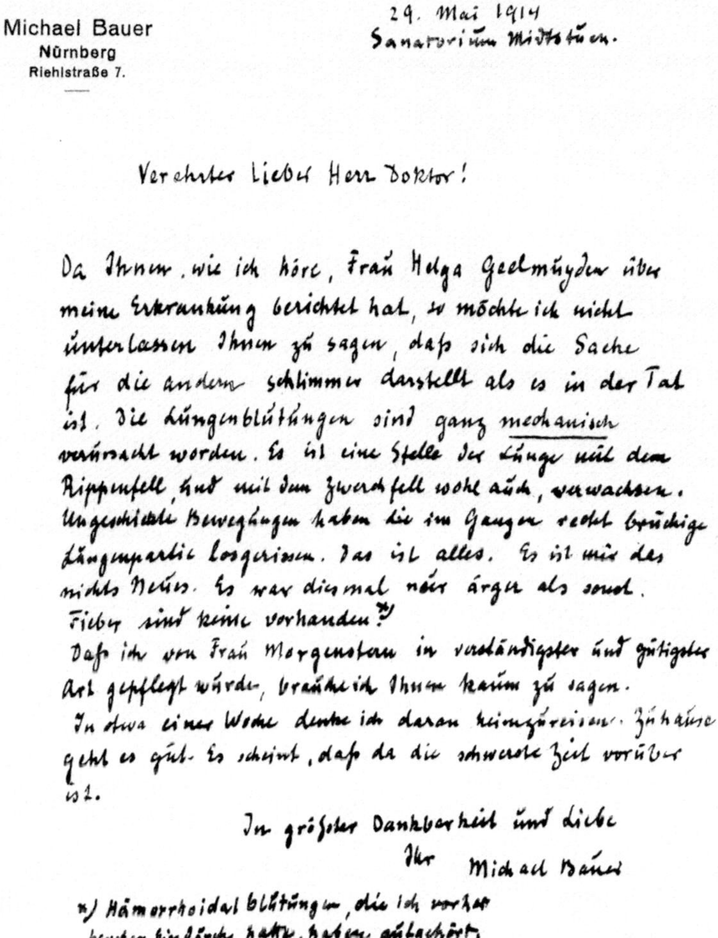

Michael Bauer
Nürnberg
Riehlstraße 7.

29. Mai 1914
Sanatorium Midtstuen.

Verehrter lieber Herr Doktor!

Da Ihnen, wie ich höre, Frau Helga Geelmuyden über meine Erkrankung berichtet hat, so möchte ich nicht unterlassen Ihnen zu sagen, daß sich die Sache für die andern schlimmer darstellt als es in der Tat ist. Die Lungenblutungen sind ganz mechanisch verursacht worden. Es ist eine Stelle der Lunge mit dem Rippenfell, und mit dem Zwerchfell wohl auch, verwachsen. Ungeschickte Bewegungen haben die im Ganzen recht brüchige Lungenpartie losgerissen. Das ist alles. Es ist mir das nichts Neues. Es war diesmal nur ärger als sonst. Fieber sind keine vorhanden.*)
Daß ich von Frau Morgenstern in verständigster und gütigster Art gepflegt wurde, brauche ich Ihnen kaum zu sagen.
In etwa einer Woche denke ich daran heimzureisen. Zuhause geht es gut. Es scheint, daß da die schwerste Zeit vorüber ist.

In größter Dankbarkeit und Liebe
Ihr Michael Bauer

*) Hämorrhoidalblutungen, die ich vorher Wochen hindurch hatte, haben aufgehört.

Brief von Michael Bauer an Rudolf Steiner. 29.5.1914

Da Ihnen, wie ich höre, Frau Helga Geelmuyden über meine Erkrankung berichtet hat, so möchte ich nicht unterlassen, Ihnen zu sagen, dass sich die Sache für die andern schlimmer darstellt als es in der Tat ist. Die Lungenblutungen sind ganz *mechanisch* verursacht worden. Es ist eine Stelle der Lunge mit dem Rippenfell, und mit dem Zwerchfell wohl auch, verwachsen. Ungeschickte Bewegungen haben die im Ganzen recht brüchige Lungenpartie losgerissen. Das ist alles. Es ist mir das nichts Neues. Es war diesmal nur ärger als sonst. Fieber sind keine vorhanden.
Dass ich von Frau Morgenstern in verständigster und gütigster Art gepflegt wurde, brauche ich Ihnen kaum zu sagen.[156]

Wenige Wochen später, unmittelbar nach seiner Rückkehr aus Norwegen und nach Auseinandersetzungen mit seiner Frau – denen ein Brief Margareta Morgensterns vorangegangen war –, löste sich Michael Bauer aus seinen familiären Verhältnissen, mit denen er seit Jahren schwer gerungen hatte. In einem weiteren Brief an Rudolf Steiner hieß es hierüber:

Verehrter lieber Herr Doktor!

Seit gestern bin ich von daheim weg und habe die Absicht, nicht mehr zurückzukehren. Vielleicht hätte ich es schon vor Jahren tun müssen und vielleicht ist es jetzt, wo mich meine untüchtige Gesundheit oft behemmt, zu spät. Aber ich konnte gleichwohl nicht anders. Die steten Versuche, mich zu bevormunden, das vorwurfsvolle Ummichherumgehen mit Erwartungen, die ich nicht erfüllen kann – ich könnte es nicht mehr ertragen. Ich verhehle mir nicht, dass es vom Übel ist, was ich tue, doch bin ich der Meinung, ein längeres Bleiben wäre das größere Übel.
Es ist mir sehr leid, dass Sie so wenig Freude an mir erleben. Doch darf ich selber den Glauben an mich nicht aufgeben und halte damit auch die Hoffnung fest, einmal danken zu können für alles, was Sie Unsägliches getan haben

Ihrem Michael Bauer[157]

Rudolf Steiner wusste um die Nürnberger Situation im Hause Bauers; auch war er selbst im Frühjahr 1904, dreiundvierzigjährig – und damit im selben Alter wie Michael Bauer zur Zeit des Briefes –, von «daheim weg» und hatte Anna Eunike verlassen, fünf Jahre nach der standesamtlichen Eheschließung und in der Zeit seiner ersten Begegnung mit Bauer. Für Michael Bauer aber waren diese, auch die Kinder der Familie betreffenden Prozesse außerordentlich schmerzhaft. Dennoch notierte er:

Michael Bauer,
um 1914

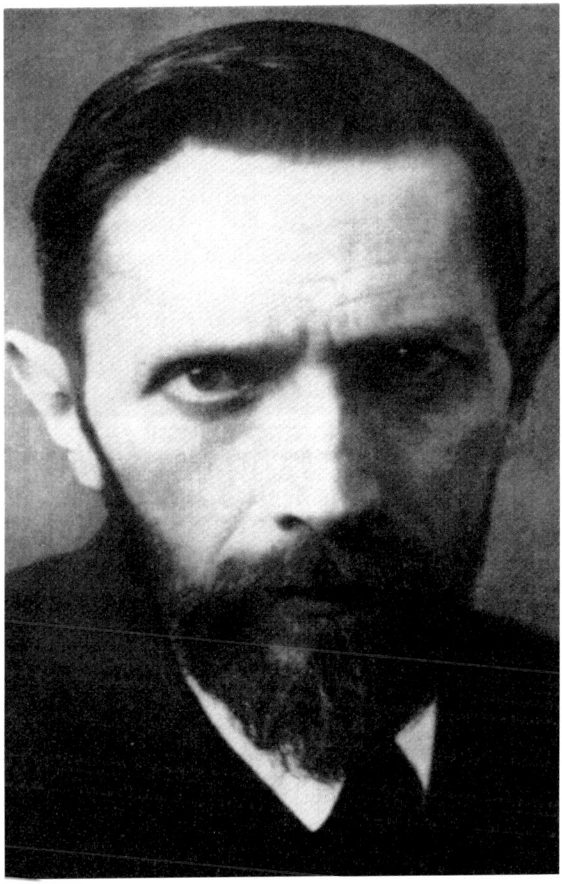

Die Mittel müssen nicht zum Zweck werden. Ehe – wenn festgehalten, hätte sie allen Sinn verloren.[158]

In einem anderen Zusammenhang formulierte Bauer einmal:

In allem Werdenden ist Kampf. Das Neue ist stets im Widerspruch zum Alten, denn es ist ein anderes als dieses. Jeder Mensch, der dem Fortschritt dient, muss das schmerzlich erfahren.[159]

*

Michael Bauer schrieb den letztzitierten Brief über seinen Weggang von Nürnberg aus Bad Wörishofen im Allgäu, wo er sich für kurze Zeit aufhielt, seine Situation und die nächsten Schritte bedachte, aber auch in seiner besonderen Weise in der natürlichen Schöpfungswelt lebte:

> Diesen Tag war ich vor dem Frühstück schon ein wenig im Wald und da hat mir auch das Eichhörnchen aus der Hand die Nüsse geholt, ist an mir heraufgeklettert, war ohne Scheu eine Zeitlang auf dem Knie gesessen. Hunger hat es offenbar nicht gehabt, denn die ersten Nüsse, die ich ihm gab, hat es fortgetragen und vergraben. Erst, als ich sie selber aufmachte und nur den Kern bot, war es bequem genug, ihn zu verspeisen.[160]

> Wörishofen und die zahmen Tierlein: Dass die Liebe die durch die Selbstsucht verscheuchten Tierlein wieder zutraulich und zahm macht, ist auch ein Beweis dafür, dass sie das Paradies zurückbringen wird.
> Wie wenig ahnen die Menschen doch von den verwandelnden Kräften des Christentums! So wird einmal kein Lärm mehr auf der Erde sein, aber singen werden alle Dinge.
> Wir wollen uns auf der Sonne anbauen, dann kann sie uns niemals untergehen.[161]

Deutlich stand vor Bauer die Fortführung seines spirituellen Weges aus den «verwandelnden Kräften des Christentums» und in inniger Verbindung mit Margareta und Christian Morgenstern *(«Im Traum in lebendigster Art mit Christian zusammen. Beim Weggehen legte er mir auf meine Bitte hin – ich sprach sie nicht aus, aber fühlte sie stark – seine rechte Hand segnend auf meine Stirn. Die Liebe zu ihm bekam dabei ganz den Charakter der Andacht.»*[162]*)*. Wenige Monate später, kurz vor Michaeli des Jahres 1914 und damit bereits in der angebrochenen Weltkriegszeit, konnte Michael Bauer dann mit Rudolf Steiner über seine persönliche Lage sprechen; in einem Brief, den er daraufhin schrieb, hieß es:

> Der Weg, den ich zu gehen habe, zeigt sich nun immer klarer. An Frau Morgenstern und so manchem anderen lieben Menschen werde ich treue Helfer haben.[163]

In einer anderen Mitteilung aus der beginnenden Winterzeit formulierte er:

> Die paar Menschen, die ein wenig hinter den Schleier gelugt haben, werden sich immer inniger verbinden.[164]

*

Mit seinem familiär bedingten Weggang von Nürnberg, in gewisser Hinsicht aber bereits durch seine schwere Erkrankung am Ende des Jahres 1911 und den damit verbundenen Umbrüchen und Entwicklungen hatte Michael Bauer die kontinuierliche Basis seines langjährigen Wirkens aufgeben müssen – zugleich aber war er am Ende seines sechsten Lebensjahrsiebtes Christian und Margareta Morgenstern begegnet, wodurch ein lebensgeschichtlich Neues in weiterführender spiritueller Gemeinschaft angebrochen war. Auf Anraten Rudolf Steiners zogen Michael Bauer und Margareta Morgenstern schließlich gemeinsam nach Arlesheim, zu Beginn des Jahres 1915 und in ein Haus, in dem auch der russische Kunsthistoriker Trifon Georgiewitsch Trapeznikov lebte. Trapeznikov war elf Jahre jünger als Bauer, hatte in Straßburg, Heidelberg und Paris Kunstgeschichte studiert und in diesem Fach promoviert, war – wie auch Helga Geelmuyden – 1908 erstmals Rudolf Steiner begegnet und hatte bald nach ihrem Erscheinen die *Geheimwissenschaft im Umriss* in die russische Sprache übersetzt. Nun half der hochbegabte Wissenschaftler bei den Malarbeiten im Dornacher Goetheanum, hielt kunstgeschichtliche Vorlesungen für die kleine Anthroposophen-Kolonie um den Bau («Diese Vorträge wurden nach Absprache mit Rudolf Steiner zur Erhöhung der künstlerischen Fähigkeiten der am Bau des Goetheanum Beteiligten verwendet.» Fedjuschin[165]) und ermöglichte mit seiner umfangreichen Lichtbildersammlung auch die großen Kunst-Darstellungen Steiners ab dem Herbst 1916. Wie mit Trapeznikov kam Michael Bauer bald mit zahlreichen Anthroposophen aus Russland in Berührung, ja er wurde nach Andrej Belyjs Zeugnis geradezu der «natürliche Patron der Russen» in Dornach.[166] Belyj lernte Bauer nun näher kennen und verehrte ihn tief. Für ihn war Bauer ein «frühchristlicher Mystiker und Philosoph»[167], zu dem auch in Arlesheim viele ratsuchende Menschen pilgerten («Sobald er in Dornach bzw. dem benachbarten Arlesheim weilte, kamen von früh bis oft spät in die Nacht hinein Besucher, die irgendeines Rates oder einer Hilfe bedurften. Und für alle war er da, für alle fand er Zeit.»[168]) Auch für den krisengeschüttelten Belyj selbst:

> [...] Seit 1915 wurde mir das Glück zuteil, Michael Bauer näher kennenzulernen, ihn besuchen und ihn um Rat fragen zu dürfen; und obwohl ich damals den Doktor aufsuchen konnte, muss ich gestehen: die Ratschläge Bauers, die Gespräche mit ihm, sein weisheitsvolles, unauslotbar tiefes Wort, das manchmal die Form

des fast derben, «gepfefferten» Volksspruchs annahm, aber innere Wärme und Güte ausstrahlte – das alles war unersetzlich; das, was ich von Bauer empfing, konnte selbst der Doktor mir nicht geben: ich meine die typische, individuelle Bauersche «Tonalität»[169]; sie könnte etwa so charakterisiert werden: wenn Meister Eckhart dem Doktor begegnen würde und sich von ihm überzeugen ließe, dass der Rhythmus der Zeit nach anthroposophischer Ausgestaltung des Eckhartschen Anliegens verlange, dann würde Eckhart, ohne sich selbst aufzugeben, Michael Bauer sein.[170]

In einem Gedicht schrieb Belyj:

Meister Eckhart unseres Jahrhunderts –
Ich erinnere mich, wie du von Arlesheim nach Dornach
An uns vorbei: in einer Zeit der Erschütterungen
Kamst, verneigend dich in Blumen und in Dornen [...][171]

*

In einem Brief Michael Bauers vom 2. Februar 1915 hieß es:

Hier habe ich insofern eine wohltätige Zeit, als ich nie noch vorher so ungestört arbeiten konnte. Ich hoffe, das Jahr soll mich etwas weiter bringen. [...]
Der Bau schreitet sehr langsam vorwärts. Ich habe mich bis jetzt noch nicht so hineingearbeitet, wie ich vorhabe, sehe aber, dass es der Keim zu neuen großen Dingen ist.
Wann wird es soweit sein, dass ein glücklicher Friede die ersten Festtage darin erlaubt?[172]

Michael Bauer war ab dem Januar 1915 in Dornach präsent, hielt jedoch auch sehr erfolgreiche anthroposophische Einführungsvorträge in der übrigen Schweiz und wirkte auf geistige Weise für das werdende Werk. Sein Stiefsohn Bruno befand sich schon längere Zeit als Mitarbeiter am Dornacher Bau; in seinen Erinnerungen notierte Bruno Bauer eine dortige Begegnung und Bemerkung von Rudolf Steiner, die trotz ihrer aphoristisch-humoristischen Form einen weitreichenden Blick auf die spirituelle Bedeutung Michael Bauers für die zukünftige Hochschule für Geisteswissenschaft eröffnete:

Einmal brachte Dr. Steiner ein kleines Modell mit, das er mir besonders zeigte. Es war eine Art Thronsessel, angebaut an einen Säulenfuß. Als ich ihn fragend ansah, sagte Dr. Steiner: Das ist der Sitz im Raum der kleinen Kuppel, für Ihren Vater gedacht.[173]

Das erste Goetheanum. Innenansicht des kleinen Kuppelraums

Wie Michael Bauer in einem Brief vom Anfang des Jahres 1915 bemerkte, war er seit seinem Umzug nach Arlesheim noch nicht näher mit Rudolf Steiner zusammengekommen (*«Ich hatte bis jetzt keine Gelegenheit mit dem Doktor länger zu sprechen. Nur im Saal – d.h. in der Werkstatt, wo die Vorträge sind – sprach ich ihn flüchtig.»*[174]). Aber auch zu anderen Zeiten war die Gesprächszeit zwischen Bauer und Steiner begrenzt und thematisch oft anderen Personen und Gesellschaftsprozessen gewidmet gewesen, über die ein verantwortlicher Austausch notwendig geworden war.[175] Die Vorgänge unter der Anthroposophenschar in Dornach waren spätestens seit Ausbruch des Krieges außerordentlich kompliziert und führten 1915 zu immer weitergehenden Krisen, Skandalen und Verleumdungen; trotz seiner ausgesprochen reduzierten Körperverfassung aber griff Bauer schließlich handelnd und im Sinne seiner übergeordneten Aufgabe als Mitglied des Zentralvorstandes ein[176] – so, wie er nach wie vor aus der Ferne auch den folgenreichen Weg Friedrich Rittelmeyers zur Anthroposophie in schicksalshafter und zugleich auch repräsentativer Verantwortung begleitete[177] oder die Nürnberger Freunde bezüglich ihres geistigen Vorgehens in Zeiten des Krieges beriet. An den dortigen Zweigleiter Andreas Körner schrieb Bauer am 8. März 1915 im Hinblick auf die «Esoterische Schule» bzw. die von Michael Bauer geführte regionale esoterische Gruppe:

> Ich wollte Dir noch gern sagen, dass Du die Besprechungen möglichst kurz hältst, sofern sie sich nicht umgehen lassen. Esoterisches ist in der ganzen Kriegszeit nichts und die Esoteriker müssen schon deshalb zuwarten. Und zum Esoterischen angenommen wird jetzt jedenfalls auch niemand.[178]

Zu Rudolf Steiners Nürnberger Vorträgen im März 1915 konnte Michael Bauer aufgrund seiner gesundheitlichen Situation zu seinem großen Bedauern nicht mehr mitreisen – und erlitt schließlich bei einem eigenen Vortragsversuch in Heidelberg eine weitere Lungenblutung, von deren Folgen er sich nur ausgesprochen mühsam erholte:

> Wäre erst der Krieg hinter uns, der sich in meinem Seelenleben recht breit macht, dann würde es […] rascher aufwärts gehen.[179]

Nach Michael Bauers Rückkehr aus Heidelberg kam Rudolf Steiner wiederholt zu Krankenbesuchen in sein Arlesheimer Haus, wobei Steiner sehr wahrscheinlich die weitere somatische Behandlung angab und Michael Bauer im übrigen davon abriet, wiederum Vorträge zu halten («Ja, wenn Sie aufhören könnten *sofort*, wenn Sie spüren, jetzt wird's gefährlich – dann möchte es wohl noch gehen. Aber Sie können doch nicht einen Satz anfangen und plötzlich abbrechen. Darum werden Sie leider leider darauf zunächst ganz verzichten müssen.»[180]). Weiter sagte Rudolf Steiner:

> […] Sie wissen ja, wie Sie mich immer erreichen können, auch wenn wir physisch nicht zusammenkommen.[181]

*

Rudolf Steiner, 1915

Im November 1916 verließen Michael Bauer und Margareta Morgenstern schließlich Arlesheim und Dornach, nach knapp zweijähriger Anwesenheit, aus nicht näher bekannten Gründen. Denkbar erscheint jedoch, dass die emotionalisierte Stimmung unter den Anthroposophen in Dornach sowie ihre inselhafte Abgeschlossenheit vom Weltgeschehen und von fast allen zeitgeschichtlichen Herausforderungen für Bauer nicht länger tragbar war – Margarita Woloschina jedenfalls notierte später:

> Unser Leben in Dornach, abgeschlossen von der Welt, empfand ich als sektiererisch und lebensabgewandt. Wer außer Michael Bauer interessierte sich noch für die Kulturerscheinungen der modernen Welt?[182]

In München arbeitete Bauer weiter an einem großen Buch über Pädagogik, in dem er seine Einsichten niederlegen und einen kulturellen Beitrag zu den sozialen Prozessen nach Beendigung des Krieges formulieren wollte. Mit Margareta Morgenstern zusammen war er darüber hinaus intensiv mit den Notizbüchern Christian Morgensterns beschäftigt und stellte eine Auswahlsammlung von Aphorismen und Sprüchen aus 75 Büchern zusammen, die unter dem Namen «Stufen» herausgegeben werden sollten.

Christian Morgensterns Wunsch war es zuletzt gewesen, ein gemeinsames Wohnen mit Bauer auf dem Land zu realisieren. Ende des Jahres 1917, im vorletzten Kriegsjahr und in der Zeit der Russischen Revolution, richteten Michael Bauer und Margareta Morgenstern schließlich ihre Schritte nach Breitbrunn am Ammersee, dem dörflichen Lebens- und Wirkensort der letzten zwölf Erdenjahre Bauers.

*

iii. Breitbrunn

Ich verkenne mitnichten die außerordentliche Bedeutung, die die Klöster für unsere kulturelle Entwicklung gehabt haben. Aber alle Abkehr vom tätigen Leben, soweit sie nicht geschieht, um Kräfte zu sammeln oder Fähigkeiten zu erwerben für die Rückkehr ins Leben, sondern um das Leben überhaupt zu fliehen, ist vorchristlich und unchristlich.

Michael Bauer[183]

Obwohl Michael Bauer durch seine geschwächte Leibesverfassung an vielen Umwälzungsprozessen der Nachkriegszeit nicht mehr handelnd teilnehmen konnte, stand er doch bald mit im geistigen Zentrum zahlreicher Initiativen, die von anthroposophischer Seite ausgingen. Bereits in den ersten Wochen des Jahres 1918 hatte er mit Rudolf Steiner in München über die Möglichkeit einer Konzentration der pädagogischen Arbeit innerhalb der anthroposophischen Zusammenhänge gesprochen – ganz offensichtlich im Hinblick auf dringend notwendige Aktivitäten in dieser Richtung *(«Kurze Zeit konnte ich auch mit dem Dr. allein sein. Ich besprach mit ihm die Vereinigung sämtlicher Lehrer der Gesellschaft zu einer pädagogischen Arbeitsgruppe. Er billigte den Plan sehr, wie er überhaupt das fachliche Arbeiten gern sieht.»*[184]*)*. Auch wenn er nicht mehr in Arlesheim und Dornach physisch zugegen war, verfolgte Bauer weiterhin alle Schritte des Lehrers mit hellwacher Aufmerksamkeit, studierte jedes ihm zugängliche Vortrags- und Schriftwort[185] und war mit den Entwicklungen der kommenden Zeit beschäftigt:

> [...] Vorhin besuchte mich ein Offizier, der aus dem Feld kam [...]. Ich hatte den Eindruck, dass manche auch von dorther nichts mit heim bringen, was zuhaus helfen könnte. Ob sich nicht die meisten, die zurückkehren, nach der Idylle sehnen? Einen Garten, ein Häuschen, Frieden, Ruhe von Politik usw. Und das wäre begreiflich, aber doch nicht das, was so not tut. Man kann sich manchmal nur mit dem einen Gedanken beruhigen: Es ist die Menschheit auf eine sehr lang währende Entwicklung eingestellt.[186]

Intensiv setzte sich Bauer mit dem Gedanken der Dreigliederung des sozialen Organismus auseinander, den Rudolf Steiner auf entsprechende Fragen 1917 erstmals skizziert hatte und seit dem Kriegsende öffentlich

Michael Bauer, etwa 1918

vertrat – in einer großangelegten Bemühung zur Neuordnung der zivilisatorischen Rahmenbedingungen in Deutschland und Mitteleuropa. Michael Bauer machte es sich mit diesen fundamentalen Gesichtspunkten nicht leicht und versuchte, sie bis ins Letzte zu ergründen; noch im Juni 1920 konnte er in einem Brief schreiben, dass er einen gewünschten Artikel zur Dreigliederungsfrage nicht habe unmittelbar verfassen können, denn:

> Kann überhaupt über eine Sache nur schreiben, wenn sie irgendwie mein Eigen geworden ist. Habe sehr stark gefühlt, wieviel man in früheren Jahren ungelesen ließ, was nötig gewesen wäre. Ich meine politisch, wirtschaftlich usw. Jetzt bin ich ziemlich durch mit dem Verstehen der Dreigliederung.[187]

Mit aller Betroffenheit und Entschiedenheit war Bauer – trotz seiner esoterischen Lebenshaltung – zu dieser Zeit mit den politisch-sozialen Vorgängen der Nachkriegsjahre beschäftigt. Er erkannte dabei zunehmend, dass der aktive Eingriff in die Geschicke der Menschheitsentwicklung ein christlich-christologisches Motiv ist. Rudolf Steiner hatte sich stets mit Unbedingtheit seinen Zeitanforderungen gestellt, obwohl aus «überzeitlichen» Erkenntnisfundamenten arbeitend. Steiners restloser Einsatz für die Dreigliederung des sozialen Organismus – mit unzähligen Vorträgen und Besprechungen, in Betrieben und öffentlichen Versammlungen, mit Broschüren, Aufrufen, Aufsätzen und Zeitungsbeiträgen – war von Bauer nicht nur wahrgenommen, sondern auch im Hinblick auf die darin wirksamen tieferen Motive bedacht und durchdrungen worden. Im Mai 1920 schrieb Bauer nieder:

> Mich beschäftigt in diesen Tagen vor allem die Beziehung Christi zur Kulturarbeit. Es scheint mir, dass man wohl Christus erfahren kann durch Meditation, aber das Wachstum in das gesteigerte Erlebnis Christi ist von einer Teilnahme am Kulturgang der Menschheit durch die Zeit gebunden.
> Ich habe nun endlich die Bedeutung Christi für den Kulturprozess und die Bedeutung der Mitarbeit am Kulturprozess für die Durchchristung der Seele begriffen. Hoffentlich bleibt mir noch etwas Zeit, diese Erkenntnis anzuwenden.[188]

Nur der Handelnde, so Bauer, finde den Sohn, in einem restlosen Ergreifen des Lebens. (*«Damit, dass die Menschen im Himmel geborgen sein wollen, ist es nicht getan. Es soll vielmehr die Welt verwandelt werden.*

Und der Schmelztiegel hierfür ist just der Mensch. In ihm kann das Unedle zum edlen Gold, das Zeitliche zum Ewigen werden. Das ist auch der Grund, warum der Mensch so fest, so leidvoll fest mit der Erde verbunden ist.»[189]*)* In einem Brief formulierte Bauer weiter:

> [...] Gesundheitlich geht es erträglich. Innerlich glaub ich auch manches neu zu verstehen.
> So insbesondere das Schicksal als wir selber. In einer tieferen Schicht meines Bewusstseins bin ich in meine Taten und Versäumnisse versenkt, und die Pflicht und die Liebe will nicht vergessen und alles von neuem aufgreifen und verbessern. Damit hängt dann eine andere Erkenntnis auf das tiefste zusammen: dass man dem Sohn-Gott nur in der Zeit nahezukommen vermag, und dass also die Sehnsucht nach Christus durch das Tun allein gestillt werden kann.
> Insofern unser Erkennen ein Schreiten ist und stetig eine neue Erkenntnis die andern modifiziert, insofern ist natürlich auch im Erkenntnisleben Christus gegenwärtig.
> Es gibt nichts Besseres als immer tiefer ins Herz der schaffenden Welt hineinzuwachsen. Und nicht stille zu stehen.
> Immer klarer wird mir, dass der Mystiker leicht der Versuchung erliegt, den Zeitprozess zu gering zu achten [...]. Christi Eintritt in die Zeit ist von den wenigsten genug gewürdigt.[190]

Auch an Friedrich Rittelmeyer schrieb Bauer in diesem Sinne, dass die Beziehung zu Christus *«in der Zeit durch die Tat»* gefunden werden müsse.[191] Der Mensch, so Bauer, habe sich mit der objektiven Kraft der in ihm lebenden Ideale[192] seiner Zeitgegenwart zu stellen und müsse an dem vorfindbaren, zu erleidenden Kontrast fragend erwachen – *«der lebendige Mensch muss den Widerspruch zwischen dem Ideal, dem was er als menschlich, menschenwürdig empfindet und der Wirklichkeit so stark fühlen, dass dadurch die unablässige Frage, «warum ist das so» in ihm wach und brennend wird.»*[193]. Das Parzival-Problem der Frageversäumnis stand ständig vor Bauers Seele[194], aber auch die permanente Verführung des sozialen Rückzuges aus Motiven der persönlichen Verinnerlichung:

> Ich verkenne mitnichten die außerordentliche Bedeutung, die die Klöster für unsere kulturelle Entwicklung gehabt haben. Aber alle Abkehr vom tätigen Leben, soweit sie nicht geschieht, um Kräfte zu sammeln oder Fähigkeiten zu erwerben für die Rückkehr ins Leben, sondern um das Leben überhaupt zu fliehen, ist vorchristlich und unchristlich.[195]

Rudolf Steiner/Edith Maryon: Vorstufe der Christus-Statue (1916)

Die letztzitierten Sätze hatte Bauer bereits 1911 niedergeschrieben, drei Jahre vor Ausbruch des Ersten Weltkriegs. Früh war er davon durchdrungen gewesen, dass die «Vita contemplativa», ja dass der «innere Aufstieg der Einzelnen» den tatsächlichen «Aufstieg der Menschheit» ermögliche und realiter bewirke[196]; zugleich lebte er offensichtlich seit seiner späten Jugendzeit in dem Bewusstsein eines sozial relevanten Handlungsauftrages, einer «Vita activa» der Weltverbindung und Weltveränderung. Als Pädagoge hatte Bauer einen mitverantwortlichen Anteil an den Lebensgeschichten und Werdegeschicken der Menschen inmitten ihrer sozialen Umwelt genommen, ehe er durch seine schwere Erkrankung an dieser Wirksamkeit gehindert worden war; nun, in den Jahren nach dem Krieg, durchdrang er noch tiefere Schichten seiner frühen Erkenntnisse, ganz offensichtlich auch im Hinblick auf die Anthroposophische Gesellschaft und Bewegung. Bis zum Ausbruch des Ersten Weltkriegs hatte Rudolf Steiner über ein Jahrzehnt in dieser gewirkt und zahlreiche Gesichtspunkte zur fundamentalen Erneuerung verschiedener Lebensgebiete formuliert. Die Anthroposophische Gesellschaft, in deren Zentralvorstand Bauer arbeitete, war jedoch weitgehend eine geistige Studiengemeinschaft geblieben, hatte nirgendwo zivilisatorische Aktivitäten entfaltet bzw. entsprechende Verantwortungen übernommen, obwohl Steiner – nicht zuletzt auf pädagogischem Felde – immer wieder entsprechende Anregungen gegeben hatte (*«Es handelt sich […] um Dinge, die unmittelbar verwirklicht werden können.»* 1907[197]). Erst nach Ende des Krieges waren dann zahlreiche junge Menschen auf Rudolf Steiner zugekommen und hatten in kürzester Zeit entsprechende Initiativen initiiert – Michael Bauer, der seinem Alter und seiner bisherigen Haltung nach zu den prominenten Esoterikern der Vorkriegszeit gehörte, wenn nicht ihr markantester Repräsentant war, nahm diesen Vorgang offenbar mit großer Betroffenheit zur Kenntnis. Er bedachte den damit eingetretenen Umschwung in allen Tiefen und trug ihm in seiner noch verbleibenden Lebenszeit Rechnung, ja er wurde auf verschiedensten Feldern zum wichtigsten Unterstützer der jungen Generation und der von ihr eingeleiteten Sozialprozesse und -bemühungen.[198] Als die «Bewegung für die Dreigliederung des sozialen Organismus» nach beachtlichen Anfangserfolgen zu stagnieren und zu scheitern drohte, forderte Michael Bauer die in ihr aktiv tätigen und überwiegend jungen Menschen auf,

Revision erbeten Dr R Steiner

Die Kernpunkte
der
Sozialen Frage
in den
Lebensnotwendigkeiten
der Gegenwart und Zukunft
von
D.R RUDOLF STEINER

1919
Verlag des „Goetheanum" Dornach
Im Kommissionsverlag ~~Basler Buch- und Antiquariats-handlung" Basel (vormals Adolf Geering)~~

hat also jetzt zu heißen:

1919

Verlag des „Goetheanum" Dornach
Im Kommissionsverlag Rudolf Geering Buch= Antiquariatshandlung
(vorm. Basler Buch= und Antiquariatshandlung).

Rudolf Steiner: Die Kernpunkte der sozialen Frage
(Korrekturandruck mit Ergänzungen, 1919*)*

trotz der erfahrenen Kritik und der selbst durchlebten Zustände des Zweifels energisch und mutvoll voranzuschreiten *(«Nicht die Zeit drängt, sondern die Ewigkeit. Und zwar drängt sie durch den Augenblick im Menschen.»*[199]*)*. Er erinnerte in diesem Zusammenhang an ein Luther-Wort an Erasmus von Rotterdam, das vierhundert Jahre zuvor niedergeschrieben worden war und in dem es hieß:

> Der heilige Geist ist kein Skeptikus; er hat nicht einen ungewissen Wahn in sein Herz geschrieben, sondern eine kräftige, große Gewissheit, die uns nicht wanken lässt und nicht wird uns wanken lassen, sondern so gewiss macht, als wir gewiss sind, dass wir jetzund natürlich leben oder dass zwei und drei fünf seien.[200]

Obwohl Bauer trotz weiter geschwächten Kräften noch immer sporadisch eigene Vorträge hielt, hatte er zunehmend den Eindruck, schriftlich niedergelegte und klar formulierte Gedanken würden der verwirrten Zeitsituation nach dem Krieg am ehesten hilfreich entgegenkommen können. Er forcierte seine Arbeit an der intendierten pädagogischen Schrift, aber auch an einer großen Entwicklungs-Biographie Christian Morgensterns, der er sich zusammen mit Margareta Morgenstern als einer zentralen Vermächtnisaufgabe – von ebenfalls weitreichender kulturell-zivilisatorischer Bedeutung – angenommen hatte. Morgenstern, *«eine Gestalt, beinahe unzeitgemäß licht und rein»*[201], dessen Lebensgeschichte Bauer als *«kanonisch»* empfand[202] und unter Grals-Gesichtspunkten zur Darstellung bringen wollte[203], hatte wie er selbst das letzte Drittel des 19. Jahrhunderts und die geistigen Umbrüche zur Zukunft existentiell durchlebt und durchlitten, hatte Nietzsche und Ibsen verehrt[204] und war schließlich in einer ebenso entschiedenen wie konsequenten spirituellen Entwicklung zu Rudolf Steiner und der Anthroposophie gekommen. Die letzten Vorträge, die Michael Bauer in seinem Leben im Juni 1920 in Nürnberg und an einer Lehrerbildungsanstalt in Schwabach halten konnte, galten der Lebensbegegnung Christian Morgensterns mit Rudolf Steiner sowie Christian Morgensterns geistigem Leben und Werk.[205] Über eine Morgenstern-Darstellung Michael Bauers in München («Christian Morgenstern als Erzieher») hielt der Zuhörer Albert Steffen fest:

> Er sprach über Entbürgerlichung und Vermenschlichung. Zuletzt wandte er sich an die Zuhörer und wies sie an, wie sie den Weg zum Geistgespräch mit dem Dichter finden konnten.[206]

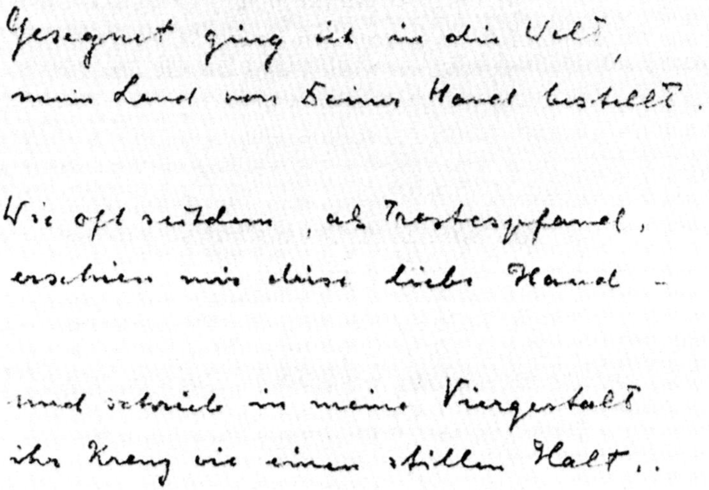

Gesegnet ging ich in die Welt,
mein Land von Deiner Hand bestellt.

Wie oft seitdem, als Trostespfand,
erschien mir diese liebe Hand –

und schrieb in meine Viergestalt
ihr Kreuz wie einen stillen Halt..

Gesegnet ging ich in die Welt,
mein Land von Deiner Hand bestellt.

Wie oft seitdem, als Trostespfand,
erschien mir diese liebe Hand –

und schrieb in meine Viergestalt
ihr Kreuz wie einen stillen Halt

Dankzeilen Christian Morgensterns an Rudolf Steiner (2./3.5.1912)

In den zwölf Monaten nach Christian Morgensterns Tod Ende März 1914 hatte Rudolf Steiner in einzelnen Mitglieder-Vorträgen nicht nur angedeutet, welche substantielle Durchchristung Morgensterns Seele während ihrer spirituellen Erdenbiographie erfahren hatte[207], sondern auch die Bedeutung von Christian Morgensterns ewiger Individualität als Träger der verinnerlichten Anthroposophie für die Gegenwart und Zukunft beschrieben.[208] Sein Eintritt in die geistige Welt habe, so Steiner, dort für zahlreiche verstorbene Seelen – darunter nicht zuletzt für die Individualität Hegels – das verlorene «Bild des Menschen» erneuert und strahle in durchchristeter Weise inspirierend auf die sich inkarnierenden Seelen der Zukunft aus. Michael Bauer stand in engster geistiger Verbindung mit Christian Morgenstern und wirkte weiter in irdischen Zusammenhängen, im subtilen «Geistgespräch» mit dem Freund, in der Umsetzung seiner christologischen Intentionen und in der Bemühung um die johanneische Logos-Wirksamkeit der kommenden Zeit. Die spätere Priesterin der Christengemeinschaft Gertrud Spoerri berichtete über das Ende eines Morgenstern-Vortrags Michael Bauers:

> Er schloss mit den Worten Christian Morgensterns: «Ich breite die Arme aus, wie ER getan, / Ich möchte die ganze Welt wie ER umfahn.» Dabei machte Michael Bauer eine leise ausbreitende Bewegung mit den Armen, die bis ins Innerste erschütterte.[209]

*

Die Begründung und Eröffnung der Freien Waldorfschule in Stuttgart im Herbst 1919 war für Michael Bauer die Erfüllung einer langen Sehnsucht. Kaum jemand außer Rudolf Steiner hatte wie er einer solchen Möglichkeit seit Jahrzehnten spirituell entgegengelebt, mit innerem pädagogischem Auftrag und klarem Blick für die zivilisatorischen Erfordernisse in diesem Bereich des «freien Geisteslebens» – auch wenn es Bauer aufgrund seiner schweren Erkrankung nicht möglich gewesen war, selbst eine entsprechende Schulinitiative zustande zu bringen. Aus Breitbrunn unterstützte Michael Bauer die nun begonnene Entwicklung jedoch nach Kräften und fuhr selbst nach Stuttgart zu einer Vorbesprechung mit den künftigen Mitarbeitern. Obwohl er seinen dortigen Redebeitrag bereits nach wenigen Minuten wieder abbrechen musste («Ja, wenn Sie aufhören könnten *sofort*, wenn Sie spüren, jetzt wird's gefährlich – dann möchte es wohl noch gehen.»), waren die durch die Lehrerschaft aufgenommenen Eindrücke seiner Worte und seines ganzen Wesens von größter Bedeutung. In einem Zimmer der Schule hing bald eine Photographie Michael Bauers, ganz offensichtlich im Sinne einer geistigen Schutzgestalt für die unternommene Gründung. Rudolf Steiner bemerkte bei einer eigenen Zusammenkunft mit dem Lehrerkollegium dieses neue Bild – eine Situation, die Herbert Hahn mit den Worten charakterisierte:

> Ich sehe noch deutlich, wie Rudolf Steiner auf einmal das Gespräch unterbrach und näher auf das Bild zutrat. Einige Augenblicke blieb er sinnend davor stehen. Dann wandte er sich zu uns und sagte mit einem gütigen, aber unendlich geheimnisvollen Lächeln: «Ja, ja, meine Herren, da werden Sie schon noch viel schaffen müssen, ehe Sie sich die Liebe erarbeitet haben, die *dem* da entgegengebracht wird!»

In all den folgenden Jahren fuhren immer wieder einzelne Lehrer (oder auch eine gesamte Schulklasse) zu Bauer nach Breitbrunn, holten sich Rat und Unterstützung für ihre schwere Aufgabe – *«Jeder muss seine volle Persönlichkeit einsetzen. […] Wir werden einem harten Kampf entgegengehen und müssen doch diese Kulturtat tun. […] Die Möglichkeit der Waldorfschule muss dabei ausgenützt werden, um reformierend, revolutionierend im Schulwesen zu wirken. […] Die Waldorfschule wird ein praktischer Beweis sein für die Durchschlagskraft der anthroposophischen Weltorientierung.»* (Rudolf Steiner[210]). Herbert Hahn berichtete, wie verblüffend genau Michael Bauer die Werdeprozesse der Stuttgarter Schule aus der Ferne verfolgte, geistig begleitete und jeden einzelnen Lehrer im Blick hatte (*«Auf die Lehrerschaft kommt alles an!»* Rudolf Steiner[211]). Über ein Breitbrunner Gespräch mit Bauer notierte Hahn:

> Wir sprachen über unsern ganzen Arbeitskreis und besonders auch wieder über die Waldorfschule. Es gab keinen Mitarbeiter, den Michael Bauer nicht durch und durch lebhaft vor Augen hatte. Mehr als das: im Herzen. Das Geringste, was literarisch produziert worden war, kannte er und beurteilte es in allen Einzelheiten selbständig und charakteristisch. So erfuhr ich erst vieles, was meine Freunde gearbeitet hatten. Ich wusste, dass diese große, edle Seele mich mit nichts beschämen wollte. Aber ich schämte mich. Denn ich sah ganz deutlich vor mir, wie man in Wahrheit mit Menschen leben müsse, um sie Freunde nennen zu dürfen.[212]

Michael Bauer war beglückt über die endlich gelungene Stuttgarter Gründung; wie Rudolf Steiner aber sah er von Anfang an, dass diese Initiative in nächster Zeit von unzähligen weiteren Schulgründungen gefolgt werden musste, um die dringend benötigte zivilisatorische Wirksamkeit erreichen zu können. Es ging um die christliche Orientierung auf das Ganze und damit um die Not und Gefährdung der Menschheit in einer

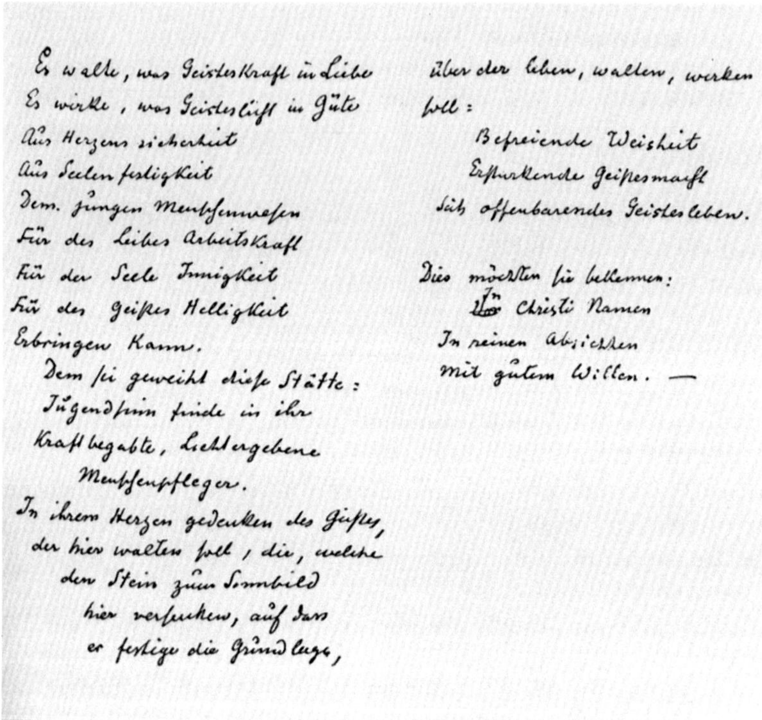
Es walte, was Geisteskraft in Liebe
Es wirke, was Geisteslicht in Güte
Aus Herzens Sicherheit
Aus Seelenfestigkeit
Dem jungen Menschenwesen
Für des Leibes Arbeitskraft
Für der Seele Innigkeit
Für des Geistes Helligkeit
Erbringen kann.
Dem sei geweiht diese Stätte:
Jugendsinn finde in ihr
Kraftbegabte, lichtergebene
Menschenpfleger.
In ihrem Herzen gedenken des Geistes,
der hier walten soll, die, welche
den Stein zum Sinnbild
hier versenken, auf dass
er festige die Grundlage,
über der leben, walten, wirken
soll:
Befreiende Weisheit
Erstarkende Geistesmacht
Sich offenbarendes Geistesleben.

Dies möchten sie bekennen:
In Christi Namen
In reinen Absichten
mit gutem Willen. —

Rudolf Steiner: Grundsteinspruch für den Neubau der Freien Waldorfschule in Stuttgart (Manuskript, 1921*)*

dramatischen Zeitsituation mit teilweise apokalyptischen Zügen – an den Waldorflehrer Ernst Uehli schrieb Michael Bauer:

> Zuletzt bleibt doch die Arbeit an der Jugend die aussichtsreichste; hätten wir nur tausende Waldorfschulen, dann sähe die neue Generation bald besser aus. Aber wie dünn erscheint solch ein geseufzter Wunsch neben dem, was in Wahrheit ist und was wie ein «steinernes Meer» über dem Ackergrunde liegt.[213]

Michael Bauer verfasste unterstützende Aufsätze für die Lehrerschaft und weiterhin für die Initiative zur sozialen Dreigliederung; er war es, der Elisabeth Klein früh zu größeren pädagogischen Taten aufforderte und damit die Schulgründung in Dresden indirekt mit vorbereitete, die schließlich 1929, in seinem Todesjahr, zustande kommen sollte *(«Heiraten und Kinderkriegen ist nicht Ihre Hauptaufgabe. Sie müssen eine Schule gründen.»*[214]*)*. Als Michael Bauer zusammen mit Friedrich Rittelmeyer dann in der zweiten Hälfte des Jahres 1920 daran ging, ein umfassendes Werk zu Rudolf Steiners 60. Geburtstag am 27.2.1921 zu konzipieren – eine Publikation, die die Bedeutung der geisteswissenschaftlichen Erkenntnisarbeit Steiners für alle Kultur- bzw. Zivilisationsgebiete durch Fachleute dokumentieren sollte –, verfasste er die in der Mitte des Buches situierte und in gewisser Hinsicht zentrale Abhandlung über «Rudolf Steiner und die Pädagogik» in glänzender Weise selbst. Michael Bauer verfügte über einen gedankenklaren und bis in alle Wortformulierungen hinein eigenständigen Stil, der ihm gestattete, die von Rudolf Steiner eröffneten und von ihm selbst vollkommen durchdrungenen Gesichtspunkte in souveräner Weise zur Darstellung zu bringen, aus den Kräften seiner Individualität heraus und unter Berücksichtigung seiner umfangreichen pädagogischen Erfahrungen und Einsichten.[215] Der große, von Friedrich Rittelmeyer schließlich herausgegebene Sammelband «Vom Lebenswerk Rudolf Steiners», der ursprünglich auch eine Schilderung von Morgensterns Geistesschülerschaft enthalten sollte, erschien – trotz erheblichen Schwierigkeiten in der Vorbereitung mit zahlreichen Absagen erhoffter Autoren aus der Anthroposophischen Gesellschaft – pünktlich zum Frühjahr 1921 und war in seiner ersten Auflage von 4000 Exemplaren in wenigen Wochen restlos ausverkauft. Michael Bauer wollte an Rudolf Steiners öffentlicher und von harten Anfeindungen gezeichneten Geistesauseinandersetzung nach besten Kräften teilnehmen *(«Es gibt in unserer Zeit nichts Größeres als das, was durch Steiner Wirklichkeit werden will.»*[216]*)* – an Rittelmeyer schrieb er wenige Wochen nach Übersendung des Buches fragend: *«Hat sich der Dr. selbst irgendwie über das Buch geäußert?»*, um sodann erläuternd fortzufahren:

> Mehr im Kampf wie dieser Mann kann man wohl kaum stehen. Ein Glück, dass er nun eine Schar Wächter hat, die nicht jede Verleumdung unwidersprochen lassen.[217] Unser Buch muss jetzt durch seine ganz ruhige, sachliche, vielseitige Art seine Aufgabe erfüllen.[218]

Friedrich Rittelmeyer (Hg.): Vom Lebenswerk Rudolf Steiners (1921)

Rudolf Steiner und die Pädagogik

von

Michael Bauer

> Alle Pädagogik hat die Aufgabe, sich bewußt in die Menschheitsentwicklung hineinzustellen.
>
> Rudolf Steiner

Wenn man versucht sich Rechenschaft zu geben von den Bemühungen um Erziehungsfragen und Erziehungswesen der letzten Jahrhunderte, so kommt man an eine recht merkwürdige Tatsache. Man sieht auf der einen Seite eine lange Reihe ansehnlicher Denker, welche eifrig Plan über Plan bereiten, nach denen der heranwachsende Mensch seiner göttlich begabten Seele angemessen erzogen werden soll; und man sieht auf der andern Seite aus mittelalterlichen Klosterschulen, wie sie einst zur Heranzucht der Geistlichen gegründet waren, allmählich einen vielgestaltigen, weitgreifenden Schulbetrieb entstehen, dem sich kein Kind mehr entziehen darf, der aber von all den schönen Plänen der Denker wenig oder keine Notiz zu nehmen scheint. Natürlich ist es nicht schwer, Namen wie Pestalozzi oder Herbart einzuwenden, um an den Einfluß zu erinnern, den die Gedanken solcher Männer auf die Schulpraktik gehabt haben. Aber es ist doch noch viel leichter zu beweisen, daß die beiden Entwicklungsreihen, die der pädagogischen Denker und die der allmählichen Gestaltung der Schulen, nirgends ernstlich und auch nur ungefähr zur Entsprechung und Deckung gelangen. Die gelegentlichen Berührungen haben niemals bis an die Wurzel des landläufigen Schulbetriebs gereicht. Man mache sich nur einmal klar, was ein Satz in Friedrich Paulsens Buch „Das deutsche Bildungswesen" besagen will: „Für die geschichtliche Entwicklung ist der herrschende Gesichtspunkt der: daß das Bildungswesen keine Eigenbewegung hat sondern von dem großen Gang der allgemeinen Kulturbewegung bestimmt wird." Das heißt doch

177

Michael Bauer: Rudolf Steiner und die Pädagogik (1921)

Rudolf Steiner bezeichnete Michael Bauer einmal sehr direkt als seinen «Freund»[219]. In der Tat war die geistige Nähe Michael Bauers zu Rudolf Steiner nicht nur generell sehr groß, sondern implizierte auch ein intimes Verständnis Bauers für Steiners Situation in diesen schwierigen Jahren. Nicht viele Menschen und Mitarbeiter in der Anthroposophischen Gesellschaft erkannten zu diesem Zeitpunkt, welches absolute Eintreten für Rudolf Steiner und die anthroposophische Bewegung, welches *«Verantwortlichkeitsgefühl für unsere heilige und der Welt so notwendige Sache»*[220] von ihnen gefordert war. Als Steiner in seinem Dankesbrief an Rittelmeyer für den Empfang des Buches kurz auf seine Lage zu sprechen kam[221] – und Rittelmeyer diesen Brief an Bauer weitergesandt hatte –, war Michael Bauer erschüttert. Am 25. Mai 1921 schrieb er mit christologischer Akzentuierung an Rittelmeyer:

> Ein Mann, der Übermenschliches zu tun bekam und seit Jahren mit Dornen dafür bekrönt wird. Die Schlusswendungen, Sie möchten es nicht als Klage lesen, haben mich am tiefsten bewegt. […]
> Die Zeit, das ganze Buch genau zu lesen, wird er sich nie nehmen. Dazu ist er zu sehr von Fragern und Forderern umringt.[222]

Michael Bauer tat in diesen Jahren alles in seinen Kräften Stehende, um wirksam in die schwierige Lage eingreifen zu können. Er veröffentlichte nicht nur den genannten Sammelband und unterstützte die Stuttgarter Waldorfschule – Rudolf Steiners fortwährendes «Kind der Sorge»[223] –, sondern war ganz offensichtlich auch der einzige Schüler und Mitarbeiter Steiners, der das spirituelle Vermögen und den realen Mut hatte[224], den geistigen Schulungsweg der Anthroposophie öffentlich und mit authentischer Schilderung eigener Erfahrungen darzustellen *(«‹Nur die Lumpe sind bescheiden.› Dieser Satz Goethes war mir früher sehr dunkel. Ich wusste damals noch nichts von der Bestimmtheit und Nachdrücklichkeit, mit der man in unpersönlicher großer Sache aufzutreten den Mut hat. Für die eigene Person ist natürlich Bescheidenheit am Platze; aber wenn diese Person selbstloses Werkzeug einer Idee ist, dann hat Bescheidenheit jeden Sinn verloren.»*[225]*)*. In seinem großen Aufsatz «Geheimschulung nach Rudolf Steiner», den Michael Bauer in Eugen Diederichs weitverbreiteter «Tat»-Zeitschrift veröffentlichen konnte, formulierte er bereits in seiner Vorbemerkung:

> Steiner hat innerhalb seiner überlegen planvollen Lebensarbeit den Weg zu den übersinnlichen Welten wiederholt eingehend beschrieben; vor allem in den Büchern «Wie erlangt man Erkenntnisse der höheren Welten?» und «Die Geheimwissenschaft im Umriss». Es kann dem Schüler nicht einfallen, die Mitteilungen des Lehrers darüber irgendwie ergänzen zu wollen. Da die Wirkungen der Schulung aber vielfach, wenn nicht gar bezweifelt, so doch verkannt werden, mag es wohl hingehen, wenn ich, der ich ein Stück des inneren Weges überschauen gelernt habe, das Wort ergreife. Ich stütze mich in den nachfolgenden Ausführungen bewusst nur auf meine eigenen Erlebnisse und werde dadurch vielleicht etwas einseitig darstellen. Aber wenigstens werde ich nicht aus Vorurteil, sondern aus langjähriger Erfahrung reden.[226]

Wie sehr Bauer seine Darstellung aus *«langjähriger Erfahrung»* und aus realen geistigen Erlebnissen auf dem esoterischen Schulungsweg schrieb, wurde an vielen Stellen seiner profunden Veröffentlichung deutlich. Gegen Ende derselben hieß es beispielsweise:

> Indem der Mensch sein tieferes Wesen sich enthüllt, wird zugleich die Menschheitsgeschichte, das Werden der Menschheit offenbar. Als ich zum erstenmal im schauenden Bewusstsein von den Wirkungen des Sternenhimmels berührt wurde, musste ich zu meiner großen Verwunderung gewahren, dass ich nun mit den Augen der Chaldäer sah: Ein Firmament mit einer Fülle von Gestalten, vor allem Tiergestalten. Und was die alten Sternkarten mir nicht überliefern konnten, diese Gestalten waren in ununterbrochener Bewegung und alle untereinander in stetem, jeden Augenblick geändertem Zusammenspiel.
> Das Größte, das mir bisher für ein Verstehen der Menschheitsgeschichte auf meinem inneren Weg geschah, war die Erkenntnis, dass dieser Weg selber, im übersinnlichen Bild gesehen, als die Umkehrung des Paradiesmythus erscheint und dass die Kraft, mit der mein «Fünklein» an höherem Bewusstsein den furchtbaren Ansturm dieses Bildes gerade noch ertrug, dem, was als Keim von Christlichkeit in meiner Seele lebt, ihren Ursprung verdankt. Für den Schüler, der das erfahren, gibt es die Frage nicht mehr, ob er seinem persönlichen Vorteil in der Welt oder der Arbeit am Aufstieg der Menschheit dienen will. Es gibt für ihn nur noch die Frage, wie gut oder schlecht er der Verpflichtung seiner Erkenntnisse genügen kann. –[227]

An anderer Stelle schrieb Bauer einmal:

> Pflichtgefühl ist ein Ausdruck für den unterbewussten Zusammenhang des Menschen mit der Ewigkeit und ihrem Werk.[228]

*

Obwohl Michael Bauer aufgrund seiner körperlichen Verfassung Ende August 1921 in Stuttgart, auf der ersten Mitgliederversammlung der Anthroposophischen Gesellschaft seit 1914, von seinem bis dahin noch immer ausgeübten Amt im Zentralvorstand zurücktrat und dort seine letzten Steiner-Vorträge – über die agnostische Entwicklung des 19. Jahrhunderts und die Zivilisationsaufgaben der Anthroposophie – hörte *(«Rudolf Steiner hatte Michael Bauer, der im Rollstuhl hereingefahren wurde, mit einer ehrfürchtigen Verneigung begrüßt.»[229])*, stand er auch in den folgenden Lebensjahren vielen Menschen mit geistigem Rat zur Seite. Zahllose Hilfesuchende reisten immer wieder nach Breitbrunn – «Es war merkwürdig, was in diesem Krankenzimmer vor sich ging … Wer war eigentlich krank und leidend, er oder seine Besucher? Ein Strom von Güte, Hilfe, Rat und Weisheit ist von diesem Krankenlager in viele Herzen geflossen.»[230] Sie kamen von überall her in das Holzhaus Margareta Morgensterns[231], dessen Garten Michael Bauer nach wie vor mit seinen verbleibenden Kräften pflegte und in dem ihm geschenkte Pflanzen aus vielen Ländern sich prachtvoll entwickelten – «alles gedieh unter seiner

Haus Morgenstern in Breitbrunn

fürsorglichen Hand»[232]. Auch brieflich unterstützte Michael Bauer weiterhin aus räumlicher Ferne den Weg vieler Mitglieder der Anthroposophischen Gesellschaft, bis in die körperliche Dimension ihrer Existenz hinein. Bauer hatte bereits früh über therapeutische Fähigkeiten verfügt; obwohl er von ihnen nur zurückhaltend Gebrauch machte, half er doch immer wieder einzelnen Menschen entschieden weiter (*«Schrecklich ist das Kranksein bei Karl Kellner. Für Rippenfellentzündung ist sehr gut Cichorie intybus, 6 Tropfen in $^1/_4$ Liter Wasser $^1/_2$-stündlich einen kleinen Teelöffel voll davon. Wenn niemand in N. das Rittermittel hat, so tut's auch ein schwacher Absud der Wurzel (Wegwarte), die ja überall wächst, kalt in kleinen Schlucken getrunken. Oder auch homöopathisch verdünnt. Gegen das Fieber Hirtentäschel.»*[233]). Michael Bauer war es aufgrund seiner weit fortgeschrittenen spirituellen Schulung darüber hinaus möglich, Menschen, mit denen er verbunden war oder zu denen er willentlich eine Beziehung herstellte, geistig zu begleiten. Über die inneren Erlebnisse im Umgang mit einem Nürnberger Anthroposophen, um den er sich ebenfalls gekümmert hatte, schrieb Bauer kurz nach Erhalt der Todesnachricht:

> Die allerersten Tage nach Erhalt Ihres Briefes schien das, was ich für Wilhelm zu tun versuchte, eine kleine Wirkung zu haben, aber dann rückte und rückte nichts mehr. Ich erreichte ihn wohl seelisch, aber zur Umwandlung in körpergesundende Kräfte drang es nicht vor.[234]

In einer anderen Situation eines Schwellenübertritts hieß es dagegen:

> Ich bin seit Tagen über seinen Zustand ganz unsicher gewesen und erst in der vorletzten Nacht sah ich ihn wieder etwas erleichtert, aber merkwürdigerweise durchsichtiger, wie ohne Erdenstoff. Doch war ich mir unklar, was die Wandlung bedeute, weil ich das noch nicht in dieser Form erlebt hatte.[235]

Als Margarita Woloschina während der Flecktyphusseuche in Russland 1919/20 lebensbedrohlich erkrankte, über 42 Grad Fieber hatte und sich in einem überwachen Bewusstseinszustand befand, war ihr Michael Bauer plötzlich sehr nahe. Über diese Erfahrung und ihr späteres Gespräch hielt sie fest:

> Als ich einmal an Michael Bauer dachte, war er so schnell und so wesenhaft da, dass ich befürchtete, er könnte inzwischen gestorben und ich seiner Seele begeg-

net sein. – Zu gleicher Zeit schaute Michael Bauer, wie er mir später erzählte, mich in zerrissenen Laken daliegen und dachte, ich müsse schwer erkrankt sein.[236]

In dieser Weise war Michael Bauer mit den existentiellen Grenzerfahrungen zahlreicher Menschen aus der anthroposophischen Bewegung geistig verbunden – erfuhr diese und trug sie wohl auch teilweise mit.[237] Vieles spricht dafür, dass neben Rudolf Steiner lediglich dieser erste «Geistesschüler» (Margarita Woloschina) über derart ausgebildete spirituelle Wahrnehmungsmöglichkeiten verfügte und von ihnen in christlich-therapeutischer Weise Gebrauch machen konnte (*«Möge immer mehr und mehr die Wahrheit des geistigen Lebens an unseren eigenen Seelen sich bekräftigen und offenbaren dadurch, dass dann, wenn wir nicht räumlich beisammen sind, wir doch beisammen seien […]»* Rudolf Steiner[238]). In einem Kondolenzschreiben Bauers hieß es einmal:

> Es ist mir ein Herzensbedürfnis, Ihnen zu sagen, wie sehr ich mit Ihnen fühle. Denn alle Gewissheit, dass es für zwei Seelen keine wirkliche Trennung geben kann, die lange Zeit alle Schicksale gemeinsam erfahren und getragen haben – all diese Gewissheit kann doch nicht vermeiden, dass der Verlust bis zur Vereinigung nach dem eigenen Tod nie mehr ganz zu verwinden ist. Was uns hier vor allem die Seele des andern offenbarte: Stimme und Augen – sind uns genommen. Und für die zarteren Regungen im Gemüt, die oft genug innere Berührungen bedeuten, sind wir meist zu unvorbereitet. Eines aber, glaube ich, kann Ihnen bald zum Trost werden: die Träume an den Verstorbenen. Wenn Sie nicht so sehr den einzelnen Traum festhalten – obwohl natürlich auch der einzelne Traum für sich genommen entschieden Mitteilung enthalten kann –, sondern vor allem die Veränderung von Traum zu Traum, die Veränderung der Situation, des Augenausdrucks, der ganzen Traumgewandung verfolgen, so werden Sie bald spüren, dass Sie den Weg der geliebten Seele dadurch im Bild wenigstens mitgehen können.[239]

Nach Alexander Strakosch sagte Rudolf Steiner einmal, dass es Michael Bauers Aufgabe sei, «die Verbindung zwischen dem Reich der Toten und den Lebenden herzustellen»[240]. Michael Bauer lebte mit okkult erwachten Kräften im Angesicht des bevorstehenden eigenen Todes[241] und ganz offensichtlich in größter Verbundenheit mit zahlreichen irdisch Verstorbenen, darunter nicht zuletzt mit Christian Morgensterns ewiger Individualität. In seinem Aufsatz «Unser Bewusstsein und die Toten» schrieb er 1923 im Hinblick auf die Zukunft des Christentums:

Wahres Christentum erstrebt die Durchdringung des irdischen Lebens mit himmlischem Wesen, jene Transmutation der Erde, wie sie in den Bitten des Vaterunsers angeschlagen ist. In dem Maße, als dieses Christentum Gestalt gewinnt, wird es die Grundstimmung des menschlich-irdischen Lebens in der Richtung des Lebens der Toten verändern. Wir werden uns im sterblichen Leibe unsterblich und im Sinnensein als kosmisches Geistwesen fühlen. In unserem Tun wird etwas von der Werdelust der schöpferischen Himmelswelten gegenwärtig sein. Dann aber werden die Christenseele im Leibe und die Christenseelen, die durch die Todespforte gegangen sind, immer näher sich wissen und immer bewusster zusammenwirken. Zu den Aufgaben unserer Selbsterziehung wird dann selbstverständlich gehören, dass wir lernen, wie wir unseren Toten wahrhaft die Treue halten und wie wir unser Bewusstsein dahin bereiten, dass es für ihre Treue nicht ferner unempfänglich ist.[242]

Eintrittskarte Christian Morgensterns zur Uraufführung von Rudolf Steiners Mysteriendrama «Der Seele Erwachen» (1913)

*

Zu der großen Zahl von überwiegend jungen Menschen, die sich für ihre spezifische Lebensaufgabe Rat bei Michael Bauer in Breitbrunn holten[243], gehörten neben den Lehrern der Stuttgarter Waldorfschule insbesondere auch jene Gruppe von Theologen, die mit Unterstützung Rudolf Steiners[244] im Herbst 1922 in Dornach die Christengemeinschaft begründen sollten. Friedrich Rittelmeyer hatte sich inzwischen ganz in die Anthroposophie hineingearbeitet und war zur tragenden Mitte einer sich ausbildenden «Bewegung für religiöse Erneuerung» geworden. Michael Bauer war diesem Weg Rittelmeyers, der zu einer kultisch-sakramentalen Fortentwicklung des esoterischen Christentums führen sollte, zuinnerst verbunden. Rittelmeyers Wunsch, dass Bauer die künftigen Priester vor dem entscheidenden Treffen in Dornach kennenlernen und sie insbesondere auf ihrem inneren Weg beraten sollte, kam Michael Bauer gerne nach. Für Rittelmeyer war Bauer ohne Zweifel der am weitesten entwickelte Schüler Steiners in spiritueller Hinsicht und der Garant eines gelebten Christentums spirituell-geisteswissenschaftlicher Orientierung. Bauer wiederum freute sich über die große Zahl der begeisterten jungen Menschen, die sich in priesterlicher Verantwortung für die neue Bewegung engagieren wollten *(«Wer liebt, der sieht überall Zukunft. Daher die enge Beziehung zwischen Liebe und Hoffnung.»[245])* – so kamen die drei Breitbrunner Wochen vom Sommer 1922 zustande[246], in deren Verlauf Bauer eine Ansprache über den meditativen Weg hielt (und dabei unter anderem dessen Verstärkung durch die Verbindung mit nahe stehenden Verstorbenen beschrieb), Einzelgespräche mit *allen* Teilnehmern führte und über die sich vollziehenden Gemeinschaftsvorgänge jeden Tag von Friedrich Rittelmeyer und Emil Bock ausführlich informiert wurde («an jedem Tag dieser drei Wochen kamen wir zu Michael Bauer und Frau Morgenstern und erzählten.»[247]). Im Unterschied zu vielen führenden Anthroposophen stand Michael Bauer von Anfang an bedingungslos und ungebrochen positiv zu der sich ausbildenden Christengemeinschaft; wenig spricht dafür, dass er sie tatsächlich für die «Kulmination» der Anthroposophie oder der anthroposophischen Bewegung hielt[248], vielmehr jedoch ihre ausgesprochen spezifische Aufgabe und Bedeutung klar erkannte – bis hin zu der geistigen Hilfe, die die kultisch-sakramentalen Vollzüge im Sinne des neuen Mysterienwesens für den geisteswissenschaftlichen Esoteriker[249], aber auch für die Zukunft der Erde und der Menschheit[250] reali-

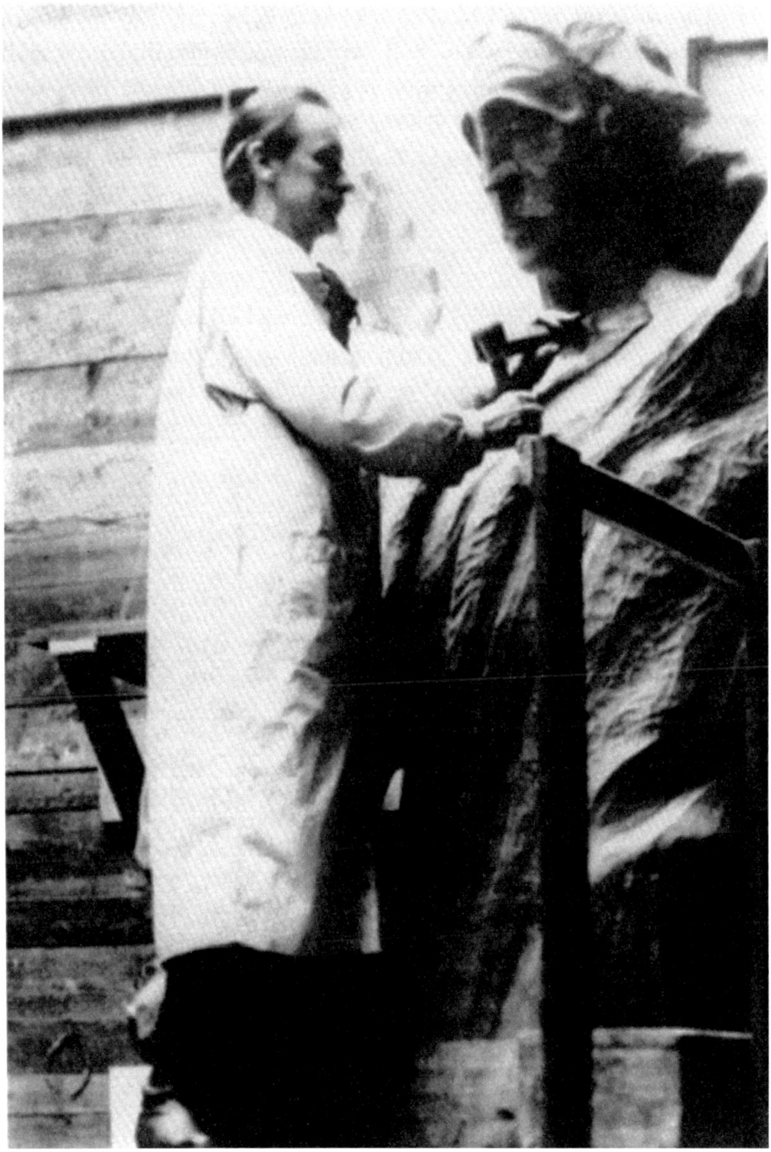

Rudolf Steiner bei der Arbeit an der Christus-Plastik in Dornach (1919)

ter bedeuten. Auf Rudolf Steiners vieldiskutierten und -interpretierten Vortrag vom 30.12.1922 reagierte Bauer gelassen – und war (wie Rudolf Steiner selbst) der Meinung, dass die objektiv-sachgemäße Beziehung der Christengemeinschaft zur anthroposophischen Bewegung bald allgemein erkannt und zur inneren Grundlage der weiteren Zusammenarbeit werden würde (*«Und wenn beide Bewegungen aus ihren eigenen Impulsen arbeiten, so kann ja nichts anderes zustande kommen als eine gegenseitige Befruchtung. Es kann im Grunde genommen niemals eine Störung auftreten.»* Steiner[251]). Auch die vorwurfsvolle Auffassung zahlreicher Anthroposophen, er stehe angesichts seiner Nähe zur Priesterschaft letztendlich «schief» zur Anthroposophischen Gesellschaft und zum geisteswissenschaftlichen Erkenntnisweg, machte Bauer nur bedingt zu schaffen:

> Doch muss ich das halt hinnehmen. Sie werden auch einmal wieder anders denken. In meinem inneren Weg war ich nie gewisser als jetzt, trotz meiner Freundschaft mit Rittelmeyer und trotz meiner Liebe für eine Anzahl jüngerer Priester.[252]

Auch nach der Begründung ihrer Gemeinschaft im Herbst 1922 kamen immer wieder zahlreiche Priester nach Breitbrunn. Die Menschenweihehandlung wurde dann in Bauers Arbeitszimmer abgehalten; verschiedene Lenkerkonferenzen fanden vor Ort statt, zwar nicht in Bauers Beisein, aber in seiner helfenden geistigen Nähe:

> Michael Bauer nahm an den Besprechungen natürlich nicht teil, aber er war wie der gute Geist anwesend, der in stiller Weisheit beobachtete, wie wir allmählich das Werk auszugestalten anfingen, das wir übernommen hatten. Ohne viel zu sprechen, trug er unsre Probleme mit uns, die menschlichen wie die sachlichen. […] Der weltbesiegende Friede eines Menschen, der nur noch aus Gnade lebt, war um ihn. (Alfred Heidenreich[253])

Im übrigen suchten einzelne Persönlichkeiten aus der Priesterschaft Michael Bauer – den Emil Bock einmal den «Heiligen unserer Tage» nannte[254] – auch weiterhin um ihres inneren Weges willen auf. Bauer beriet sie insbesondere im Hinblick auf Meditation und Gebet (*«Anstatt so viel zu predigen, sollte man lieber mehr beten. Wer wirklich danach ringt, heilig zu werden, der gibt den rechten Prediger. Hunderte kommen von allen Seiten, man weiß nicht woher auf einmal, und lassen sich be-*

Michael Bauer in Breitbrunn, etwa 1926

lehren. Wenn die Blume sich auftut, kommen die Bienen von selber, ungebeten.»[255]*)*. Bauer war jedoch – weit über seine Einzelaussagen und -anregungen hinaus – auch eine vorbildliche, richtungsweisende, mitunter auch kathartisch wirksame Gestalt für die persönliche Entwicklung in Richtung einer durchchristeten Existenz.[256] Eine wirkliche Begegnung mit Michael Bauer hatte für viele Menschen eine weiterführende Bedeutung, nicht zuletzt auch durch Bauers Überwindungshaltung gegenüber Krankheit und Tod. Die junge Priesterschaft der Christengemeinschaft zog in eine völlig ungewisse und in jeglicher Hinsicht ungesicherte Zukunft – zumindest einzelne Persönlichkeiten standen im Anbeginn von Jahren eines schweren Apostolats, das ihnen alles abverlangen und höchste Anforderungen an die individuelle Geistessicherheit stellen sollte.[257] Sie erfuhren den ausgezehrten und leidensgezeichneten Michael Bauer in dieser existentiellen Situation als einen unerschrockenen Zeugen des Lichtes und eines johanneischen Christentums, als einen Geistesmenschen, der ganz offensichtlich mit einem Teil seines Wesens in der Sphäre der Auferstehungskräfte lebte, in einem *«völlig anderen Lebensgrund außerhalb des Todes»*[258]. Bauers Existenz und die Essenz einer Begegnung mit ihm wirkten in den Priestern fort, nicht weniger auch sein vorbildgebendes und von einer klaren Logos-Philosophie geprägtes Wort, das bald Eingang in Rittelmeyers Zeitschrift «Tatchristentum» finden sollte. – Vergegenwärtigt man sich den gesamten geisteswissenschaftlich-christologisch fundierten Weg Michael Bauers an der Seite Rudolf Steiners, seine subtile Geleitung (wenn nicht Führung) des von Steiner hochgeschätzten Protestanten Rittelmeyer, aber auch seine tiefe Verbindung mit dem esoterischen Christen Morgenstern und verschiedene weitere Motive seines spirituellen Seins und Wirkens, so wird etwas von Bauers spezifischem Schicksalsgang, aber auch von der umfassenden Bedeutung dieses Anthroposophen für die Ermöglichung des sakramentalen Christentums im 20. Jahrhundert ahnbar. Alles weist darauf hin, dass Bauers geistiges Patronat für die Stuttgarter Schule wie auch für das Wirken der Christengemeinschaft vollständig im Sinne Rudolf Steiners war, wenn nicht stellvertretend für diesen von seinem Geistesschüler und Mitarbeiter ausgeübt wurde (*«Rudolf Steiner selbst wies uns an ihn und ihn an uns.»* Rittelmeyer[259]) – von einem esoterischen «Meisterschüler», dessen ausstrahlendes Leben und dessen fortwährende Erdenexistenz von

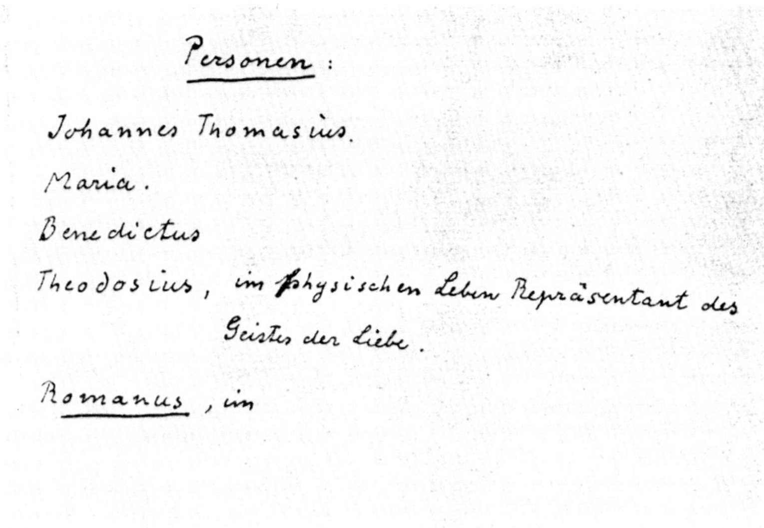

Personen:

Johannes Thomasius.

Maria.

Benedictus

Theodosius, im physischen Leben Repräsentant des Geistes der Liebe.

Romanus, im

Rudolf Steiner: Personenverzeichnis für das Mysteriendrama «Die Pforte der Einweihung» (Entwurf, 1910*)*

Rudolf Steiner zu dieser Zeit als ein «Wunder» bezeichnet wurde («Es ist geradezu ein *Wunder*, dass Michael Bauer bei dieser schweren organischen Erkrankung überhaupt noch am Leben ist. Dies ist nur seiner starken geistigen Kraft zuzuschreiben.»[260]). Andrej Belyj hatte Bauer früh als einen helfenden «Hierophanten» des neuen Sonnentempels erlebt, als einen reinen Geist der *Liebe* und *Hingabe*, der im Dienst der neuen Mysterien stand.[261] Bauers gesamter Lebenslauf, insbesondere aber die urbildlich-schützende Begleitung der Flamme auf den Altären des erneuerten Sakramentalismus sollte zum Vorschein bringen, wie zutreffend Belyjs Worte waren. Über die Bedeutung der Liebe für die Gewinnung und Bewahrung einer neuen Mysteriengemeinschaft schrieb Michael Bauer einmal an seine Nürnberger Weggenossen:

> Wenn der Esoteriker den rechten Pfad geht, der ihn erst innerlich aufrichtet, selbständig macht, fortschreitend macht – dann wird er bald erfahren, dass ihm die Kraft zu diesem Wachstum zufloss als Liebe. Ströme der Liebe rinnen durch die Hierarchien herab in die Herzen der Menschen. Und bald wird zu dieser Erfah-

Vincenzo Foppa: Gemälde des Auferstandenen (Mailand)

rung der Wunsch und Wille kommen, weiterzuleiten diesen segnenden Strom. In anderen Worten: Der Esoteriker erfährt, dass seine Fähigkeit, zu lieben, rein selbstlos zu lieben, größer und größer wird.[262] Seine Selbständigkeit hat ihn nicht heraus, nicht abseits gestellt, nicht getrennt von den übrigen Menschen, sondern in neuer Art verbunden durch göttliche Liebe.[263] Und das ist das Wunderbare seines Lebens; Gott ist nicht an einem bestimmten abgegrenzten Ort der Welt. Die Liebe fließt nicht aus und verliert sich in den Wüsten der Lieblosigkeit. Es ist ein Hin- und Widerströmen nach außen und innen, ein lebendiger Kreislauf, der allverbindend wirkt.

Bald fühlt der Esoteriker, wie überall da, wo seiner Liebe entgegenschlägt die gleiche reine Liebe, ein Band geschaffen wird und wie dann sein Wille mit gesteigerter Kraft zur Förderung der Welt [wirkt]. Und darum ersehnt er eine immer innigere Verbindung mit all denen, die die gleiche Liebe kennen, und er erwartet eine Vereinigung all der Brüder und Schwestern in der einen Wesenheit, die der Herzschlag ist dieses Kreislaufes der Liebe: In Christus. In diesem Geiste der Menschheit fühlt er sich mit allen Esoterikern der Welt eins.
Die Kraft und die Geduld und der Friede dieser hohen Liebe sei mit uns.[264]

*

Die Brandzerstörung des Dornacher Goetheanum, drei Monate nach Begründung der Christengemeinschaft, traf auch Michael Bauer tief – dennoch galt sein Augenmerk unverzüglich Rudolf Steiner, dessen Sein und Werk der Anschlag im Innersten gegolten hatte. Bereits am 3. Januar 1923, drei Tage nach der Katastrophe, schrieb er in einer richtungsweisenden Briefbemerkung:

> [...] Dornach kann uns nicht entmutigen. Noch haben wir ja trotz allem den Mann unter uns, den zu kennen und mit ihm arbeiten zu dürfen das Leben lebenswert macht.[265]

Ruine des ersten Goetheanum nach dem Brand (1923)

Auch elf Tage später formulierte er in einer weiteren Briefnotiz:

> Wenn uns nur der Doktor lange genug erhalten wird, dann können äußere Verluste nicht unheilbar bleiben. Ich dachte gleich nach der ersten Mitteilung, die nur einfach die Tatsache des Brandes enthielt: wie ich den Dr. kenne, wird er den begonnenen Kurs dennoch zu Ende führen, im äußersten Notfall in einem Saal im Dorf.[266]

Die schwierigen Vorgänge innerhalb der Anthroposophischen Gesellschaft, die Krisenbesprechungen und Hilflosigkeiten des Jahres 1923, in dem Rudolf Steiner unmissverständlich klar machte, dass die Vernichtung des ersten Goetheanum nach jahrelangen Hass-Attacken mit durch ein Versagen der schützenden Anthroposophischen Gesellschaft möglich geworden war, lasteten schwer auf Bauers Gemüt. Nach wie vor sah Michael Bauer deutlich das gegenüber Steiner innerhalb anthroposophischer Zusammenhänge Unterlassene und Versäumte, die fehlende Geistesgegenwart und reale Willensschwäche vieler Einzelner *(«Es ist traurig, dass der Dr. nicht mehr Mitarbeiter hat, die ihrer Aufgabe gerecht werden können.»[267])*. Jahre später sollte er über Rudolf Steiner und die Willensdimension seiner anthroposophischen Lebensarbeit schreiben:

> Was ihn von allen Menschen unserer Zeit unterschied, war die Art, wie er zu Leben und Welt stand. Er hatte nicht bloß eine andere Auffassung vom Menschen und seiner Bestimmung, er *war* ein anderer Mensch.
> Er war in fortwährender Verwandlung begriffen insofern, als der immer größer werdende Umkreis seiner Erkenntnisse wie ein werdendes Licht das Wirkensfeld erweiterte.
> Immer klarer sah er den Menschen auf einem Entwicklungspunkt, wo nur sein *Wille* noch eine günstige Wendung schaffen konnte. Auch die Erkenntnis sah er von diesem Willen abhängig. Sein Werk wurde schließlich eine einzigartige Anstrengung zur *Ermutigung* des Menschen.[268]

Michael Bauer zweifelte im übrigen auch nach der vollzogenen Weihnachtstagung der Jahreswende 1923/24 an den faktischen Möglichkeiten der Anthroposophischen Gesellschaft, sich insbesondere in Deutschland und ihrem Stuttgarter Zentrum regenerieren zu können. Bereits vor vielen Jahren hatte er die Paralysen und Konflikte des «Stuttgarter Systems» (Steiner) und damit ihrer führenden Repräsentanten erfahren, wohl auch immer wieder die Verkennung von Rudolf Steiners Intentionen, ja von

Steiners ganzem Wesen in tragischer Weise miterlebt. Von einem *«zertretenen deutschen Grund»* sprach Michael Bauer auch noch nach dem Ereignis der Grundsteinlegung – deren spiritueller Vollzug durch Rudolf Steiner ihn jedoch über alle Maßen berührte. Der Münchner Studienfreund Felix Peipers, aber auch Erwin Bauer hatten darüber in Breitbrunn Bericht erstattet. Schließlich erfolgte noch eine längere Nachricht aus der Feder Albert Steffens, die Bauer trotz seiner fatalen körperlichen Verfassung – über deren Vorstadien er Rudolf Steiner zuletzt im Sommer 1923 ausführlich informiert hatte[269] – außerordentlich erfreute *(«Wie sehr mich Ihr Brief gefreut hat, werden Sie schwerlich nachfühlen können, weil Sie ja kaum ahnen können, wie es mir in der Zeit ging, als der Brief ankam. Denken Sie sich einen Regenwurm, den eine «höhere Hand» von seinem kühlen Rasenbeet in den sommerheißen Staub der Landstraße geworfen hat. Ebenso gekrümmt, weil ebenso gequält in jedem Glied meines Körpers und ebenso hilflos lag ich damals im Bett. In diesem Zustand völliger Armut trafen Ihre lieben Freundesworte, und sie hatten tatsächlich die Kraft, mich wiederholt für eine Weile in einen Lichtbezirk der Seele zu heben, wo der Wegstaub nicht hinreichen konnte.»[270])*. Am 11. Februar 1924, sechs Wochen nach dem Vollzug der Weihnachtstagung, schrieb Michael Bauer schließlich an Rudolf Steiner selbst, beantragte die Klassenmitgliedschaft und bilanzierte in kritischer Weise den Weg seiner Generation:

> Sehr verehrter, lieber Herr Doktor!
> Darf ich Sie bitten auch mich als einen Schüler der Freien Hochschule einzuschreiben?
> Und bei dieser Gelegenheit möchte ich Ihnen doch sagen, dass wir hier in Breitbrunn an dem Neuen, das durch die Weihnachtstagung eingeleitet wurde, mit ganzem Herzen teilnehmen. Ich möchte wirklich glauben, dass nun auch in dem verfahrenen Deutschland die Bewegung zur Gesundung und Lebenstüchtigkeit gebracht werden wird. Meine Hoffnung sind da freilich vor allem die Jungen. Ich habe immer meine Freude, wenn einer dieser frischen Menschen zu uns nach Breitbrunn herauskommt. Es ist ihnen so selbstverständlich im Herzpunkt der Anthroposophie zu leben und deren kulturschaffende Kräfte zu fühlen.[271] Wir Alten sind ja ganz anders, unter ganz anderen Voraussetzungen zu Ihnen gekommen. Wir wollten, jeder für sich, den Agnostizismus los werden. Das Leben draußen, das scheinbar seinen geordneten Gang ging, focht uns nicht viel an. Wir hatten außerdem unsere Not, der Fülle des von Ihnen Vorgetragenen zu folgen. Ich

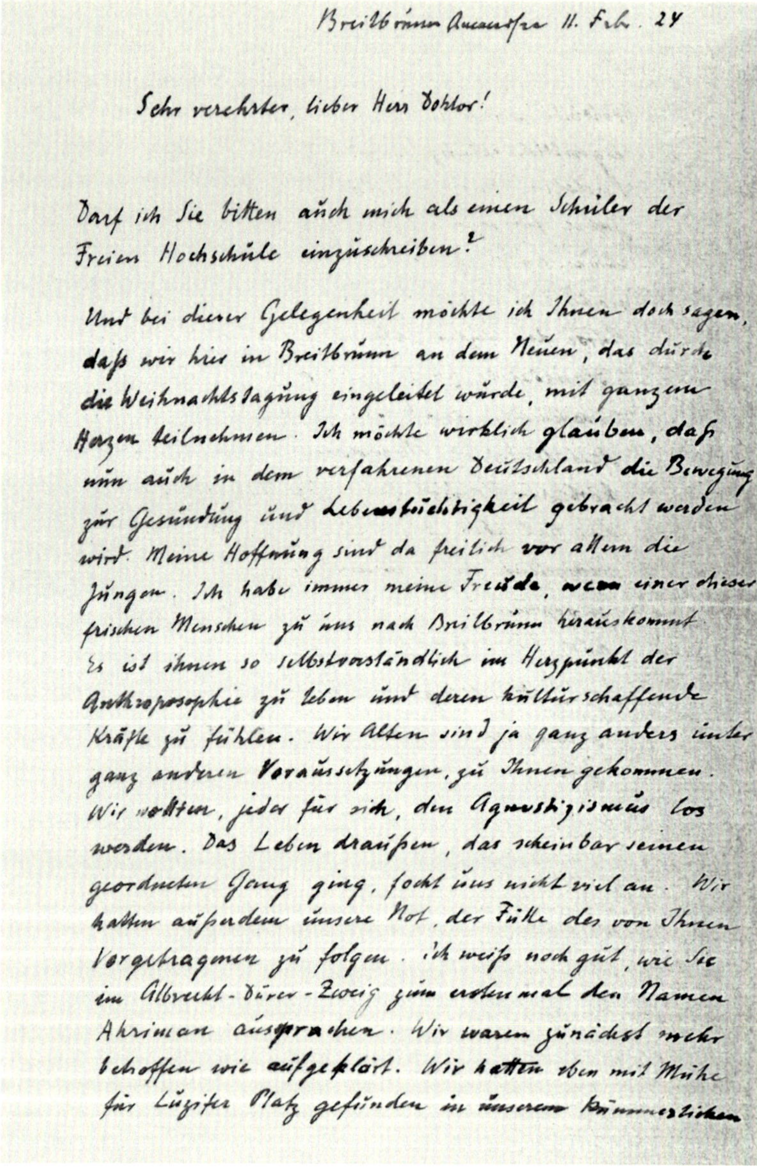
Breitbrunn Ammersee 11. Febr. 24

Sehr verehrter, lieber Herr Doktor!

Darf ich Sie bitten auch mich als einen Schüler der Freien Hochschule einzuschreiben?[2]

Und bei dieser Gelegenheit möchte ich Ihnen doch sagen, dass wir hier in Breitbrunn an dem Neuen, das durch die Weihnachtstagung eingeleitet wurde, mit ganzem Herzen teilnehmen. Ich möchte wirklich glauben, dass nun auch in dem verfahrenen Deutschland die Bewegung zur Gesundung und Lebenstüchtigkeit gebracht werden wird. Meine Hoffnung sind da freilich vor allem die Jungen. Ich habe immer meine Freude, wenn einer dieser frischen Menschen zu uns nach Breitbrunn herauskommt. Es ist ihnen so selbstverständlich im Herzpunkt der Anthroposophie zu leben und deren kulturschaffende Kräfte zu fühlen. Wir Alten sind ja ganz anders unter ganz anderen Voraussetzungen zu Ihnen gekommen. Wir wollten, jeder für sich, den Agnostizismus los werden. Das Leben draussen, das scheinbar seinen geordneten Gang ging, focht uns nicht viel an. Wir hatten außerdem unsere Not, der Fülle des von Ihnen Vorgetragenen zu folgen. Ich weiss noch gut, wie Sie im Albrecht-Dürer-Zweig zum erstenmal den Namen Ahriman aussprachen. Wir waren zunächst mehr betroffen wie aufgeklärt. Wir hatten eben mit Mühe für Luzifer Platz gefunden in unserem kümmerlichen

Brief von Michael Bauer an Rudolf Steiner. Breitbrunn, 11.2.1924

Weltbild, – nun auch noch Ahriman! Und so waren wir eigentlich ständig ein Stück hinterdrein mit unserem Verstehen. Das ist, meine ich, aber gerade die letzten Jahre für so manchen älteren Anthroposophen auch etwas anders geworden. Nicht daß wir nun alles verstünden, natürlich nicht. Die eine große Überschau gebenden Kurse der letzten Jahre – für mich ist der herrliche „Französische Kurs" ein solches Erlebnis gewesen –, und zusammengreifende Ideen, wie die Anschauung vom dreigliedrigen Menschen, im Verein mit der unüberhörbaren Predigt der Kriegs- und Friedenskatastrophe – das hat aber sicher auch manchen Alten dahingebracht wenigstens *ganz mittendrin* zu stehen in der anthroposophischen Bewegung. Und so hoffe ich wirklich auch für Deutschland. –

Gesundheitlich geht es mir, nach einem schweren Fieberanfall in der Weihnachtswoche, wieder relativ gut.

Mit dankbar ergebenen Grüßen

Michael Bauer

Brief von Michael Bauer an Rudolf Steiner. Breitbrunn, 11.2.1924

weiß noch gut, wie Sie im Albrecht-Dürer-Zweig zum erstenmal den Namen Ahriman aussprachen. Wir waren zunächst mehr betroffen wie aufgeklärt. Wir hatten eben mit Mühe für Luzifer Platz gefunden in unserem kümmerlichen Weltbild – und nun auch noch Ahriman! Und so waren wir eigentlich ständig ein Stück hinterdrein mit unserem Verstehen. Das ist, meine ich, aber gerade die letzten Jahre für so manchen älteren Anthroposophen auch etwas anders geworden. Nicht dass wir nun alles verstünden; natürlich nicht. Die eine große Überschau gebenden Kurse der letzten Jahre – für mich ist der herrliche «Französische Kurs» ein solches Erlebnis gewesen – und zusammengreifende Ideen, wie die Anschauung vom dreigliedrigen Menschen, im Verein mit der unüberhörbaren Predigt der Kriegs- und Friedenskatastrophe – das hat aber sicher auch manchen Alten dahingebracht, wenigstens *ganz mittendrin* zu stehen in der anthroposophischen Bewegung. Und so hoffe ich wirklich auch für Deutschland. –
Gesundheitlich geht es mir, nach einem schweren Fieberanfall in der Weihnachtswoche, wieder relativ gut.

Mit dankbar ergebenen Grüßen
Michael Bauer[272]

Rudolf Steiner ordnete nach Eintreffen dieses Briefes unverzüglich an, dass Michael Bauer die Inhalte der Klassenstunden fortlaufend überbracht werden sollten.

*

Bis in den Sommer 1924 hinein hoffte Michael Bauer noch, gemeinsam mit Margareta Morgenstern an den großen Septemberveranstaltungen in Dornach teilnehmen zu können. Bauers Zustand auf seinem *«Wartelager»* – so seine Bezeichnung[273] – aber ließ schließlich keinerlei Reiseaktivität mehr zu. Nur in fieberfreien Nachtstunden gelang ihm noch eine vereinzelte Weiterarbeit an der Biographie Christian Morgensterns – *«Ach, wenn ich nur die Biographie fertig hätte, dass ich den armen verschlissenen Leib ablegen dürfte!»*[274]. An Friedrich Rittelmeyer schrieb Bauer im Juli zur Begründung der von ihm häufig angewandten Namensabkürzung «M.B.»: *«Ich geniere mich manchmal, meinen Vornamen auszuschreiben.»*[275] Die erzwungene Tatenlosigkeit «im Anbruch des Michael-Zeitalters» (Rudolf Steiner) fiel Michael Bauer mehr als schwer – wohl noch schwerer als das unumgängliche Versäumen der Septembervorträge, auf deren Nachschriften Bauer hoffte. Schließlich erhielt Michael Bauer einen Dornacher Brief Friedrich Rittelmeyers, der ebenfalls erkrankt war, jedoch den Apokalypse-Kurs und die Karma-Vorträge im September hören konnte – und in dem es unter anderem hieß:

> Wenn ich so viele Stunden still liegen muss, oft mit recht schwerem Kopfweh, denke ich manchmal an Dich und Dein Los, und das hilft mir dann anständig auszuhalten, was oft das Einzige ist, das sich tun lässt. Übrigens hat sich mein Verhältnis zu Dir etwas verändert, seit ich gehört habe, dass denen, die innerlichst mit der Anthroposophie verbunden sind, gegen Ende dieses Jahrhunderts noch eine Inkarnation bevorsteht, damit sie mit der dann kommenden anderen Richtung der Anthroposophen (nicht so aristotelischen) zusammen, die die wiederkehrenden großen Geister der Schule von Chartres, der letzten europäischen Mysterienschule, bringen, den Entscheidungskampf um die Zivilisation der Erde durchkämpfen. Da müssen wir wohl dabei sein![276]

Auch das Anfang Oktober 1924 anbrechende Krankenlager Rudolf Steiners konnte Michael Bauer nur aus räumlicher Ferne verfolgen. Wiederholt wurde er von Albert Steffen und anderen Freunden über Steiners Zustand informiert, suchte jedoch wohl insbesondere die innere Verbindung zu dem geistigen Lehrer in seinem schweren Opfergang *(«[...] Sie wissen ja, wie Sie mich immer erreichen können, auch wenn wir physisch nicht zusammenkommen.»).* Einen Tag vor Epiphanias des Jahres 1925 und knapp drei Monate vor dem Erdenabschied Rudolf Steiners, den er selbst trotz seiner auszehrenden Erkrankung mehr als vier Jahre überleben sollte, schrieb Michael Bauer an Rittelmeyer:

> Des Dr.'s Zustand ist leider noch immer nicht gewendet. Wie mag er unter der Schwäche leiden![277]

Inwieweit Michael Bauer von Breitbrunn aus spirituell mitvollziehen und gegebenenfalls auch partiell mittragen konnte, welche geistigen Qualen Rudolf Steiner in den Wochen und Monaten vor dem 30. März durchlitt[278], ist nicht bekannt. *«Mehr im Kampf wie dieser Mann kann man wohl kaum stehen.» «Ein Mann, der Übermenschliches zu tun bekam und seit Jahren mit Dornen dafür bekrönt wird.»*

Zwei Tage nach Rudolf Steiners Tod hieß es in einem Brief Margareta Morgensterns, die von Breitbrunn nach Dornach gefahren war, an Michael Bauer:

Totenbild Rudolf Steiners

Mein lieber, lieber Michael,
ich komme eben aus der Schreinerei – es war das heiligste Erlebnis meines Lebens. Im Geist habe ich mit aller Kraft Euch [Michael Bauer und Christian Morgenstern] mitgenommen. Meine armen Worte vermögen nichts zu sagen. In einem schlichten weißen Holzbett, Leuchter von allen Seiten, in Blumen gebettet, links zur Seite die große Christus-Figur – über dem Haupt das Christusbild – das auch Christian hatte – so liegt er in weißem Gewand aufgebettet – eine Rose nur fast am Hals – die übrigen Blumen zu Füßen. Es ist der tiefste, der größte Friede, der je auf einem menschlichen Antlitz gelegen hat. Und – eine ewige Jugend. Nichts, nichts als die blasse Hautfarbe mahnt an den Tod – doch «schläft» er nicht – es ist als ob er mit geschlossenen Augen sinne – wie so oft bei einem Vortrag. Hier hat der Tod wahrhaftig seinen Stachel verloren – es bleibt nichts als eine überirdische Schönheit auf den geliebten Zügen. –
Etwa 20 Menschen wurden zusammen hineingeführt. Man durfte lange bleiben und vermochte sich doch nicht zu trennen. O, hättet Ihr das erlebt, Ihr lieben beide. Aber Ihr lebt es ja mit – dennoch. Möchte dies Bild ein immerwährender Ansporn zu dem Guten, seiner Würdigen in uns werden ...[279]

*

iv. Die letzten Lebensjahre nach Rudolf Steiners Tod

Einen Aufruf zur Verinnerlichung bedeutet der Tod eines geliebten Menschen in jedem Fall. Denn selbst da, wo die Aufdringlichkeit der Sinneswelt jeden Gedanken an eine übersinnliche Wirklichkeit bisher noch übertönt hatte, lässt im ersten Schmerz die Liebe es sich nicht nehmen, die Wahrheit des Augenscheins in Zweifel zu ziehen.
Für uns Schüler freilich bedeutet der Hingang des geliebten Lehrers viel mehr. Die Gewissheit einer übersinnlichen geistigen Welt braucht uns dieser Tod nicht erst zu lehren. Sind wir doch gerade seine Schüler geworden, weil wir einen Menschen gefunden hatten, dessen Wissen jenseits des Abgrundes urständete, in jenem Reiche, das nicht von dieser sinnlichen Welt ist. Auch schon bei Lebzeiten des Lehrers waren wir Schüler gleichsam überhalb des Todes. Die Auswirkung dieses Hingangs für uns wird deshalb nicht so sehr auf der Erkenntnisseite als vielmehr auf der Willensseite liegen müssen.
Wir werden nun aus zwei Gründen vornehmlich einen höheren Grad der Katharsis benötigen. Einmal, um unser Schülerverhältnis lebendig zu halten, und zum andern, um das Werk des Lehrers durch Dogmatismus nicht zu schädigen, es rein und unverfälscht zu bewahren und wirken zu lassen.

Michael Bauer[280]

> Unser Lehrer hinterließ uns sein Werk. Wie verhalten wir uns, dass es besteht und weiter wächst?[281]

Bereits kurz nach dem Tod Rudolf Steiners am 30. März 1925 in Dornach beabsichtigte Michael Bauer, ein Buch über den geistigen Lehrer zu schreiben, namentlich im Hinblick auf den von Steiner gegangenen und gelehrten christlich-rosenkreuzerischen Schulungsweg[282] – *«Das Höchste und Innerlichste des Werkes bleibt der gewiesene Weg. Durch ihn bleibt das Schwert im Geisteskampf scharf (im Sinne des Michael-Schwertes), das Werk lebendig.*[283] Allein durch den begangenen Weg der inneren Schulung lebt die geisteswissenschaftliche Forschung in ihrer Methodik und in ihren positiven Arbeitsergebnissen; die spirituelle Schulung allein ermöglicht auch, die reale Tiefe der geistigen Erkenntnisse erfassen und zugleich mit innerer Vorbereitung kämpferisch-handelnd in die Auseinandersetzungen um die Zukunft der Erdenzivilisation eintreten zu können, Geistesgegenwart, selbstlosen Mut und Urteilskraft zu erwerben. *«Das Höchste und Innerlichste des Werkes bleibt der gewiesene Weg. Durch ihn bleibt das Schwert im Geisteskampf scharf (im Sinne des Michael-Schwertes), das Werk lebendig.»*

Im August 1904 hatte Rudolf Steiner nach Nürnberg geschrieben: «Theosophie als *Leben* aufgefasst, wird ja die größten Aufgaben in der Zukunft zu erfüllen haben, und wir, die ihr heute dienen, wollen zu dieser ihrer Sendung unser Scherflein beitragen.»[284] Rudolf Steiner, so Michael Bauer einundzwanzig Jahre später, «*lebte*» die Anthroposophie – und ermöglichte durch «verschiedene Mittel und Wege» den lebendigen Erhalt, das Fortbestehen seines geisteswissenschaftlichen Werkes, seines Logos-Wirkens auf Erden:

1) Durch die lebendige Rede neben der gedruckten Schrift, wodurch die lebendige Persönlichkeit als das tragende und ausschlaggebende Element gefühlt wurde.
2) Durch die künstlerische Ausgestaltung: die Mysteriendramen, die Christusgruppe, der Goetheanumbau, die Eurythmie, die Sprachgestaltung, die Schauspielkunst und seine für alle andern Künste gegebenen Anregungen. Er verwies deswegen auf die Kunst, weil durch sie *tiefere* Schichten des Menschenwesens ergriffen werden.
3) Durch alle der wissenschaftlichen Forschung gegebenen Impulse, z.B. in Pädagogik und Landwirtschaft.[285]

Eine künftige Erdenweiterwirksamkeit von Menschen für die Anthroposophie, ja der Anthroposophie selbst – als eines lebendigen Wesens – wurde dadurch, so Bauer, von Rudolf Steiner für die kommenden Zeiten mit ihren je spezifischen Aufgaben zielvoll vorbereitet:

> Auf ein tätiges Mit-*Schaffen* zielt überhaupt die Anthroposophie hin. Dabei sind solch ungeheure Perspektiven und Möglichkeiten ins Bewusstsein gerückt, dass die Vorstellung eines Fertigen, Abgeschlossenen, d.h. Toten, nicht aufkommen *kann*.
> Unsere Aufgabe ist es, das Werk in unserem Bewusstsein ständig zu konfrontieren mit der *furchtbaren Not der Zeit*, dadurch bleibt es lebendig und wandelt sich nach den jeweiligen Bedürfnissen. So aber erhält es auch uns selbst lebendig und im Fluss und stärkt und vertieft unsern Ernst und unser Verantwortungsgefühl im Hinblick auf die Aufgaben, die der Zeitgeist an uns stellt.[286]

Michael Bauer betrachtete das *«Erbe»* Rudolf Steiners als noch weitgehend *«unerworben»*[287] und wollte dafür eintreten, dass es von den Schülern Rudolf Steiners in der Konfrontation mit ihrer jeweiligen Zeitgegenwart aufgegriffen, fortgeführt und in die Welt hinausgetragen werde. Dabei schien ihm unter anderem wesentlich, dass die weit verbreiteten – und unmittelbar nach dem 30. März 1925 in zahlreichen Zeitungen und Zeitschriften erneut hämisch publizierten – Entstellungen der Persönlichkeit Rudolf Steiners von der Anthroposophischen Gesellschaft vordringlich korrigiert würden, um suchenden Menschen in der Zivilisationskrise der Gegenwart überhaupt zu ermöglichen, Rudolf Steiner und die anthroposophische Geisteswissenschaft jenseits ihrer noch immer inselhaften Abgeschiedenheit finden zu können. Hierzu schrieb Bauer erläuternd und in differenzierter Betrachtung der zeitgenössischen Rezeptionssituation:

So wollen wir Steiners Werk aufgreifen und fortführen.
Für das eigene Werden dieses heiligen Menschen in zähem Ringen mit den Mächten der Zeit ist sein «Lebensgang» besonders aufschlussreich.
Unendlich viel schon kann bewirkt werden, wenn die entmutigenden Vorurteile und auch der Aberglaube über den Menschen Steiner verdrängt sind. Denn viele Menschen vermögen nicht, diesen Bann der Zeit aus sich herauszubrechen, sie brauchen *Hilfe*, nach der sie im Grunde ausschauen.
Mochten viele der älteren Generation das Werk Steiners gesucht haben, weil sie selbst mit der Last ihres Lebens nicht fertig zu werden vermochten oder auf anderen Wegen keine Befriedigung fanden –: *jetzt* ist der Zeitpunkt gekommen, sein Werk in *freiem Entschluss* für andere Suchende, Sehnende im Hinblick auf die große *Not* unserer Zeit fortzuführen und hinauszutragen.[288]

*

Bereits am 3. Mai 1925, knapp fünf Wochen nach Rudolf Steiners Tod, ließ Michael Bauer Albert Steffen wissen, dass er ihm helfen wolle, die Wochenschrift «Das Goetheanum» mit wesentlichen Beiträgen zu füllen, und übersandte in kurzer Zeit zwei erste Auftakt-Arbeiten, die sich zentral mit Rudolf Steiners Werk und seiner ihm gemäßen Rezeption, letztlich mit der spirituellen Beziehung zu Rudolf Steiner beschäftigten *(«In welcher Seelenhaltung Anthroposophie studiert werden sollte»* bzw. *«Vom neuen Menschen»).* Der verzögerte Abdruck dieser Studien war für Michael Bauer, der eine *«rasche Folge von kurzen, aber in sich zusammenhängenden Artikeln»* intendiert hatte, ausgesprochen enttäuschend – Mitte Juli zog er daraufhin seinen zweiten, seit sieben Wochen in Dornach ruhenden Beitrag «Vom neuen Menschen» brieflich zurück.[289] – Ganz offensichtlich war es Michael Bauers Motiv gewesen, in das entstehende Vakuum nach Rudolf Steiners Tod positiv und zeitnah hineinwirken zu wollen, im klaren Vorgefühl oder gar Wissen um eine zunehmende Orientierungslosigkeit und drohende Auflösung der gemeinsamen geistigen Basis – und in einer unmittelbaren Reaktion auf das Geistereignis von Rudolf Steiners nachtodlicher Wirksamkeit. Bauer wollte mit kurzen, methodisch aufgebauten, konzentrierten und verhaltenen – wenn nicht selbst «esoterischen» – Essays das spirituelle Bewusstsein für die Voraussetzungen und Notwendigkeiten des inneren Umgangs mit der Anthroposophie nach Rudolf Steiners Tod unter den Mitgliedern der Anthroposophischen Gesellschaft stärken – in weiterwirksamer Verbindung mit herunter. Von hier aus, dem schönsten Teil der Erde, den ich je gesehen, hatte er mich immer wieder gebeten, ihm vom Leiden der Grosstadt zu berichten. Er, der Schüler des heiligen Franz.

Es war das letzte Mal, dass ich ihn sah. Bald darauf starb er, aber nur um meiner Seele näher zu kommen. Die Bilder, die sein Geist in mein Traumleben goss, gaben mir die Möglichkeit, zurückzugewinnen, was die Menschheit verloren hat: den Mythos. — Einige Tage nachdem er gestorben war, träumte ich, dass er in mein Zimmer trat, die Schublade öffnete und das Tagebuch herausnahm, wo ich die Beobachtungen über die Krankheiten aufgezeichnet hatte. Er schlug es auf und siehe, wo ich die Wunden der Berufe mit naturalistischer Genauigkeit beschrieben hatte, fielen Bergblumen heraus: Primeln, Anemonen, Alpenrosen, auch ein grünes Kreuzlein, aber nein doch, es war ein vierblätteriges Kleeblatt ....

(Fortsetzung folgt)

In welcher Seelenhaltung Anthroposophie studiert werden sollte

Michael Bauer

Vieles von dem, was moderne Naturforschung über die Welt festgestellt hat, lässt sich ohne besondere innere Anstrengung verstehen. Wenn etwa mitgeteilt wird, das Meteoreisen enthalte in der Regel auch Nickel, so wendet sich eine solche Mitteilung so sehr an das angeborene *wahrnehmende* Wesen des Menschen, dass tiefere Seelenschichten kaum aufgerufen zu werden brauchen.

Anders liegt es schon bei der Mathematik. Dass die Summe der Dreieckswinkel gleich 2 Rechten ist, lässt sich nicht schlichtweg mitteilen. Wollte jemand gleichwohl diesen Satz wie irgendeinen Satz blosser Naturbeschreibung hinnehmen, so bliebe er ausserhalb des mathematischen Bereiches. Mathematik wendet sich an das *denkende* Wesen des Menschen. Und wenn der Satz über das Meteoreisen einfach unseren Schatz an beobachteten Naturtatsachen vermehrt, so bedeutet die Einsicht in den Satz von den Dreieckswinkeln eine freilich geringe, aber nicht wegzuleugnende Änderung im Helligkeitsgrad unseres Bewusstseins. Wir werden durch das Denken nicht bloss wissender, sondern wacher.

Für das Studium der Anthroposophie reicht jedoch auch die Seelenhaltung mathematischen Denkens noch nicht aus. Ein anthroposophischer Satz — er sei in Paulinischer Formulierung gegeben — lautet: der Tod ist der Sünde Sold. Niemand wird meinen dürfen, einen solchen Satz durch die Erkenntnismittel des Naturforschers oder Mathematikers begreifen zu können. Naturforschung und Mathematik sind im Gegenteil heute geneigt, auszusagen, ein solcher Satz werde überhaupt nicht begriffen, sondern allenfalls geglaubt. Und trotzdem gibt es heute einen Weg zum wirklichen Begreifen anthroposophischen Lehrgutes; und zwar zu einem Begreifen in ganz der gleichen Helligkeit und Gewissheit wie bei den Sätzen der Mathematik.

Die hiefür notwendige Seelenhaltung vermögen wir in folgender Weise zu finden:

Wir fassen alles, was beschreibende und mathematisierende Naturforschung mitzuteilen hat, zu einem einheitlichen Bild von der Welt zusammen. Diesem Bild stellen wir uns gegenüber, indem wir uns auf jene Schicht unserer Seele besinnen, wo das Gewissenswesen lebendig ist, wo das Bewusstsein der Verantwortlichkeit für unser Tun in Freiheit entspringt. Die Vorstellung von der naturwissenschaftlich gesehenen Welt einerseits und unser Gewissenswesen andrerseits halten wir in höchster Wachheit fest. Und nun fragen wir uns, ob in dieser so vorgestellten natürlichen Welt unser Gewissenswesen im Ernst beheimatet sich denken lässt.

Nietzsche hat diese Frage bejahen wollen, indem er Moral für ein Missverständnis erklärte. An diesem Ja ist er zugrunde gegangen. Wir können, wenn wir wahrhaftig bleiben, nur mit Nein antworten. Denn das Ja bedeutete nichts weniger als die Verneinung unsrer selbst. Was Menschenwert und Menschenwürde ist, jede Selbstgewissheit und Seelensicherheit müsste dahinschwinden, wenn wir uns im Gewissenswesen verneinen wollten. In ihm haben wir schlechterdings die eigentliche menschliche Wirklichkeit vor uns.

Auf das starke Gefühl des Widerspruchs zwischen unserer Wirklichkeit und der bloss natürlich vorgestellten Welt kommt es an. Dieses Gefühl vermag uns mit der Kraft zu begaben, in der wir eine neue zeitgemässe Ausfahrt zur Erforschung der Welt wagen dürfen. Und zwar nunmehr unter Anrufung aller Schichten unserer Seele einschliesslich des *moralischen* Wesens.

Damit aber sind wir bei der Seelenhaltung angelangt, in welcher Anthroposophie studiert werden sollte. Es muss *das* lebendige Herz an der anthroposophischen Erkenntnisarbeit beteiligt sein, denn Anthroposophie will uns nicht nur wissender und wacher, sondern besser machen.

Drei Menschheitsstadien

Hans Heinrich Frei (Fortsetzung)

Die andere höchste Gottheit ist Keridwen, die Mutter alles Seins, Mutter Natur, deren Symbole Ei, Schlangen-Ei und die *Mondsichel* sind. Sie ist gleichsam die keltische Persephone, die hervorragendste Göttin des Keltentums; denn sie wurde in den zentralen sogenannten Kesselmysterien verehrt. Sie repräsentiert die sublunarische Sphäre der Metamorphosen. Als Mysterien, welche den Menschen zum Erlebnis der Sonnen- und Mondeskräfte bringen, hat auch Rudolf Steiner die hibernischen und druidischen Mysterien geschildert (vergl. den Weihnachtszyklus). Darüber hinaus sind es die Geheimnisse des Tierkreises und der Planeten-Sphären, insbesondere Jahreszeit-Mysterien, die im Mittelpunkte der Druidenweisheit standen. Die gewaltigen Heiligtümer der Kelten, die *caers*, waren irdische Abbilder des grossen „himmlischen Sternkreises", des *caer sidi*. Im Wandel durch die Zeichen des Tierkreises, durch die Monate lebt und stirbt Hu wechselweise. In jedem Frühling, wenn die Sonne, im „Haus des Stiers" stehend, das „Weltschiff" aus der Winterflut rettete, feierten die Druiden ihre Wiedergeburtsmysterien. (Näheres siehe bei Eckermann).

Aber nicht nur die kosmisch-urbildlichen Wesen, die grosse göttliche Mutter Luna und den höchsten Sonnengott, verehrten sie in ihrer Geheimlehre; sie schauten auch prophetisch hin auf die bevorstehende irdische Geburt des Weltengeistes in dem Sohne der „Jungfrau, die da kommen wird".

Die Druidenmysterien der Kelten waren dadurch der Mutterboden, in welchem in Zukunft ein Verständnis sowohl für die kosmische Bedeutung des Mysteriums von Golgatha als auch für die Jungfrau-Mutter aufkeimen konnte. Von diesem Gesichtspunkte aus sollte man den letzten wundersamen Ausklang alter keltischer Geistigkeit sehen, die eigenartige Kultur jenes Volkes, das sich selbst die *Kymren* nannte, in deren Mittelpunkt die Wundergestalt des *König Arthur* steht. Denn das Volk von Kymru (Wales) bildet, zusammen mit Iren und Schotten und den in der Bretagne abgesplitterten Kelten die letzten Reste der einst so grossen und hochentwickelten Völkerfamilie.

Von aussen und von innen wurde in den ersten christlichen Jahrhunderten diese „Insel" christlichen Kelten- und Druidentums aufs schwerste getroffen. Von aussen brachen im Jahre 450 die heidnischen Angeln und Sachsen übers Meer in Britannien ein und verdrängten die Kelten immer mehr westwärts in die Berge von Wales und Cornwall, ja übers Meer nach der Bretagne. Der gefeierte grosse Held in dem

Michael Bauer: «In welcher Seelenhaltung Anthroposophie studiert werden sollte.» (1925)

Rudolf Steiner bzw. in Verantwortung für die adäquate Fortführung der esoterischen Schülerschaft zu ihm. In einem erst nach Bauers Tod zum Abdruck kommenden Text hieß es:

> Das Verhältnis des esoterischen Lehrers zu seinem Schüler wird durch den Tod nicht gelöst. Ging doch der innerste Sinn der Belehrung darauf aus, den Schüler einen Standpunkt oberhalb des Todes gewinnen zu lassen, und hatte doch diese Belehrung auch schon bei Lebzeiten des Lehrers in der ewigen göttlich-geistigen Welt ihren Urstand.
> Aber die Schulung muss sich doch von nun an einer tieferen Schicht der Seele bedienen. Es ist ja nicht schwer gewesen, eine Frage an den Lehrer zu richten und seine Antwort entgegenzunehmen. Auch wenn ungütige und dunkle Elemente in der leichthin gestellten Frage mitsprachen, so konnte die Nachsicht des Lehrers die Frage zurechtbiegen, im Gespräch durchhellen und etwas Fruchtbares für den Schüler anbahnen.
> Jetzt, nach dem Heimgang, muss eine Frage ganz anders in der Willens-Tiefe der Seele formuliert werden. Ja, sie muss der klare Ausdruck der erkenntnissuchenden Seele schlechtweg sein.
> Nichts vom liebenden Herzen des Lehrers ging verloren. Aber er ist eingezogen in ein Objektives, das in seiner Spannweite wie der große gelassene Atemrhythmus der Natur anmutet und das erst seine Liebe offenbart, wenn auch des Schülers Sehnsucht und Frage alles Zufällige und Selbstische abstreifte und überpersönlich wurde.
>
> Der Hingang des Lehrers kann ein esoterischer Impuls für die Schüler werden. Sein literarisches Werk darf nicht wie ein Bergwerk angesehen werden, das man nun nach Belieben ausbeutet. Seine Gedanken sind wie Samenkörner, die aufgehen wollen. Und die aufgehen, wenn sie mit dem Mutterland, der geistigen Welt, verbunden bleiben.
> Heute mehr als je ist Grund zum esoterischen Leben vorhanden.
> Aber das Wort des Lehrers erreicht uns nur wahrhaft in der *Stille der Seele*.[290]

In seinen «Goetheanum»-Studien beschrieb Michael Bauer in diesem Zusammenhang auch die existentiell-notwendige Fragestimmung für den Umgang mit der Anthroposophie – die Fragestimmung von *«erkenntnissuchenden»* Menschen im Zeitalter der erwachten Bewusstseinsseele:

> Diese Menschen sehen zwischen ihrem entschlussbegabten eigensten Wesen und der Natur einen abgrundtiefen Riss. Sie fühlen dadurch sich selbst «in Frage gestellt». Von Erkenntnisnot bedrängt bis zum Grund, sind sie lebendige Frage ganz und gar. Eine Antwort von außen her gibt es für sie nicht. Es gibt für sie nur einen Rat, der sie zugleich auf den Weg eigenen Erkennens stellt.

Anthroposophie ist dieser Rat und diese Wegweisung. Ungezählte Seelen werden in naher Zukunft schon auf Anthroposophie warten.[291]

Zukunftsentscheidend, so Bauer, sei ein innerliches, esoterisches Verhältnis zu den Erkenntnissen Rudolf Steiners *(«seine Gedanken sind wie Samenkörner, die aufgehen wollen»)* – ein esoterisches Verhältnis, das von großer Wahrhaftigkeit und einer elementaren Erkenntnissehnsucht bestimmt werde:

> Man kann natürlich einwenden, niemand unterziehe sich der Anstrengung, Anthroposophie zu studieren ohne Fragestellung in sich. Wahr ist aber, dass es verschiedene Grade des Verstehens gibt und dass ein esoterisches Verhältnis zu den Erkenntnissen nur aufkommt, wenn etwas wie eine Erkenntnissehnsucht, ein Erkenntnisfernweh aus Herzensnot unsere Studien betreibt.
> Jede Erkenntnis-suchende Frage ist in Wahrheit eine Abwendung von der Sinneswelt, die als solche dunkel vor uns liegt, und ein Hinneigen zu jenem anderen vermissten Stück Welt, das die Sinneswelt erst begreiflich macht. Alles Erkenntnissuchen ist ein Suchen des Übersinnlichen.[292]

Weiter betonte Bauer im Hinblick auf die «suchenden Seelen» der Gegenwart und die Selbstschulungs- und Repräsentationsaufgabe der Mitglieder der Anthroposophischen Gesellschaft in perspektivischer Orientierung:

> Viel wird davon abhängen, dass [den fragenden Menschen] Anthroposophie ohne jede seichte Lehrhaftigkeit vermittelt wird. Durch die Worte eines jeden, der ihnen Anthroposophie bringt, sollten sie hindurchhören, dass einer spricht, der selber als neuer Mensch ein Stück unterwegs ist.[293]

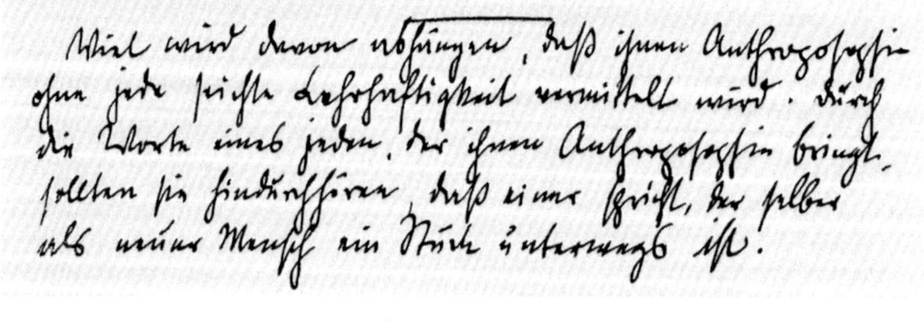
Viel wird davon abhängen, dass ihnen Anthroposophie ohne jede seichte Lehrhaftigkeit vermittelt wird. Durch die Worte eines jeden, der ihnen Anthroposophie bringt, sollten sie hindurchhören, dass einer spricht, der selber als neuer Mensch ein Stück unterwegs ist.

Michael Bauer versuchte im Zusammenhang seiner Studien auch, die zentrale Gewissensdimension der anthroposophischen Erkenntnisse zu charakterisieren, und beschrieb die Anthroposophie selbst geradezu als eine «Wissenschaft des Gewissens»[294]. – Ein dritter und ebenfalls wegweisender Beitrag, «Über die Schülerschaft», erschien im «Goetheanum» erst 1930, im Jahr nach Michael Bauers Tod, und bestand aus vier Teilen: *«Die Lehre des Herzens» – «Schülerschaft» – «Das Verhältnis zum Lehrer» – «Die über-sachliche Vereinigung»*. In seinem abschließenden Kapitel («Die über-sachliche Vereinigung») formulierte Bauer darin noch einmal einen nachdrücklichen Aufruf zur Wiedergewinnung der anthroposophischen Gemeinschaftsfähigkeit, der mit den Worten endete:

> Es mag manchem nahe liegend erscheinen, Anthroposophie als einen bestimmten Standpunkt gegenüber der Welt außerhalb allen Anschlusses an die Gruppen zu pflegen. Vorübergehend und einstweilig wird das für die meisten so sein. Aber in dem Grade, als man in das Heiligtum des Weges eintreten konnte, veränderte sich das, und schließlich erscheint einem das Gehen des Weges, ohne sich der Verpflichtung zum Zusammenschluss bewusst zu werden, wie eine höchste Versuchung Luzifers, und die Abtrennung der Bewegung von dem Stifter Rudolf Steiner wie ein Verrat des Werks an Ahriman.
> Aus freiem Entschluss vereinigen sich die wahren Schüler in der Lichtgestalt ihres Lehrers.
> Es kann da keine Sonderbestrebungen mehr geben, und wo sie doch auftauchen, müssen sie am Quellpunkt durch die lebendige Vereinigung überwunden werden.[295]

*

Seine beabsichtigte Buch-Darstellung über Rudolf Steiner und den geisteswissenschaftlichen Schulungsweg konnte Michael Bauer schließlich nicht mehr beenden. Ununterbrochen aber studierte er, immer weiter und tiefer eindringend, Rudolf Steiners Werke – «die Leitsätze habe ich wiederholt durchgenommen, und allmählich wird vieles klar, was mir früher zu schaffen machte. Die Bedingungen des inneren Wegs werden mir so immer deutlicher, aber leider bin ich physisch doch sehr gehemmt.»[296] Bauer las auch unmittelbar nach ihrem Erscheinen im Herbst 1925 Rudolf Steiners letzte Buchpublikation, die er gemeinsam mit der Ärztin Ita Wegman verfasst und bis wenige Tage vor seinem Tode korrigiert hatte, *Grundlegendes für eine Erweiterung der Heilkunst nach geisteswissenschaftlichen Erkenntnissen*. Hierüber hieß es am 10. Oktober an Helga Geelmuyden mit klarem Blick auf die zivilisatorische Zukunft:

Dr. Rudolf Steiner
Dr. Ita Wegman

Grundlegendes
für eine Erweiterung
der
Heilkunst
nach geisteswissenschaftlichen Erkenntnissen

Erster Teil

1925

PHILOSOPHISCH-ANTHROPOSOPHISCHER VERLAG
am Goetheanum, Dornach (Schweiz)

Rudolf Steiner/Ita Wegman: Grundlegendes für eine Erweiterung der Heilkunst nach geisteswissenschaftlichen Erkenntnissen (1925)

Das Buch «Grundlegendes zur Medizin» hast Du inzwischen sicher auch gründlich studiert. Mir wird diese Art, so konkret die Natur mit in den geistigen Kosmos einzubeziehen, immer lieber und wichtiger. Es scheint, dass das Altern erdennäher macht. Wenn nur endlich mehr Hoffnung wäre, dass unsre Art zu sehen allmählich in der Welt zur Geltung käme. Ich las vor kurzem die Kriegserinnerungen von Unruh. Wenn man dann bedenkt, dass dies ganz Furchtbare noch nicht genügt hat, die Menschen zur Selbstbesinnung zu bringen, dass der Nationalismus in dümmster Form in Tirol, in Tschechien, in Frankreich, in Deutschland, in Amerika usw. erst recht blüht, so dass ein neuer Krieg ganz unvermeidlich scheint (Ost–West mein' ich) und nur Furcht ihn noch aufschiebt – wenn man sich dazu erinnert, wie man in Laboratorien sinnt und braut, um wirksamste Giftgase zu haben, dass überall auf Kasernenhöfen, auf der See, auf den Flugplätzen geübt wird, um morden zu können – und alles eigentlich aus Wirtschaftswahnsinn heraus –, so kann man nur mit Grauen auf diese arme und dennoch geliebte Erde blicken.[297]

Wie zeitlebens auch Rudolf Steiner verfolgte Michael Bauer die wissenschaftlichen und zivilisatorischen Entwicklungen seiner Lebenszeit mit höchster Aufmerksamkeit und mit der Zielrichtung ihrer notwendigen Durchchristung[298] – im Angesicht der kommenden Katastrophen und Zerstörungen. Noch Rudolf Steiners vermächtnishafter Text von Ende März 1925 hatte sich mit dem Verhältnis des Menschen zur Natur und «Unter-Natur» der ahrimanisierten Technik beschäftigt, in die das Willensleben der gegenwärtigen Menschen verstrickt ist. Der Mensch, so Rudolf Steiner, müsse unbedingt die Stärke, die innere Erkenntniskraft finden, um nicht von Ahriman in der technischen Kultur überwältigt zu werden:

Die Unter-Natur muss als solche begriffen werden. Sie kann es nur wenn der Mensch in der geistigen Erkenntnis mindestens gerade so weit hinaufsteigt zur außerirdischen Über-Natur, wie er in der Technik in die Unter-Natur heruntergestiegen ist. Das Zeitalter braucht eine *über* die Natur gehende Erkenntnis, weil es innerlich mit einem gefährlich wirkenden Lebensinhalt fertig werden muss, der unter die Natur heruntergesunken ist.[299]

Steiners letzte Ausführungen hatten mit den zusammenfassenden und zukunftsgewandten Worten geendet:

In der Zeit, in der es eine von der eigentlichen Natur unabhängige Technik noch nicht gab, fand der Mensch den Geist *in* der Naturanschauung. Die sich unabhän-

gig machende Technik ließ den Menschen auf das Mechanistisch-Materielle als das für ihn nun wissenschaftlich werdende hinstarren. In diesem ist nun alles Göttlich-Geistige, das mit dem Ursprunge der Menschheitsentwickelung zusammenhängt, abwesend. Das rein Ahrimanische beherrscht die Sphäre.
In einer Geisteswissenschaft wird nun die andere Sphäre geschaffen, in der ein Ahrimanisches gar nicht vorhanden ist. Und gerade durch das erkennende Aufnehmen derjenigen Geistigkeit, zu der die ahrimanischen Mächte keinen Zutritt haben, wird der Mensch gestärkt, um in der Welt Ahriman gegenüberzutreten.[300]

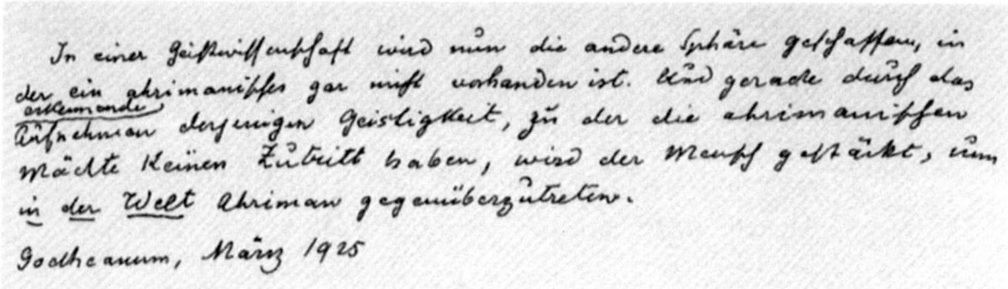
In einer Geisteswissenschaft wird nun die andere Sphäre geschaffen, in
der ein ahrimanisches gar nicht vorhanden ist. Und gerade durch das erkennende
Aufnehmen derjenigen Geistigkeit, zu der die ahrimanischen
Mächte keinen Zutritt haben, wird der Mensch gestärkt, um
in der Welt Ahriman gegenüberzutreten.
Goetheanum, März 1925

*

Achtzehn Monate vor Beginn von Michael Bauers eigenem Krankenlager, das ihn ab dem Dezember 1927 endgültig zum Liegen zwingen sollte, starb in seinem Breitbrunner Haus, in den Armen Margareta Morgensterns, Trifon Georgiewitsch Trapeznikov, der russische Freund und Hausgenosse aus den Arlesheimer Tagen der Jahre 1915 und 1916, gerade einmal 43 Jahre alt. Trapeznikov war bald nach Bauers Wegzug von Arlesheim nach Russland zurückgekehrt[301], wo ihm in den chaotischen Revolutionstagen nach einer Intervention bei Lenin und der Erlangung einer entsprechenden Handlungsvollmacht die Rettung zentraler russischer Kunstdenkmäler gelang, darunter der Erhalt von Tolstois Anwesen in Jasnaja Poljana. Eine schwere Herzkrankheit hatte ihn dann im Herbst 1924 – zur Zeit von Rudolf Steiners anbrechendem Krankenlager – nach Deutschland und in die klinische Behandlung von Otto Palmer in Stuttgart zurückkehren lassen, von wo aus er sich 1925 nach Breitbrunn begeben hatte. Margareta Morgenstern pflegte Trapeznikov bis zuletzt – zum Zeitpunkt seines Todes weilten im Hause Morgenstern-Bauer sieben Priester der Christengemeinschaft, darunter auch Friedrich Rittelmeyer und Emil Bock, zu deren geistiger Arbeit Trapeznikov eine enge Beziehung entwickelt hatte. Als Margarita Woloschina nach dem Erhalt der

Todesnachricht nach Breitbrunn eilte und dort eintraf, sagte ihr Friedrich Rittelmeyer:

> Trapeznikov hat sich in den letzten Tagen stark mit unserer Arbeit verbunden. Er wollte die Menschenweihehandlung übersetzen und starb mit dem starken Impuls, mit uns zu arbeiten. Wir brauchen einen Mitarbeiter in der geistigen Welt für Russland, er wird uns mit dem Geist Russlands verbunden bleiben.[302]

Michael Bauer erlebte seinerseits in der Nacht nach Trapeznikovs Tod eine vergangene, große Inkarnation seines verstorbenen Freundes.

In Michael Bauers abschließende zwölf Erdenmonate fiel auch die Begegnung und tiefe Freundschaft mit einem weiteren russischen Künstler, der oft in Breitbrunn weilte, sich ebenfalls tief mit der christologischen Dimension der Anthroposophie[303] sowie dem sakramentalen Kultus der Christengemeinschaft verband und zeitweise eine priesterliche Ausbildung und Tätigkeit ins Auge fasste: Michail Čechov. Čechov, ein hochbefähigter Schauspieler, war zwanzig Jahre jünger als Bauer, stammte aus Petersburg und hatte sich nach dem Weltkrieg mit Andrej Belyj in Moskau für die Anthroposophie engagiert, der er anhand des Nürnberger Apokalypse-Zyklus nahe getreten war.[304] Von Trifon Georgiewitsch Trapeznikov war Čechov in der russischen Hauptstadt in die Anthroposophische Gesellschaft aufgenommen worden – Trapeznikov und Andrej Belyj, die eine enge Freundschaft verband, hatten ihm von den Dornacher Jahren, von Michael Bauer und Rudolf Steiner berichtet, den er selbst noch 1922 und 1924 bei Auslandsbesuchen in Berlin und Arnheim hören und sprechen konnte; Belyj hatte Čechov darüber hinaus aus seinen umfangreichen Erinnerungsmanuskripten vorgelesen. Im Sommer 1928, elf Monate vor Bauers Tod, war Čechov schließlich aus der Sowjetunion emigriert und direkt nach Breitbrunn gekommen, wo er viele Gespräche mit Michael Bauer führte («Obwohl Bauer schwach war und keine Stimme mehr hatte, war er immer bereit, sich mit mir zu unterhalten, und antwortete gerne auf meine vielen Fragen.»[305]) und Hilfen für seinen esoterischen Schulungsweg bekam.[306] Bauer begleitete Čechov innerlich auf seinen anschließenden Reisen und Arbeiten in Berlin, bestärkte ihn mit großer Weitsicht auf seinem besonderen künstlerischen Weg *(«Sie sind ein so überragender Schauspieler, vielleicht der einzige, der um die Mög-*

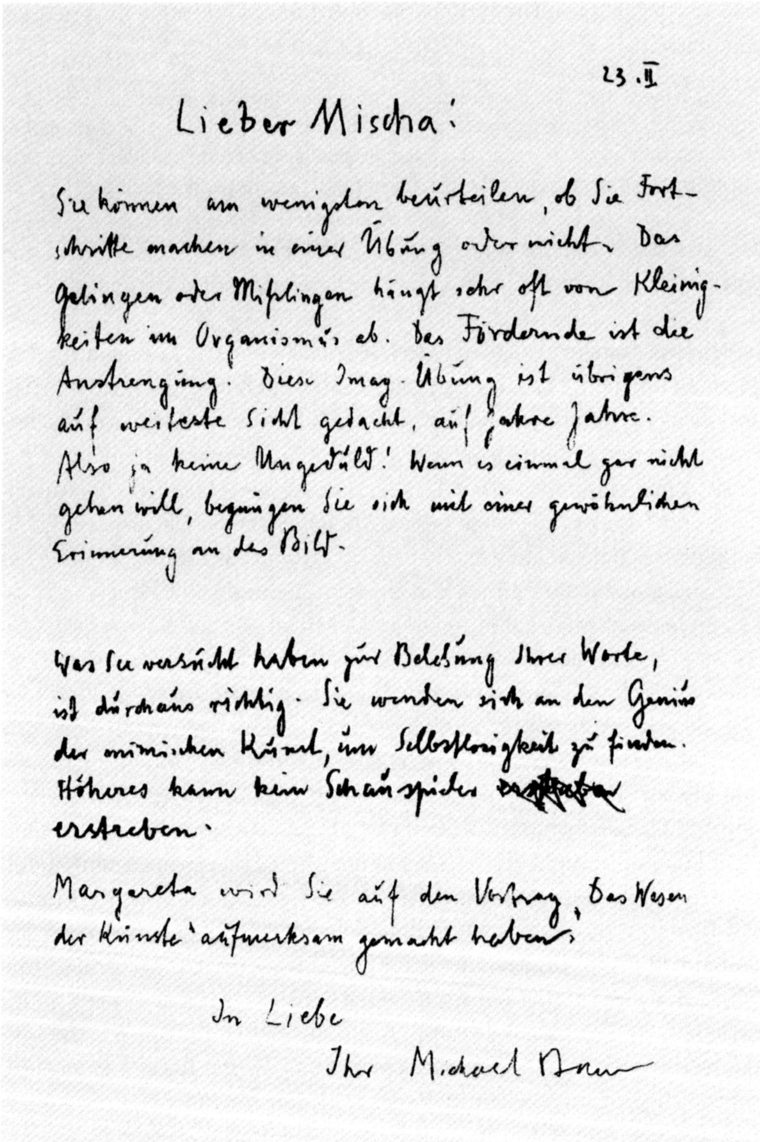

23. II

Lieber Mischa:

Sie können am wenigsten beurteilen, ob Sie Fortschritte machen in einer Übung oder nicht. Das Gelingen oder Mißlingen hängt sehr oft von Kleinigkeiten im Organismus ab. Das Fördernde ist die Anstrengung. Diese Imag.-Übung ist übrigens auf weiteste Sicht gedacht, auf Jahre Jahre. Also ja keine Ungeduld! Wenn es einmal gar nicht gehen will, begnügen Sie sich mit einer gewöhnlichen Erinnerung an das Bild.

Was Sie versucht haben zur Belebung Ihrer Worte, ist durchaus richtig. Sie wenden sich an den Genius der mimischen Kunst, um Selbstlosigkeit zu finden. Höheres kann kein Schauspieler ~~[illegible]~~ erstreben.

Margareta wird Sie auf den Vortrag „Das Wesen der Künste" aufmerksam gemacht haben.

In Liebe

Ihr Michael Bauer

Brief von Michael Bauer an Michail Čechov. Breitbrunn, 23.2.1929 lichkeit einer heiligen Schauspielkunst weiß»[307]*)* und lud ihn immer wieder zur Erholung nach Breitbrunn ein *(«Warum nicht hieher kommen? Breitbrunn ist doch ein Stück Heimat für Sie. Unser Haus kann inzwischen leider nicht größer werden, aber es nimmt Sie in Liebe auf. [...] Sie brauchen vor allem innere Erholung. Der Mensch lebt nicht von Brot und Geld allein und Sie am wenigsten.»*[308]*).* Nur mit Michail Čechov korrespondierte Michael Bauer in seinem letzten Erdenjahr noch in handschriftlicher Form – ihm gab er auch weitergehende Einblicke in die dramatische Gefährdung der Zivilisation und die noch existenten spirituellen Wirkensmöglichkeiten und -richtungen in verschiedenen Lebens- und Wissenschaftsbereichen. Hierüber notierte Michail Čechov später unter anderem:

> Bauer kam mehrmals auf die moderne Wissenschaft zu sprechen. Bei allem tiefen Respekt vor den Errungenschaften des menschlichen Denkens in den letzten Jahrzehnten bekümmerte es ihn sehr, welche Zerstörungskraft die moderne Wissenschaft in sich trage. Der Glaube an ihre Autorität werde dem Menschen von Kind an eingeimpft. Sie dringe in sein Unterbewusstes ein, werde sein Instinkt – eine unerkannte Weltanschauung. Ob er wolle oder nicht, der Mensch wachse unvermeidlich zum Materialisten heran. Wohin er schaue, sei es der Sternenhimmel, die Erde oder er selbst, überall erkenne er mechanische Gesetze, physikalisch-chemische Prozesse oder nervöse Reflexe. Und *dieser Glaube* steuere auch die sozialen Prozesse. Was hindere den modernen Menschen, Errungenschaften des wissenschaftlichen Denkens zu Krieg und Zerstörung zu verwenden, solange die Autorität der materialistischen Wissenschaft solchen Gebrauch sanktioniere? Die Zeit sei nicht mehr fern, in der die Wissenschaft über Mittel verfüge, nicht nur Städte, sondern ganze Kontinente zu vernichten. Weder Moralpredigten noch «mystische Gesellschaften» könnten die Menschheit vor den kommenden Katastrophen bewahren. Mehr sei auch von politischen Organisationen gleich welcher Art oder von sozialen Maßnahmen nicht zu erwarten. Sie alle bewegten sich im «Hoheitsbereich» ein und derselben Wissenschaft, die keine andere als die materielle Welt anerkenne. Die *Wissenschaft selbst,* sagte Bauer, müsse in ihrem Denken neue Wege beschreiten. Dadurch werde sie in den Stand versetzt, die der Menschheit bevorstehenden sozialen Katastrophen abzuwenden.[309]

Michael Bauer, der «natürliche Patron der Russen» (Belyj), war nicht zuletzt von den gewaltigen Umwälzungen in der Sowjetunion tief betroffen. Rudolf Steiner hatte wiederholt und in eindringlichen Worten auf die spirituelle Zukunftsmission Russlands, aber auch auf die bedrohlichen

Entwicklungen hingewiesen, die der materialistische «Sozialismus» und dessen technologisch-industrielle Umsetzung für die russische Bevölkerung und Kultur, ja für die gesamte Erdzivilisation mit sich bringen würde. Als Michail Čechov bereits zu Beginn seiner Bekanntschaft mit Michael Bauer aus der Ferne an diesen die Frage nach dem bevorstehenden Schicksal Russlands gerichtet hatte, war Bauer darauf mit einem ausführlichen Schreiben eingegangen – einem Brief, der seinen klarsichtigen Weltblick und seine spirituelle Wahrnehmungsfähigkeit gleichermaßen beleuchtete und in dem es hieß:

> Sie fragen nach Russlands Schicksal. Ich glaube, Dr. Steiner hat nichts Bestimmtes für die nächste Zukunft gesagt, nur für die fernere Zukunft. Das wissen Sie ja. Es gibt diese Schilderung von ihm, dass die Okkultisten des Westens (die politisch-imperialistischen Bruderschaften) sahen, wie sie nicht mehr mit den sozialen Impulsen in der europäischen Menschheit fertig wurden. Und wie sie nun beschlossen, ein Experimentierfeld zu schaffen, wo sich die sozialen Impulse (die von ihrem Standpunkt nur Utopien sind) einmal ausleben und ad absurdum führen sollen. Dieses Experimentierfeld ist für sie Russland. Die großen sozialen Impulse, die in der modernen Menschheit leben (besonders im Proletariat und im Russentum natürlich), wurden marxistisch abgefangen und dadurch verfälscht – es sind spirituellste Seelenkräfte im Grunde, doch materialistisch umgebogene. Und diese verzerrten Sozial-Impulse lässt man sich nun im Osten austoben, um zu zeigen: Seht, wie unsinnig aller Sozialismus ist! Damit will man eine Antipathie gegen alle sozialen Bewegungen und Ideale erzeugen. Dies Experiment wird solange dauern, wie jene westlichen Bruderschaften es für notwendig halten. Freilich beginnt es ihnen jetzt auch schon über den Kopf zu wachsen, weil dabei die asiatischen Völker unruhig werden. Aber die eigentliche Schuld für all dies Unheil liegt im Westen. (Es sollte einmal jemand alles, was Dr. Steiner über Russland sagte, zusammenstellen.)
> Einen Gesichtspunkt möchte ich Ihnen noch andeuten: (Das steht zwar nirgends so bei Dr. Steiner, ergibt sich aber aus der geisteswissenschaftlichen Betrachtung.)
> Sie wissen ja, dass es eine Äthergeographie gibt und wie danach in jedem Erdegebiet verschiedenartige Ätherwirkungen sind, die dann auf Volk und Kultur jeweils dort zurückwirken. So wirkt ja in Russland besonders stark der reine Lichtäther, aber nicht direkt, sondern in seiner Rückstrahlung vom Erdboden aus: so nimmt ihn der russische Mensch auf. Er nimmt also das Himmlische im Spiegel der Erde auf, das Lichthafte auf dem Umweg über den Erdboden: Darum gerade liebt er die Erde so innig, aber als etwas himmlisch Erstrahlendes. Die Erde macht ihn nicht materialistisch und das Himmlische nicht erdverachtend. Das ist das einzigartig Günstige an der russischen Seelenveranlagung.

(Etwas anderes ist es ja, was gewisse Strömungen aus dem Russen heute *gemacht* haben. Einerseits der orientalisch-mystische Impuls, der durch Jahrhunderte gewirkt hat und den Russen zum Asketen machen will – andrerseits der westliche Intellektualismus, der ihn den Himmel verleugnen lassen will: luziferische und ahrimanische Versuchung. Weil durch Jahrhunderte die luziferische so stark gewirkt hat, wird der Russe jetzt darum so stark von Ahriman attackiert.)

Nun kommt aber im gegenwärtigen Zeitpunkt noch etwas Besonderes hinzu. Mit dem Auferstehen des Christus im Äthergebiete beginnt etwas wie eine ungeheure Erregung, ja eine Revolution im gesamten Äther der Erde («Und das Meer und die Wasserwogen werden brausen», Lucas 21, Vers 25).

Ein unerhörter Gärungsprozess der ganzen elementarischen Sphären ist im Gange. Dadurch aber werden unzählige Scharen von Elementargeistern wach und fangen an, sich zu regen. Diese Elementargeister sehnen sich nach dem neuen Lichte, das sich von dem im Äther auferstehenden Christus aus durch den ganzen Erdenumkreis hin ergießt. Man muss sich vorstellen, wie sie glitzern und zu leuchten beginnen in dieser wunderbaren Strahlenaura, die sich von jetzt an um die Erde herum bildet. Durch die besondere Art der Ätherwirkungen aber im russischen Erdgebiet (wovon wir ja vorhin sprachen) beginnt dieses Leuchten und Aufleben der Elementarreiche schon jetzt in ganz besonderem Maße im europäischen Osten. Ja, es hat schon begonnen, nur die *Menschen* merken es noch nicht. Die Menschen werden ja das Erstrahlen des Geistigen immer erst viel später gewahr als die Dämonen. (Diese erkannten ja auch den Christus im Fleisch eher! Marcus 1, 24)

Nun ist es so: Die ahrimanischen Wesen (Dämonen) haben immer eine maßlose Gier nach dem goldleuchtenden Astrallichte, wo es nur irgendwie sichtbar wird. Sie werden geradezu wild nach dem Besitze dieses Lichtschatzes. (Denken Sie dabei etwa an das Rheingold, das Alberich raubt und an sich reißt.)

Nun möchte ich etwas auszusprechen wagen, was ich zwar intellektuell nicht beweisen kann: Die ahrimanischen Wesen der Erde sahen in dem besonderen Erdgebiet, wo das Leuchten der Elementarreiche jetzt schon besonders begonnen hat und wo sich das neue Christuslicht wie eine Morgenröte vor Sonnenaufgang schon wunderbar über die ganze Sphäre ausgebreitet hat, – sie sahen diesen leuchtenden Schatz, diese Strahlenaura und zogen sich deshalb über Russland zusammen. Sie stürzten sich auf diese leuchtende Äthersphäre, und sie fressen gleichsam die leuchtenden Elementarwesen auf, sie verschlingen den goldenen Lichthort.

Aber eines wissen die Dämonen nicht. Sie kennen nämlich nicht die tiefere Wirkung dieses astralisch-ätherischen Lichtes. Es hat die Kraft, alles Dunkle und Verdichtete von *innenher* aufzulösen. So löst das verschlungene Licht, von innenher wirksam, die zusammengeballten Leiber, die Phantome der Dämonen auf. Das kann man sich wie einen chemisch-geistigen Vorgang vorstellen, ein Paralysieren der Dämonengewalten also. Damit aber reinigt dieses verschlungene (aber auf verborgene Weise weiterwirkende) Astrallicht die Erdenatmosphäre. Das ist eine der mächtigen Christuswirkungen im Äther, wie ich es ansehe. In diesem Prozess stehen wir jetzt schon mitten drin. Die Zusammenballung der Dämonen über dem schwer geprüften Russland, ihr vernichtendes Wirken dort bekommt so einen ganz neuen Aspekt. Das ist natürlich nur für den Esoteriker verständlich. Und wenn man dies versteht, so weiß man damit auch, dass die paralysierende (dämonenauflösende) Kraft des Christus auch schon *wirksam* ist und im Äther jene Schattengewalten von innenher durchstrahlt und sie auflöst. Das ist ein mächtiges Ereignis, das sich jetzt abzuspielen beginnt. So kann man von einer ganz anderen Seite her eine Ahnung bekommen von dem tieferen Geschehen alles dessen, was irdisch betrachtet so finster und trostlos aussieht: Russlands Schicksal.

Verehrter lieber Herr Tschechoff [Čechov]: Hiermit schreibe ich Ihnen in einigen Andeutungen etwas, was ich so noch niemals ausgesprochen habe. Wohlverstanden, dies letztere sind nicht Doktor Steiners Mitteilungen. Aber ich glaube, es ist dennoch etwas, was ich aufgrund der Geisteswissenschaft als wahr aussprechen darf. Man nehme es vorläufig nur als Bilder, und man wird sich hineinfühlen können und spüren, ob es wahr ist oder nicht.

Sie können sich nun vorstellen, dass dieses alles für den *Volksgeist* Russlands, den Erzengel, ein sehr bedeutsames Erlebnis sein muss. Denn der Erzengel schaut das ja alles mit an, er macht diese Dinge selbst mit durch. Was geschieht aber dadurch? Er kommt in eine sehr schnelle Entwicklung hinein. Das ist eine Art Einweihung, die er dabei wohl durchlebt. Er reift schnell heran und durchchristet sich und stößt das Dämonische selber aus sich aus. Dadurch bildet sich freilich zunächst ein ahrimanischer Gegengeist: Ein dunkler Doppelgänger des Volksgeistes, denn nicht nur Menschen haben ihre Doppelgänger. Dieser will die Menschen als Einzelne Ich-los machen. Er will sie als bloße Masse formieren (Bolschewismus). So kann man sich vorstellen, dass von jetzt an immer in besonderem Maße (stärker als andere Völker) dieser Erzengel einen Doppelgänger, ein ahrimanisches Zerrbild neben sich haben wird. Dadurch lernt er aber diesen – der ein Träger der stärksten Antichrist-Impulse ist – immer näher kennen. Er muss fortan mit ihm leben und ringen. Bis er ihn allmählich nach langen Zeiten überwindet. (In der kleinen Kuppel des alten Goetheanum war der russische Mensch als Doppelgestalt dargestellt. Das gilt eben auch von dem Erzengel von jetzt an.) Der russische Erzengel wird, indem er also jetzt dieses Schicksal vorauf erleben muss, damit in einer[310]

An dieser Stelle bricht Michail Bauers großes russisches Briefvermächtnis ab, dessen Schluss nicht erhalten blieb. In seinem letzten Gespräch mit Michail Čechov sollte Bauer kurz vor seinem Tod seine segnende Hand auf den Kopf des russischen Freundes legen und sagen:

Auf *Wiedersehen* – wenn nicht hier, dann ... in Träumen ... Mut, Mischa, Mut – wir stehen im Kampfe! Bei Christus finden Sie Mut.[311]

Michael Bauer in seinem Breitbrunner Garten (o.J.)

*

Felix Peipers riet Michael Bauer in der Zeit des beginnenden Krankenlagers zu einer Übersiedlung nach Teneriffa, wo Peipers selbst krankheitshalber seit einigen Jahren – fern aller anthroposophischen Zusammenhänge und drängenden Zivilisationsaufgaben – lebte. Mit größter Selbstverständlichkeit jedoch lehnte Bauer ab.

> An eine Reise ist meinerseits nicht zu denken. Wenn mein Kopf endlich wieder ganz arbeitsfähig ist, will ich nichts anderes als arbeiten. Jede Reise wäre dann eine Störung. Ich vertraue auf das innere Klima.[312]

Hans Carossa, der Münchner Mediziner und Schriftsteller, wurde schließlich Bauers letzter Arzt, der häufig nach Breitbrunn reiste und ebenfalls tief beeindruckt von der Wesenheit seines Patienten war – «er ist [...] ein so klarer, guter, geläuterter Mensch, dass ich mich immer wieder meiner

Erdverhaftetheit vor ihm schäme»[313]. «Nie ist mir ein gütigerer weiserer Mann begegnet als Michael Bauer, der im höchsten Sinn des Wortes zerfallend Strahlen aussandte.»[314] Carossa, der zahlreiche schlechte Erfahrungen mit Anthroposophen in München gesammelt hatte[315] und der «Lehre» Rudolf Steiners distanziert gegenüber stand, bezeichnete Michael Bauer als einen Heilenden, «der, ohne es zu wissen, seinen Arzt behandelte und ihm half»[316]. – Wie auch Rudolf Steiner auf dessen eigenem Krankenbett im Winter 1924/25[317] fiel es Michael Bauer schwer, nicht mehr aktiv-helfend in die anthroposophischen Bemühungen auf verschiedenen Lebensfeldern eingreifen zu können *(«es ist wirklich verdrießlich krank zu sein, wo alle Hände voll zu tun wären.»[318])* Zugleich strebte Bauer auch diesbezüglich die absolute und restlose Bejahung seines Schicksalsweges an: «[…] Ich habe nie ein bittres Wort darüber gehört. Er kämpfte darum, mit seinem Schicksal völlig versöhnt zu sein bis in den letzten Gedanken und in das letzte Gefühl hinein.» (Rittelmeyer[319]) Lediglich die körperlichen Störungen seines spirituellen Schulungsweges machten Michael Bauer zu schaffen[320]; im übrigen aber begleitete er nach wie vor unzählige Menschen und Entwicklungen, obwohl er oft durch Fieberzustände mit seinem Bewusstsein *«aus dem Zeitenstrom»* herausgerissen wurde.[321] Mitunter ließ Bauer brieflich zum Vorschein kommen, über welche konkreten geistigen Erfahrungsweisen er verfügte – auf eine Frage bezüglich der möglichen Identität Rudolf Steiners mit Christian Rosenkreutz antwortete er klar verneinend und erläuterte:

> Auf Ihre Frage Christian Rosenkreutz betreffend nur soviel: Er ist als Lehrer durchaus zu finden. Nur gehört auch dazu *Geistes*gegenwart; nicht suchendes Herz allein. Da man ihn bei Lebzeiten Steiners ebenso finden konnte, so folgt schon daraus, dass Christian Rosenkreutz und Rudolf Steiner zwei verschiedene Individualitäten sind.[322]

*

Obwohl in sein Zimmer und an sein Bett gebannt, lebte Michael Bauer auch in den letzten Monaten seines Erdendaseins in den Naturprozessen seines Umraums bewusst mit, als ein «Heiliger der Erde»[323]. Zu einer Besucherin sagte er einmal unvermittelt:

> Die Sylphen sind da! Da müssen eigentlich die Schwalben gekommen sein![324]

Im Spätherbst 1928 brachte Margareta Morgenstern die Urne Christian Morgensterns endgültig nach Dornach, wo sie im Sterbeatelier Rudolf Steiners Aufstellung fand, an geweihter Stätte. Kurze Zeit darauf schrieb Albert Steffen an Margareta Morgenstern nach Breitbrunn:

> Wir sind hier alle sehr glücklich durch Ihren Besuch gewesen. Die Überbringung der Urne Christian Morgensterns in den Raum, wo Rudolf Steiner gestorben ist, lebt in mir als heilige Handlung. Ich bin in einen himmlisch-hellen Bezirk eingetreten und will künftig versuchen, dieser Stunde wert zu werden, so gut es geht. Ich fühle auch Michael Bauers Geist ganz nah, seit Sie hier gewesen sind, fast atmosphärisch, wie durchleuchtete Luft.[325]

Michael Bauer bestimmte seine eigene Urne ebenfalls für Dornach – an die Mysterienstätte, auf die er sub specie aeternitatis zulebte, ungeachtet aller Konflikte und Schwierigkeiten, die an diesem Ort nach dem 30. März 1925 in fulminanter Dynamik und weiterer Steigerung der vorbestehenden Zerstörungstendenzen[326] ausgebrochen waren («O möchte Michael Bauer täglich an Gesundheitskräften zunehmen, damit sich sein heilender Geist ganz unter uns auswirken kann. Wenn man ihn in der Schreinerei in Dornach erscheinen sähe, würden die Wolken des Hasses verschwinden. Wenn er sprechen würde, ginge die Sonne auf […].» Albert Steffen[327]). In seiner letzten, mahnenden und vermächtnishaften Ansprache an die Mitglieder der Anthroposophischen Gesellschaft hatte Michael Bauer am 4. September 1921 in Stuttgart mit kaum mehr vernehmbarer Stimme und im Anschluss an George Adams Kaufmann formuliert:

> Lassen Sie mich noch einen Gedanken anschlagen, der heute schon vielfach durch die Reden geschwungen hat, besonders durch die Rede des Herrn Kaufmann aus London. Es ist viel von Vertrauen gesprochen worden, und ich will das dahin ergänzen, dass es keinen irgendwie tauglichen Verkehr von Mensch zu Mensch gibt, wenn nicht dieses Vertrauen im Untergrund der Seelen besteht. Wenn ich mit irgendeinem Menschen ein Wort rede, und er hat den Willen mich zu verstehen, so spielt etwas von meiner Seele in die andere; und es spielt, genau genommen, auf Grund desjenigen, was in dem ersten unserer Leitsätze steht, auf Grund eines *gemeinsamen Geistigen*. Das, was eine Seele mit der anderen verbindet, wodurch man sich verständigen kann in Worten, das ist bewusst die eigentliche Grundlage unserer Gesellschaft. Ich könnte weitergehen und ausführen, dass dieses, was als Vertrauen von Mensch zu Mensch im Worte spricht, sich steigern kann, an den Tag herausblühen kann als Liebe; ich könnte weiter darauf deuten, wie dieses, was wir, wenn wir so hinhorchen, als den Herzschlag unserer

] durch den bei der Gründungs-Versammlung gebildeten Vorstand vertretenen.

diesen] seit Jahren erarbeiteten und in wichtigen Texten auch schon veröffentlichten

STATUTEN
der anthroposophischen Gesellschaft

1. Die anthroposophische Gesellschaft soll eine Vereinigung von Menschen sein, die das seelische Leben im einzelnen Menschen und in der menschlichen Gesellschaft auf der Grundlage einer wahren Erkenntnis der geistigen Welt pflegen wollen.

2. Den Grundstock dieser Gesellschaft bilden die in der Weihnachtszeit 1923 am Goetheanum in Dornach versammelten Persönlichkeiten, sowohl die Einzelnen, wie auch die Gruppen, die sich vertreten liessen. Sie sind von der Anschauung durchdrungen, dass es gegenwärtig eine wirkliche Wissenschaft von der geistigen Welt schon gibt und dass der heutigen Zivilisation die Pflege einer solchen Wissenschaft fehlt. Die anthroposophische Gesellschaft soll diese Pflege zu ihrer Aufgabe haben. Sie wird diese Aufgabe so zu lösen versuchen, dass sie die im Goetheanum zu Dornach gepflegte anthroposophische Geisteswissenschaft mit ihren Ergebnissen für die Brüderlichkeit im menschlichen Zusammenleben, für das moralische und religiöse, sowie für das künstlerische und allgemein geistige Leben im Menschenwesen zum Mittelpunkte ihrer Bestrebungen macht. *)

3. Die als Grundstock der Gesellschaft in Dornach versammelten Persönlichkeiten erkennen zustimmend die Anschauung der Goetheanum-Leitung in Bezug auf das Folgende an: Die im Goetheanum gepflegte Anthroposophie führt zu Ergebnissen, die jedem Menschen ohne Unterschied der Nation, des Standes, der Religion als Anregung für das geistige Leben dienen können. Sie können zu einem wirklich auf brüderliche Liebe aufgebauten sozialen Leben führen. Ihre Aneignung als Lebensgrundlage ist nicht an einen wissenschaftlichen Bildungsgrad gebunden, sondern nur an das unbefangene Menschenwesen. Ihre Forschung und die sachgemässe Beurteilung ihrer Forschungsergebnisse unterliegt aber der geisteswissenschaftlichen Schulung, die stufenweise zu erlangen ist. Diese Ergebnisse sind auf ihre Art so exakt wie die Ergebnisse der wahren Naturwissenschaft. Wenn

*) Die anthroposophische Gesellschaft knüpft an die im Jahre 1912 gegründete anthroposophische Gesellschaft an, möchte aber die damals festgestellten Ziele in selbständigen

Rudolf Steiner: Statuten der anthroposophischen Gesellschaft

Bestrebungen fühlen müssten, ein Wesenhaftes ist, das man als den guten Geist – ich könnte auch sagen als den heiligen Geist – der Menschheit bezeichnen darf. Unsere Gesellschaft beruht auf dem guten Geist der Menschheit, der von Mensch zu Mensch weben muss, wenn etwas Gesundes zustande kommen soll. Ich habe mich in den letzten Wochen oft beschäftigt mit Uehlis schönem Buch «Eine neue Gralssuche»; darin wird erzählt, wie für die Tempelritter die Verpflichtung galt, dass keiner den Kampfplatz verlassen durfte, solange noch eine Fahne wehte. Glauben Sie doch, dass wir in einem ebenso harten Kampf darinnenstehen, wie ihn die Tempelritter vielfach zu bestehen hatten! Und wir sollten uns mit derselben Treue und mit vollem Bewusstsein in den Kampf stellen. Auf solche Treue will ich hinweisen in diesem Augenblick, wo Sie sich einem neuen Zentralvorstand gegenübersehen, der nach treuester und gewissenhaftester Beratung gebildet worden ist. Und ich möchte die Bitte daran fügen, dass Sie sich besinnen auf das gemeinsame Geistige, das in die Herzen der Menschen gelegt ist[328], in diesem Augenblick, wo ein neuer Anlauf genommen wird, um mit allem, was durch diese Bewegung in die Welt hereinwill, in Treue und im Bewusstsein der Verpflichtung in die Zukunft zu schreiten.[329]

*

Drei Monate vor seinem Tod nahm Michael Bauer in der Vorosterzeit des Jahres 1929 sein Sterbedatum in einer geistigen Erfahrung wahr – *«Ich ging durch eine Wiese mit Blumen, durch die ein klares Wasser floss, ein Bach. Ich stand an dem einen Ufer. Da wurde mir gesagt: An dem und dem Tag wirst du das Wasser überschreiten.»*[330] Bauer hing nicht am irdischen Leben, aber wollte unbedingt noch seine große Arbeit über Christian Morgenstern abschließen, an der er in jeder guten Stunde fortarbeitete:

> Ich richtete eine Bitte an die geistigen Mächte, dass mir noch Aufschub gewährt würde, damit ich mein Buch vollenden könne.[331]

In dieser Zeit nahm Bauer in verändertem Bewusstseinszustand auch Einblick in das – schicksalhaft aufgehaltene – Wirken der heilenden Kräfte auf Erden. Margareta Morgenstern notierte sich am 17. März 1929:

> Michael träumt abends von einem Schwert, auf dem die Arznei liegt (weiß). Dann von umgebogenen Kraftlinien, das seien die Heilkräfte, die aus der geistigen Welt hereinmöchten, aber es sei Menschen-(Welten-)Schicksal, dass sie nicht bis zu den Menschen hinreichten, sie biegen vorher ab.[332]

*

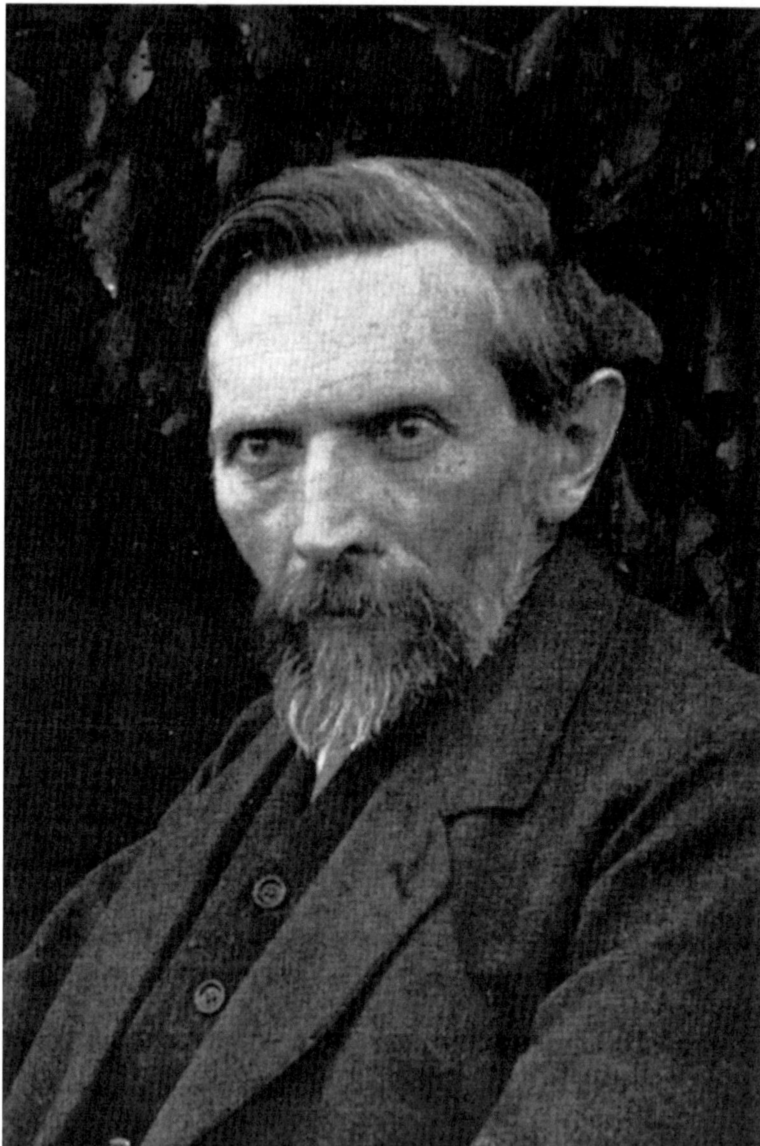

Michael Bauer, 1929

In der Zeit seines Krankenlagers erfuhr Michael Bauers Freundschaft mit Friedrich Rittelmeyer eine letzte große Steigerung.[333] Rittelmeyer hatte im Frühjahr 1928 – nach einem weiteren öffentlichen Angriff auf Rudolf Steiner – begonnen, seine Lebensbegegnung mit Steiner detailliert niederzuschreiben («Ja, ein besonders hässlicher Angriff auf die Persönlichkeit Rudolf Steiners in einem führenden Blatt hat [...] den letzten Anstoß zu diesem Buch gegeben.»[334]) Er skizzierte in seinen Aufzeichnungen in feiner Weise die Bedeutung Bauers für seinen geistigen Weg zu Rudolf Steiner und der Anthroposophie; auch bezog Rittelmeyer Bauer nach wie vor in alles ein, was mit der spirituellen Entwicklung der Christengemeinschaft sowie seinen eigenen meditativen Erfahrungen und Studien zu tun hatte. Trotz seines Amtes und der mit ihm verbundenen Wirkensmöglichkeiten erkannte Rittelmeyer die geistige Vollmacht Bauers weiterhin uneingeschränkt an und suchte immer wieder Bauers Rat, das Gespräch und den Austausch («Eine außerordentliche Lebensfreude wäre es mir, wenn wir noch manchmal über unsre Lebenseindrücke von Christus in gemeinsamem Vorwärtsschreiten sprechen könnten. Du wirst gerade da manches aus Deiner Krankheit mitbringen, was direkt und indirekt unsrer Bewegung sehr fördernd werden kann.»[335]). All seine in rascher Folge nun entstehenden Manuskripte sandte Rittelmeyer vor ihrer Publikation an Bauer, von dem er sich bis in seine körperliche Situation hinein fortwährend begleitet wusste *(«Übrigens habe ich, als ich einmal lebhaft an Dich dachte, Dein trauriges Kopfweh nur zu deutlich gesehen. [In jenem Augenblick schien allerdings gar nicht so sehr die gewohnte linke Seite, sondern mehr die Mitte u. vielleicht auch der Hinterkopf ergriffen.]»[336])*. Als Rittelmeyer im Frühjahr 1929 zu einer Vortragsreise aufbrach, erbat sich Michael Bauer die genaue Reisestrecke und die Vortragsdaten von dem Freund, um diesen genau im Bewusstsein halten zu können *(«Ich denke viel an Dich, seit Du unterwegs bist. Möchtest Du die Kraft, die Du brauchst, immer wieder bekommen! Vielleicht lässt Du mir durch einen der jüngeren Freunde Deine ganze Reiseroute mitteilen! Ich möchte gern jeden Tag wissen, wo Du bist.»[337])*. Später schrieb Rittelmeyer:

> In seinen allerletzten Wochen [...], als er schon den Tod auf sich zukommen sah, hatte er den Tagesplan meiner Vorträge neben seinem Krankenlager liegen und verfolgte geistig Abend für Abend, was geschah. «Heute war es besonders gut.» «Heute war nichts Besonderes.»[338]

Nach Beendigung seiner Vortragsreise eilte Rittelmeyer noch einmal zu Bauer, der ihm Anfang 1911 den anthroposophischen Weg eröffnet und diesen in sicherer Weise in all den folgenden Jahren begleitet, unterstützt und gefördert hatte:

> Wir sprachen von den Aufgaben, die ihm jetzt bevorstehen mögen, und von den Aufgaben, die mir verbleiben. Er sagte mir, wie stark er sich auch in der andern Welt mit meiner Arbeit und mir verbunden fühlen werde. Wir erinnerten uns an das Größte, was wir gemeinsam erlebt. Wir versprachen einander Hilfe, auch über die äußere Trennung hinweg. Wir traten aus der Erdenfreundschaft bewusst hinüber in eine Geistesfreundschaft und Geistesmitarbeiterschaft, die weit über die Erdenbegegnungen hinausreicht.[339]

Aus der Arbeit an seinem Meditationsbuch «Briefe über Selbsterziehung anhand des Johannesevangeliums» schrieb Rittelmeyer am Ende der ersten Juniwoche des Jahres 1929 aus Stuttgart nach Breitbrunn:

> Den Eindruck des Naheseins des ätherischen Christus habe ich oft sehr stark. Und wenn ich dann an Dich denke und an unser Verbundensein zu gleichem Wirken, so ist es etwas völlig über das jetzige Dasein Hinausgehendes.[340]

Rittelmeyers Briefton und -duktus überwand trotz seines tiefen christologischen Anliegens nie eine gewisse Selbstbezogenheit, die deutlich mit Bauers Wesen kontrastierte. Unzweifelhaft aber ist, dass die von Rittelmeyer angesprochene Qualität der verbindenden spirituellen Freund- und Weggenossenschaft absolut existierte, von Michael Bauer auch seinerseits gepflegt und der Zukunft intentional einverwandelt wurde. Am 24. Februar 1925 war Friedrich Rittelmeyer in das Erzoberlenker-Amt der Christengemeinschaft eingesetzt worden, nachdem Rudolf Steiner kurz zuvor den Wortlaut der entsprechenden Handlung in Dornach übergeben hatte, in seinem vorletzten Erdenmonat und mit größter innerer Beteiligung.[341] Michael Bauer wusste, wie wesentlich alle Wege Rittelmeyers für die kultisch-sakramentale Erneuerungsbewegung der Christengemeinschaft sein würden; Bauers Nähe zu Rittelmeyer war Ausdruck seiner persönlichen Freundschaft, Hochachtung und Zuneigung, mehr aber noch seiner übergeordneten, fürsorglichen Liebe für das mit höchster Zustimmung begonnene Geisteswerk, an dessen spiritueller Herkunft und irdisch-kosmischer Zukunftsbedeutung Rudolf Steiner keinen Zweifel gelassen hatte – *«in Wirklichkeit ist die Christengemeinschaft von geistigen Wesen auf geistigem Grunde gestiftet worden.»* (Rudolf Steiner[342]) Bei seinem letzten Besuch in Breitbrunn berichtete Michael Bauer dem Freund voll Ehrfurcht von einer großen Christus-Begegnung im Ätherischen, die er wenige Monate zuvor, am Epiphaniastag des Jahres 1929, erlebt hatte.

*

> Nun geht es Michael Bauer schwer, sehr schwer und täglich schwerer. Sprechen kann er fast nicht mehr – der Atem reicht nicht aus – die Schwäche nimmt täglich zu. Seit langem vermag er sich nicht mehr selbst im Bett aufzusetzen – er fürchtet, ersticken zu müssen, wenn die Kraft fehlt, den Auswurf herauf zu befördern, was täglich schwerer geht. – Alles schmerzt – überall Beschwerden. [...]
> Er lebt ganz in sich gekehrt, sehr ernst, wird täglich schöner, leuchtender. Alles trägt er mit größter Geduld. Innere Harmonie strömt sein Wesen aus.
> Viele Gesellschafts-Fragen stimmen ihn traurig – auch das Sich-Abschließen so vieler A[nthroposophen] von der Außenwelt. (Margareta Morgenstern an Albert Steffen, 12.6.1929)[343]

Bis zuletzt war Michael Bauer von dem Zustand der Anthroposophischen Gesellschaft tief betroffen. Das zentrale Wirkensorgan der Anthroposophie auf Erden, in dessen Vorstand er fast zehn Jahre gearbeitet hatte, kam am Ende der 20er Jahre seiner Verantwortung und Verpflichtung überhaupt nicht nach *(«Unsere Aufgabe ist es, das Werk in unserem Bewusstsein ständig zu konfrontieren mit der furchtbaren Not der Zeit, dadurch bleibt es lebendig und wandelt sich nach den jeweiligen Bedürfnissen. So aber erhält es auch uns selbst lebendig und im Fluss und stärkt und vertieft unsern Ernst und unser Verantwortungsgefühl im Hinblick auf die Aufgaben, die der Zeitgeist uns stellt.»)*. Statt das «Erbe» Rudolf Steiners anzutreten, es verinnerlichend aufzugreifen und mutvoll in die Welt hinauszutragen, verstrickte sich die Anthroposophische Gesellschaft in selbstdestruktive Wirren und heillose Zerstörungsprozesse, wenige Jahre vor dem Machtantritt der Nationalsozialisten in Deutschland und dem finalen Ende jeglichen «freien Geisteslebens». Michael Bauer, der «Heilige der Erde»[344], war kein politischer Mensch. Klar aber sah er, welche Katastrophen die Zivilisation heimsuchen würden – *«Wenn man dann bedenkt, dass dies ganz Furchtbare [des Ersten Weltkriegs] noch nicht genügt hat, die Menschen zur Selbstbesinnung zu bringen, dass der Nationalismus in dümmster Form in Tirol, in Tschechien, in Frankreich, in Deutschland, in Amerika usw. erst recht blüht, so dass ein neuer Krieg ganz unvermeidlich scheint (Ost-West mein' ich) und nur Furcht ihn noch aufschiebt – wenn man sich dazu erinnert, wie man in Laboratorien sinnt und braut, um wirksamste Giftgase zu haben, dass überall auf Kasernenhöfen, auf der See, auf den Flugplätzen geübt wird, um morden zu können – und alles eigentlich aus Wirtschaftswahnsinn heraus –, so kann man nur mit Grauen auf diese arme und dennoch geliebte Erde blicken.»* Klar sah Bauer auch, wie wenig die Mehrzahl der «Schüler» Rudolf Steiners dazu in der Lage war, diese kommenden Verhängnisse erkennen und ihnen im großen Stil gegenübertreten zu können, wie dies von Steiner in eindeutig michaelischer Orientierung veranlagt worden war *(«Christi Eintritt in die Zeit ist von den wenigsten genug gewürdigt.»)*. So konnte Margareta Morgenstern eine Woche vor Michael Bauers Tod den zitierten Satz nach Dornach schreiben:

> Viele Gesellschafts-Fragen stimmen ihn traurig – auch das Sich-Abschließen so vieler A[nthroposophen] von der Außenwelt.

*

An den folgenden Tagen trafen erneut innige Briefe Friedrich Rittelmeyers in Breitbrunn ein – Briefe, in denen Rittelmeyer nicht nur seine starke Anteilnahme am schweren Leiden des Freundes bekundete, sondern immer wieder Michael Bauers wirksame Hilfe und den künftigen Beistand aus der geistigen Welt für sein weiteres Arbeiten in der Christengemeinschaft erbat. Am 14. Juni, vier Tage vor Bauers Tod, formulierte er:

> Lieber Freund!
>
> Es ist mir Bedürfnis, Dir heute wieder zu schreiben, obwohl ich Dir erst gestern geschrieben habe. Ich empfinde, aus der Ferne, Deinen Geist schon in sehr hohem Grad als losgelöst vom Physischen. Das, was da auf dem Bett liegt, bist Du eigentlich gar nicht mehr und kannst nur noch ein wenig hindurchwirken. Wie ganz anders wird es sein, wenn Du die irdische Last, die schwerer und schwerer

wird, gar abwerfen kannst! Der Doktor ruft die Seinen. (Er hat Dich, wie es scheint, noch notwendiger als das M[orgenstern]-Buch.) Es ist ein hohes Los, so bald schon mit zur Vorbereitung der späteren Wirksamkeit berufen zu werden. Ich könnte Dich darum beneiden, aber ich muss noch aushalten, vielleicht, wahrscheinlich lange. Denke daran, wenn Dir ein baldiger Hinübergang beschieden sein sollte, dass Du mir helfen kannst, das Kommen des ätherischen Christus stark mitzuerleben, was mein höchster irdischer Wunsch ist und wohl auch für die Bewegung das Beste.
Christus fragt Petrus nach seiner Auferstehung nur immer wieder: Hast Du Liebe zu mir? Immerfort bohrt sich diese alleinige, drei Mal wiederholte Frage in die Seele. Petrus hat immer nur die Antwort: Ich habe dich lieb. Der Unterschied von agape, nach der Christus fragt, und philia, mit der Petrus antwortet, ist sehr bedeutsam, ein Unterschied, der mit Liebe haben und lieb haben noch am besten ausgedrückt werden kann. Wir suchen die agape, die Geist-Liebe und damit die neue Zeit des Christentums und den wahrhaft lebendigen Christus.

Es grüßt Dich in der herzlichsten Anteilnahme an Deinem Leidenskampf

Immer Dein F. R.[345]

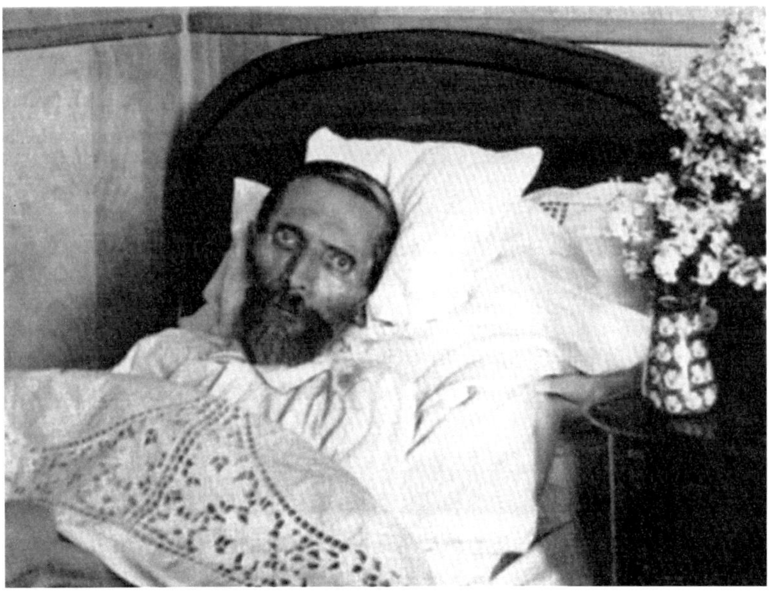

Michael Bauer. Breitbrunn, 13. *Juni* 1929

Nur zwei Tage später hieß es weiter:

Lieber Freund,

Nimm es freundlich auf, dass ich in Deine heiligen Stunden hinein Dir jetzt täglich einen Gruß sende. In den drei ersten Vaterunser-Bitten werde ich Dich oft besuchen. Frau Morgenstern wird an mir, wenn sie wünscht, einen Freund haben, der alles, außer der großen persönlichen Verehrung für sie, auch tut in Dankbarkeit für das, was sie an Dir getan hat. Auch wird es mir ein heiliges Anliegen sein, dass das, was wir an Dir erlebten und durch Dich immer wieder empfingen, auch wenn Du krank warst, einem größeren Kreis zu gute kommt und in unsre Kultur einfließt. Das höchste Erlebnis des Menschen ist doch der Mensch.[346]

Immer herzlichst Dein F.

Mein Eindruck ist, dass Deine jetzigen Leiden sehr stark zur *Kraft* beitragen, die Du in der nächsten Inkarnation *haben sollst*. Als man den Gottesfreund [vom Oberland] fragte, warum ein Mensch wie Tauler in den letzten Tagen so leiden musste, sagte er – in der Sprache der damaligen Zeit –: er hat sich dadurch Jahrhunderte erspart.[347]

Als Rittelmeyers letztzitierte Briefe Breitbrunn erreichten, weilte auch Bauers Freund Michail Čechov im Hause Morgenstern. Čechov wurde von Margareta Morgenstern schließlich gebeten, seinen bevorstehenden Wiederaufbruch nach Berlin noch etwas hinauszuzögern:

«Vielleicht verschieben Sie Ihre Abreise um ein, zwei Tage», sagte sie und fügte nicht ohne inneres Zaudern hinzu: «Michael Bauer wird übermorgen sterben. Ich hätte es gerne, wenn Sie in dieser Zeit hier wären.»[348]

Michael Bauers Tod ereignete sich schließlich am 18. Juni, eine halbe Stunde nach Mitternacht – am vorausgesagten Tag, zu der vorherbestimmten Stunde. Sein letzter Erdenblick war mit Eindeutigkeit auf Rudolf Steiner gerichtet, den geistigen Lehrer und Freund:

Mit äußerster Willensanspannung hatte er sich noch hoch aufgerichtet, was er schon Monate zuvor nicht mehr vermochte. Seine Augen, die immer größer und leuchtender wurden, wandten sich zunächst der neben ihm stehenden Freundin zu. Dann suchte sein Blick mit aller Kraft das Bild Rudolf Steiners[349], als wolle sein Wesen in dessen Wesen hineintauchen. Friedevoll sank er zurück. Noch ein tiefes Atmen – und er hatte den Leib abgestreift.[350]

Die Todes-Erfahrung des fortgeschrittenen geistigen Schülers beschrieb Rudolf Steiner in seiner Schrift *Wie erlangt man Erkenntnisse der höheren Welten?* mit den Worten:

> Er erlebt bewusst das Sterben, indem er den physischen Körper ablegt, wie man ein Kleid ablegt, das abgenutzt oder vielleicht auch durch einen plötzlichen Riss unbrauchbar geworden ist. Dieser sein physischer Tod ist dann sozusagen eine erhebliche Tatsache nur für die anderen, welche mit ihm leben und die mit ihren Wahrnehmungen noch ganz auf die Sinnenwelt beschränkt sind. Für sie «stirbt» der Geheimschüler. Für ihn ändert sich nichts von Bedeutung in seiner ganzen Umgebung. Die ganze übersinnliche Welt, in die er eingetreten ist, stand vor dem Tode schon in entsprechender Art vor ihm, und dieselbe Welt wird auch nach dem Tode vor ihm stehen.[351]

*

Anhang

Herbert Hahn

Eine seltsame Pilgerfahrt[352]

Erinnerung an Michael Bauer

Einmal hatte ich Michael Bauer persönlich gesehen. Er war nach Stuttgart gekommen, um mit den Menschen, die 1919 sich um die Gründung der Waldorfschule scharten, Gespräche zu führen. Denn auch ihm brannte die Erneuerung des Erziehungswesens auf dem Herzen. Mancherlei war schon gesagt worden. Neben edler Begeisterung hatten auch das erhitzte Gemüt und der klügelnde Verstand weidlich das Wort geführt. Nun sprach Michael Bauer. Ohne jeden Schnörkel, ohne die kleinste Phrase, machte er einige sachliche Ausführungen. Er sprach wohl nicht ganz fünf Minuten. Aber wie dieser Mann sprach, sollte mir unvergesslich werden. Eine wohltuende Klarheit strömte von jedem Satze aus. Und doch war es nicht diese Klarheit allein, von der ein so starker Eindruck ausging. Es war etwas da in jedem Wort, das nur dem Hauch des kleinen Kindes eigen ist. Unsere Sprache hat keinen adäquaten Ausdruck dafür. Denn «eine Wärme» wäre noch zu arm. Ein quellender menschlicher Reichtum war da in allergrößter, sich selbst völlig hingebender Einfachheit. Nachträglich musste ich einen Gedanken denken, den ich damals noch nicht formen konnte. Der Geist hatte diesen Mann lieb. Der Geist machte ihn sich gern zu seinem Kehlkopf, seinem Mund.

Einige Wochen später – Michael Bauer war damals schon längst wieder aus Stuttgart abgereist – befanden wir uns in einem der Räume der Waldorfschule. Es war ein kleineres Zimmer in jenem älteren Bau, in den die Schule zunächst eingezogen war. Bei uns stand auch Rudolf Steiner. An der Wand, links vom Eingang, hing als einziger Schmuck ein Bild von Michael Bauer. Ich sehe noch deutlich, wie Rudolf Steiner auf einmal das Gespräch unterbrach und näher auf das Bild zutrat. Einige Augenblicke blieb er sinnend davor stehen. Dann wandte er sich zu uns und sagte mit einem gütigen, aber unendlich geheimnisvollen Lächeln: «Ja, ja, meine Herren, da werden Sie schon noch viel schaffen müssen, ehe Sie sich die Liebe erarbeitet haben, die *dem* da entgegengebracht wird!»

Das war die zweite, ebenso lebendige Begegnung mit Michael Bauer gewesen. Seither hatte ich noch einiges wenige aus seiner Feder gelesen. Aber das Stärkste war für mich nicht der Inhalt der gedruckten Worte, sondern der Nachklang jener ursprünglichen menschlichen Eindrücke aus dem Jahre 1919. Jetzt schrieben wir schon 1927. Mehr als sieben Jahre waren also schon verstrichen seit jener denkwürdigen Zeit.

Aber als ich nun endlich das Breitbrunner Häuschen erreicht hatte, als ich mich sogleich aufgenommen sah in die Sphäre der edelsten Gastlichkeit von Michael Bauer und seiner Mitarbeiterin Margareta Morgenstern, da musste ich staunen. Nun saß ich hier nach langer Zeit dem verehrten Manne gegenüber. Doch mir schien, ich hätte ihn erst gestern gesehen. Denn schon mit dem ersten Gruß, mit dem ersten so selbstverständlichen Willkommen, war alles wieder lebendig, was ich damals empfunden hatte. Und ich muss heute lächeln, wenn ich mir vorstelle, dass ich auch nur eine Minute hatte darüber grübeln können, was ich Michael Bauer antworten sollte, wenn er mich fragte: «Was führt Sie zu mir?» Solche Fragen stellte Michael Bauer nicht. Und er brauchte sie nicht zu stellen. Denn er gehörte zu jenen Auserlesenen der Menschheit, die «nicht bedürfen, dass man ihnen über irgend einen Menschen etwas sage». Sie wissen, «was im Menschen ist».

Sogleich entwickelte sich das lebhafteste Gespräch. Und stundenlang ging es weiter, ohne nur im geringsten zu ermatten. Ja, es schien mir, als würde Michael Bauer immer frischer, der Blick seiner klaren blauen Augen, wenn möglich, noch leuchtender. War dies wirklich ein Schwerkranker, der Mann, von dem es vor Jahren schon hieß, dass er mit dem Tode ringe? Etwas Gesundmachendes ging aus von seinen Gedanken: sie hatten die volle Schwere der vor Reife süßen Substanz; sie hatten aber zugleich auch die Leichtigkeit von schönbeschwingten Vögeln, die sich herrlich im Äther bewegen. Nicht einmal, sondern immer wieder überflog man auf diesen Schwingen «den hohen Berg». Die unten liegende «Landschaft» lernte man von den überraschendsten Gesichtspunkten kennen. Dabei war es erstaunlich, mit wie wenigen Worten Michael Bauer auskam. Er sprach eher aphoristisch als ausführlich. Er lauschte im Sprechen, tastete liebevoll. Aber was er mit wenigen Strichen entwarf, hatte den Keim zum Großen. Es war der Anlage nach echte Kunst. Und wie diese sichtbar oder unsichtbar, immer wurzelt im echten menschlichen Interesse, so strömte ein lauterer, goldener Strom von Interesse durch alles hin, was Michael Bauer sagte. Einem Interesse voll so viel Güte und Genialität bin ich ganz selten im Leben begegnet.

Wir sprachen über unseren ganzen Arbeitskreis und besonders auch wieder über die Waldorfschule. Es gab keinen Mitarbeiter, den Michael Bauer nicht durch und durch lebhaft vor Augen hatte. Mehr als das: im Herzen. Das Geringste, was literarisch produziert worden war, kannte er und beurteilte es in allen Einzelheiten selbständig und charakteristisch. So erfuhr ich erst vieles, was meine Freunde gearbeitet hatten. Ich wusste, dass diese große, edle Seele mich mit nichts beschämen wollte. Aber ich schämte mich. Denn ich sah ganz deutlich vor mir, wie man in Wahrheit mit Menschen leben müsse, um sie Freunde nennen zu dürfen. Und dass, was wir gewöhnlich Interesse nennen, von echtem Interesse so weit entfernt ist wie Sentimentalität von echtem Gefühl. Es menschelt überall in der Geschäftigkeit unserer sogenannten Interessen. Aber den Menschen kennen wir nicht. Weil wir ihn nicht suchen. Michael Bauer suchte, kannte und erkannte …

Und noch ein anderes berührte mich so tief in diesem Gespräch, an dem auch Margareta Morgenstern in feiner, fördernder Weise teilnahm. Das Gefühl, einer unbedingten Wahrhaftigkeit und Ehrlichkeit gegenüberzustehen. Dies bedingte, dass die Urteile Michael Bauers weit entfernt waren, im trivialen Sinne liebenswürdig zu sein. Er konnte öfters sogar recht scharf urteilen. Ich erinnere mich, dass er solche Urteile besonders prägte, als wir im weiteren Verlauf unseres Gesprächs auf zeitgenössische literarische und künstlerische Erscheinungen kamen. Es ist auch charakteristisch, was er verurteilte. Zuwider waren ihm Eitelkeit und jene sich spreizende Subjektivität, die das Bewusstsein gänzlich verloren hat, dass der Künstler noch ernster als jeder andere Mensch nur zu dienen hat. Man konnte gerade bei diesen Auslassungen Michael Bauers spüren, dass sein Geist sich früh geklärt und gestärkt haben musste im Stahlbad des deutschen Idealismus. Aber auch, wo er scharf urteilte, verlor sich Michael Bauer nicht an das Urteil. Dies war mir bezeichnend. Und wäre es mir nicht aus der geistigen Anschauung unmittelbar deutlich geworden, so hätte mich ein kleines Symptom, das immer und immer wieder im Gespräch auftrat, bald belehren müssen. Michael Bauer verstand im schönsten Sinne zu scherzen. Überall, wo über menschliche Unzulänglichkeiten oder sachliche Mängel gesprochen wurde, leuchtete auch solch ein kostbarer Sonnenstrahl auf und funkelte schalkhaft. Das Gesicht Michael Bauers lachte dabei nicht eigentlich mit, sondern verharrte in einer Art von anmutsvollem Ernst. Dass auch diese Art, zu scherzen, ein Zeichen reifer Männlichkeit ist, das ist mir heute deutlich. Wir kennen, allzu einseitig, meist nur den scharfen Witz oder den geräuschvoll daherstampfenden Humor. Beiden sei nichts von ihrem Werte genommen. Aber von Menschen wie Michael Bauer sollten wir lernen, auch jenes edle Dritte zu kultivieren, den reinen Scherz. Oder besser gesagt, wir sollten an ihnen lernen, uns menschlich so zu kultivieren, dass unser Ernst nicht lastend, nicht kalt und verletzend wird; dass er nicht eingerammt ist zwischen vier Mauern, sondern eine Tür sich offenhält. Dann brauchen wir den Scherz nicht erst zu suchen. Er spielt dann schon an der Schwelle.

Wie schön war es, in solcher Umgebung ein einfaches Mahl einzunehmen! Essen wurde da nicht zu einem Geschäft, das aufdringlich kommt und fordert, dass nun alles andere unterbrochen werde. Es fügte sich wie selbstverständlich in das Gespräch ein, verschönerte es und wurde von ihm verschönert.

Gegen Abend gingen wir in den Garten hinaus. Es hatte aufgehört zu regnen. Der Garten war nicht groß, aber er war wunderbar gepflegt. Und als mich Michael Bauer liebevoll von einem Eckchen in das andere führte, überkam mich ein ganz großes Staunen. Es wies mir Pflanzen, die ich kannte. Aber schöner, leuchtender, mehr ihrer eigenen Art gemäß erschienen sie mir hier. Er zeigte mir Pflanzen und Sträucher, deren Namen ich noch nicht einmal gehört hatte; und ich wunderte mich, wie das trieb und quoll, wie das sprosste, selbst zwischen den Steinen hervor. Noch nie hatte ich auf so kleinem Raum eine so mannigfache Flora gesehen! Mein gütiger Gastherr las auf meinem Gesicht die immer wachsende Verwunderung. Er sagte: «Sehen Sie, das verhält sich so. Ich selber kann ja, wie Ihnen vielleicht bekannt ist, nicht weit reisen. Aber ich habe die Welt lieb. Und ich habe manche Freunde da draußen in der Welt. Die denken nun an mich. Und mit diesen Pflanzen, die sie mir geschickt haben, kommt ganz im Kleinen ihre ganze Umgebung mit. Sehen Sie, und so habe ich hier schon ein Stücklein Erde beieinander. Da kann ich nun auf meine Art reisen gehen.» Ebenso schlicht und ruhig war das gesprochen, wie alles, was Michael Bauer sagte. Aber es erfüllte mir das Herz bis zum Springen. Ich erinnerte mich auf einmal an jenes Wort von Rudolf Steiner: «Ja, ja, da werden Sie schon noch schaffen müssen, ehe Sie sich die Liebe erarbeitet haben, die *dem* da entgegengebracht wird.» Und halb traumhaft tauchte die Frage auf: Wieviel Liebe muss der erst haben, auf den alle diese Liebe zurückstrahlt?

Ich hatte nicht viel Zeit zum Sinnen. Michael Bauer nickte mir freundlich zu und sagte: «Ist es nicht schön hier?» Und als ich stumm bestätigte, fuhr er fort: «Alles habe ich hier, was ein Mensch nur wünschen kann. Sehen Sie dort die Berge» – seine Hand wies nach den Alpen hinüber, auf denen jetzt der keusche Abendglanz lag – «an ihnen habe ich einen Weiser, der mich in die weitesten Fernen hinausleitet. Fern vom Süden, weit aus Afrika her, kommt dorthin das Wetter und leuchtet über ihre Kämme. Und es begegnet den Wolken und Winden, die der hohe Norden herunterschickt. Und das darf ich täglich sehen. Ich darf dem Drama beiwohnen, durch das sich das Wetter für zwei Erdteile entscheidet. Wer kann je genug dankbar sein, so etwas zu sehen?» …

Was noch Wunderbares gesprochen wurde, ist nur schattenhaft in meiner Seele geblieben. Das Gärtlein wie eine schönste Legende, das sanfte Leuchten der Alpen – und durch alles das Bild eines Menschen, wie man ihn unter Millionen sucht, hatten mich ganz und gar aufgenommen.

Ich durfte auch die Nacht in diesem wundersamen Häuslein zubringen. Ganz in der Stille sammelte ich mich. Mir war zumute wie an einem

Weihnachtsabend in der Kindheit. Wie ein Wunder kam mir alles vor. Ich war gekommen aus der Welt, um jemand aufzusuchen, der in der Abgeschiedenheit lebte. Aber, *wo* war hier wirklich Welt und wo dann – die Abgeschiedenheit? Die Begriffe hatten ihre Rollen vertauscht, weil ein Lebendiges sie angehaucht hatte: der Geist. Merkwürdige Träumer, die wir doch sind … Auf den weiten großen Straßen jagen wir den Strohhalmen nach, die der Wind vor uns hertreibt. Und das nennen wir Tätigkeit, nennen wir Leben und nennen es Welt. Während jenseits des Lärmes, unbemerkt, die Menschen leben, in denen das wahre Bild der Welt erst aufgeht. Von dem, was sie taten, wird nicht viel in den Chroniken zu lesen sein, wenn ihre Erdenzeit vorbei ist. Denn sie verrichten Taten, die sich unmittelbar einschreiben in das Leben. In die Herzen der Menschen – und tiefer noch. Wohl in das unvergängliche Herz der Erde selber. Du seltsame Legende vom kleinen Garten: birgt sich nicht noch mehr hinter deinem bunten Flor? Der Mann erzählte, dass er die Pflanzen pflegt, die die Freunde ihm schicken. Sind das wirklich die Pflanzen nur? Der Abend weiß es besser. Er pflegt in der Stille die Seelen derer, die ihm verbunden sind. Er schenkt immer noch mehr, als ihm je geschenkt werden kann. Und Menschen – da draußen im «Leben» – begegnen seinen Freunden. Sie sehen in ihnen Gutes und Schönes, das wie Blumen erscheint; und sie erfreuen sich der Blumen. Und wenige ahnen etwas von dem stillen Gärtner. Von dem Mann, von dem Ströme des lebendigen Lebens ausgehen – und der für die Welt seit Jahren ein Sterbender heißt.

Ein Meister des Lebens. Ein Gefühl ist in mir wach geworden, das sich mit diesen Worten andeuten ließe. Wer ein Meister des Lebens ist – so kommt es mir – der ist ein Brückenbauer. Er schafft an der Kommunion zweier Welten. Die hier im Leibe Wandelnden erleben durch ihn das Dasein der leibfreien Geister. Welch ein Geschenk, für das unser irdisches Denken noch kaum eine Ahnung hat, muss aber ein solches Leben für die sogenannten Toten sein! Und wie ich das denke, da leuchtet vor mir im goldenen Glanze ein Name auf, von dem ich seit dem Betreten dieses Hauses immerwährend geträumt habe: Christian Morgenstern.

Was jener dichtete, wie jener war, strahlt nieder in das Wesen Michael Bauers. Und von dem Leben des Freundes zu zeugen, ist eine der schönsten Aufgaben für Michael Bauers letzte Erdentage. Ich empfinde, er wird um deren Verlängerung ringen, so lange sich der letzte Funken noch anfachen lässt. Nicht weil er sich selbst ans Leben klammert. Nein, um zu zeugen für den, den er für den Größeren hält. Michael Bauer schreibt am Lebenslauf von Christian Morgenstern. Wer könnte dies reiner tun, wer wahrhaftiger? Lebt nicht in jedem seiner Atemzüge der Hauch von Morgensterns Gedichten? Hier sind zwei, die getrunken haben aus dem gleichen Schicksalsquell. Ein Bruder opfert die letzte Lebenssubstanz hin, um das Gedächtnis des Bruders lebendig zu erhalten. Und er kümmert sich wenig um das, was andere schon ahnen: dass sein eigener Name auch unvergänglich wird. Sich um solches nicht zu kümmern, ist das Zeichen eines Adels, der eine ganz bestimmte Tradition in der Menschheit hat. Sein ältester Vorfahr hieß *Johannes*.

Die Nacht, die nun folgte, verbrachte ich traumlos. Gesund und erquickt wachte ich auf. Es war ein sonniger Morgen. Ich nahm das Frühstück mit Michael Bauer und Margareta Morgenstern. Ich empfand diese Stunde, wie wenn ein Sonnenstrahl kommt und vergoldet noch einmal einen bis oben gefüllten goldenen Becher. Ich lauschte, ich atmete und schaute noch einmal an, was ich am Abend im Dunkel gedacht hatte. Und siehe: es hatte Bestand.

Und wunderbar, mir war, als hätte Michael Bauer meine Gedanken vernommen. Als ich nach stillem Sinnen einmal aufblickte, sah er mich lange an. Es ist der Blick, den ich nie vergessen werde.

Ein kurzer Abschied dann. Und wieder ging ich auf der Landstraße. Aber wie hatte sich die Welt verwandelt seit gestern! Mir schien, dass Ostern nun erst kommen sollte. Auffallend viele Bäume waren aufgeblüht über Nacht. In der Ferne blauten die Alpen. Mein Gemüt jauchzte zu ihnen hinauf. Doch auf einmal, andachtsvoll hielt ich still: Michael Bauers Wetterweiser? Und ich sah ihn da stehen vor mir – im Geist – auf den Bergen. Als einen, der da weiß um zwei Welten.

Heißt dies nicht erst, ein Mensch sein?

Wacker schritt ich nun wieder aus; denn mir kam es: von einem Menschen wie Michael Bauer geht man niemals weg: man kann nur immer auf ihn zugehen.

Anmerkungen

1 Alexander Strakosch: *Lebenswege mit Rudolf Steiner. Erinnerungen*. Dornach 1994, S.203.
2 Zit. n. Eduard Lenz: *Gelebte Zukunft. Briefe, Aufsätze, Dokumente*. Stuttgart [2]1982, S.123.
3 Brief an Ludwig Sauter. Juli 1913. In: Michael Bauer: *Gesammelte Werke*. Hg. Christoph Rau. Stuttgart 1985–1997. Band 5, S.36 (abgekürzt: GW 5, 36).
4 Andrej Belyj: *Verwandeln des Lebens*. Basel [2]1977, S.230.
5 Zit. n. Margareta Morgenstern: *Michael Bauer. Ein Bürger beider Welten*. Stuttgart [2]1950, S.151.
6 Hans Carossa, zit. n. Margareta Morgenstern, a.a.O., S.171.
7 «Die Christusanschauung eines Theosophen» (1911/12). In: GW 2, 154.
8 «Kein Wirken dient der Menschheit, das nicht aus innerem Frieden stammt.» (Brief von Rudolf Steiner an Martha Langen. 20.9.1907. In: *Zur Geschichte und aus den Inhalten der ersten Abteilung der Esoterischen Schule* 1904–1914. GA 264. Dornach 1984, S.41f.)
9 Andrej Belyj betonte, dass er Michael Bauer immer mit der Gestalt des *Theodosius* in Rudolf Steiners Mysteriendramen verband («in den subjektiven Imaginationen, in denen mir die Vergangenheit erscheint, assoziieren sich für mich die Gestalten der Mysteriendramen Steiners mit seinen intimen Schülern»; Andrej Belyj, a.a.O., S.273) – einem Hierophanten des Sonnentempels und Geistes der Liebe und Hingabe.
10 GW 4, 76.
11 Rudolf Steiner: *Wie erlangt man Erkenntnisse der höheren Welten?* GA 10. Dornach [24]1993, S.14.
12 «Rudolf Steiner und der Schulungsweg». In: GW 4, 221.
13 Wilhelm Kelber: «Ein Meister der Liebe». In: Kurt von Wistinghausen (Hg.): *Michael Bauer. Menschentum und Freiheit*. Stuttgart 1971, S.212f.
14 Vgl. Christoph Rau (Hg.): *Michael Bauer. Gesammelte Werke*. 5 Bände. Stuttgart 1985–97, sowie Christoph Rau: *Michael Bauer. Sein Leben und seine Begegnung mit Friedrich Rittelmeyer*. Dornach 1995.
15 GW 4, 179.
16 Vgl. Peter Selg: «‹Muss man verstummen?› Vom bedenklichen Umgang mit

Rudolf Steiners Leben und Werk.» In: Das Goetheanum. Wochenschrift für Anthroposophie. 2003: 82(47):1–4.

17 Nürnberg, 24.9.1913. In: GW 5, 40f.

18 GW 4, 47.

19 GW 4, 46.

19a Rudolf Steiner: *Mysterienstätten des Mittelalters. Rosenkreuzertum und modernes Einweihungsprinzip*. GA 233a. Dornach [5]1991, S. 35.

20 Zit. n. Margareta Morgenstern, a.a.O., S. 7.

21 Zit. n. Christoph Rau, a.a.O., S. 139; über einen späteren Besuch seines Heimatdorfes sagte Michael Bauer jedoch am 25.4.1914, dreiunddreißigjährig, in einer bewusstseinsgeschichtlichen Darstellung in München: «Ich kam jetzt in diese Gegend, höre ‹Das walte Gott› nicht mehr. Man hat wohl seine Sonntagsweihe, seinen profanen Werktag, noch ist Das oder Jenes vorhanden, es ist aber eine Kraft am Werke, um diesen Lichtfaden zu zerreißen, den Lichtfaden des Glaubens.» («Dr. Steiner und seine kulturelle Mission». Archiv am Goetheanum)

22 Zit. n. Margareta Morgenstern, a.a.O., S. 8.

23 Zit. n. Margareta Morgenstern, a.a.O., S. 10.

24 Zur Bedeutung der Verehrungskräfte für den spirituellen Schulungsweg christlich-rosenkreuzerischer Orientierung vgl. Rudolf Steiner: *Wie erlangt man Erkenntnisse der höheren Welten?* (Dort schrieb Rudolf Steiner u.a.: «Nur wer diese Grundstimmung [der Devotion gegenüber Wahrheit und Erkenntnis] hat, kann Geheimschüler werden. Wer Erlebnisse auf diesem Gebiete hat, der weiß, welche Anlagen bei denen schon in der Kindheit zu bemerken sind, welche später Geheimschüler werden.» Ebd., S. 19)

25 «Die Mutter kannte und brauchte für Krankheitsfälle allerlei Hausmittel. Mein Geschäft war es meist, die Kräuter zu sammeln. Dieses Amt gehört zu meinen lebhaftesten Erinnerungen aus der Jugendzeit. Ich sehe mich noch stehen zwischen dichten Schlehenhecken, die über und über mit den feinen Blüten bedeckt sind. Das Körbchen hing an einem vorspringenden Ast, und mit beiden Händen pflückte ich den kurzstieligen weißen Frühling hinein. Schlehenblüten pflegten das erste zu sein, was ich zu sammeln hatte. Dann kamen Lindenblüten, Holler, Quendel, Kamillen und andere.» (In: GW 1, 259)

26 Zu Bauers teilweise abenteuerlichen Kindheitserlebnissen in dieser Umgebung vgl. u.a. seine autobiographische Erzählung «Dem Bär'nmichel sein Roter» (in: GW 1, 266ff.). Dabei sollte bedacht werden, welche tiefen Eindrücke Michael Bauer in dieser Naturumgebung gewann und wie diese Erfahrungsdimensionen seinem weiteren inneren Weg zugrunde lagen. Auch später kehrte Michael Bauer immer wieder in ländliche Regionen zurück bzw. hielt sich gezielt in ihnen – studierend und meditierend – auf. In seiner Schulungsschrift *Wie erlangt man Erkenntnisse der höheren Welten,* in der sich zahlreiche spirituelle Übungen im Anschluss an Naturwahrnehmungen formuliert finden, schrieb Rudolf Steiner in allgemeiner Wendung: «Wer in einer Umgebung [geistig] übt, die nur von selbstsüchtigen Interessen, zum Beispiel von dem modernen Kampfe ums Dasein,

erfüllt ist, der muss sich bewusst sein, dass diese Interessen nicht ohne Einfluss bleiben auf die Ausbildung seiner seelischen Organe. Zwar sind die inneren Gesetze dieser Organe so stark, dass dieser Einfluss nicht ein allzu schädlicher werden kann. Sowenig eine Lilie durch eine noch so unangemessene Umgebung zu einer Distel werden kann, so wenig kann sich das seelische Auge zu etwas anderem bilden, als wozu es bestimmt ist, auch wenn die selbstsüchtigen Interessen der modernen Städte darauf einwirken. Aber gut ist es unter allen Umständen, wenn der Geheimschüler ab und zu den stillen Frieden und die innere Würde und Anmut der Natur zu seiner Umgebung macht. Besonders günstig liegt die Sache bei dem, der seine Geheimschulung ganz in der grünen Pflanzenwelt oder zwischen sonnigen Bergen und dem lieben Weben der Einfalt vornehmen kann. Das treibt die inneren Organe in einer Harmonie heraus, die niemals in der modernen Stadt entstehen kann.» (a.a.O., S.99f.)

27 Zur karmisch öffnenden Dimension des Jugendalters vgl. meine Studie *«Eine grandiose Metamorphose». Zur geisteswissenschaftlichen Anthropologie des Jugendalters*. Dornach 2005, S.23 und S.121f.

28 Vgl. hierzu Michael Bauers eindrucksvolle Stimmungs-Erzählung «Meine Patenuhr. Eine Jugenderinnerung». In: GW 1, S.272ff.

29 Zit. n. Margareta Morgenstern, a.a.O., S.14.

30 GW 4, 91.

31 Brief an Emma Klein. 15.1.1911. In: GW 5, 25.

32 Zur spirituellen Dimension von Krankheits- und Therapieprozessen für die Werdensgestalt der Biographie («Das Ich und der astralische Leib bekommen eine größere Kraft über den physischen Leib in der Heilung, als sie vor der Heilung gehabt haben.» Rudolf Steiner: *Das Sonnenmysterium und das Mysterium von Tod und Auferstehung*. GA 211. Dornach ^{4}1986, S.85) vgl. u.a. meine Monographie *Krankheit, Heilung und Schicksal des Menschen. Über Rudolf Steiners geisteswissenschaftliches Pathologie- und Therapieverständnis*. Dornach 2004; zur biographisch wegweisenden Grenz- und Nahtod-Erfahrung des menschlichen Ichs am Ende des dritten Lebensjahrsiebtes vgl. u.a. Diether Lauenstein: *Der Lebenslauf und seine Gesetze*. Stuttgart ^{6}1992, S.54ff.

33 Rudolf Steiner: *Das Christentum als mystische Tatsache und die Mysterien des Altertums*. Dornach ^{8}1976, S.13.

34 Auch Bauers faszinierte Zustimmung zu den Wegen und Entdeckungen der positivistischen Naturwissenschaft («Zunächst hatte auch er sich von den naturwissenschaftlichen Anschauungen der Zeit im Sinne des wissenschaftlichen Materialismus einnehmen lassen.» Margareta Morgenstern, a.a.O., S.38) war von Rudolf Steiner in allen Sympathie- und Überwindungs-Facetten seit seiner Kindheits- und Jugendzeit durchlaufen worden (vgl. *Mein Lebensgang*. GA 28. Dornach ^{9}2000, S.10ff.). Bei tieferer Betrachtung dieser Zusammenhänge sollte nicht nur Berücksichtigung finden, welche prinzipiell wegweisende Bedeutung Rudolf Steiner der naturwissenschaftlichen Erkenntnisart der Neuzeit für die Bewusstseinsentwicklung der Menschheit und damit für die Ermöglichung originär geisteswissenschaftlicher Forschungsmöglichkeiten zumaß, sondern auch,

dass Steiner in der naturwissenschaftlichen Entwicklungstendenz wirksame Christus-Impulse sah («Und die ganze neuere naturwissenschaftliche Entwickelung, wenn sie sich auch noch so sehr bemüht, Gegnerschaft des Christentums zu entwickeln, alle diese neuere Naturwissenschaft ist ein Kind des Christentums, eine direkte Fortsetzung des christlichen Impulses.» *Aus der Akasha-Chronik. Das fünfte Evangelium*. GA 148. Dornach [5]1992, S. 17f.; vgl. a. die dortigen Ausführungen Steiners über Ernst Haeckel und die Evolutionslehre). Michael Bauer wies auf diese Zusammenhänge u.a. in seinen eindrucksvollen Aufsätzen «Die neue Seele» und «Das neue Verhältnis zur Welt» (1919/21) in seiner Weise hin (in: GW 2, S. 194ff./203ff.). In der überraschenden Wendung eines Vortrages betonte er einmal – wenige Monate nach Steiners zuvor zitierten Kristiania-Ausführungen über den wirksamen Christus-Impuls der naturwissenschaftlichen Entwicklung –, dass die moderne Naturanschauung von einer «Befreiung» des Menschen vom «Objekt» seines Naturgegenübers gekennzeichnet sei, und illustrierte dies anhand einer positiven Bewertung der Photographie mit den Worten: «Die Menschen standen [früher] vor den Objekten im Banne der Objekte. Da wirkte das Götterwalten durch die Objekte in den Menschen herein; jetzt steht der Mensch dem Objekt frei gegenüber. Das zeigt sich in schönster Art, wenn man zum Beispiel bedenkt, wie sich jetzt der echte Forscher dem Objekt gegenüber verhält, gegenüber der Art, wie sich die Menschen dem Objekt früher gegenüber verhalten haben. Man kann immer den persönlichen Bezug der Dinge suchen, das hat man früher getan. Nun beginnt aber eine solche Befreiung des Menschen vom Objekt, dass er sich hinein stellt und gar nicht fragt: Was dient es mir, nützt es mir, schadet es mir, wozu brauche ich es? Sondern: Wie bist du? Was bist du? Wie lebst du? An einem ganz kleinen Beispiel kann Ihnen das so recht nahe treten. In letzter Zeit mehren sich die Aufsätze über Naturobjekte, wo man durch photographische Hilfe ein Lebewesen der Wildnis dem Menschen nahe bringt, zum Beispiel in der letzten Nummer des «Kosmos» die Kondore Kaliforniens. Da geht nun ein Mensch hin und lauert diesem Kondor monatelang auf, bis er ihn photographiert; dann geht er heim, ohne dem Kondor etwas getan zu haben. Das ist etwas, was einen freuen kann, das Herz warm machen kann, wenn man das vom richtigen Standpunkt aus betrachtet. Diese Tatsachen, dass man ein wildes Tier auf die Platte bannt, dass es so nahe kommt, dass man es greifen kann und wieder entlässt, ist eine Frucht von der Befreiung des Gedankens; der Mensch wird innerlich so stark und frei, dass er das Objekt nur kennen lernen will, er will ihm nichts tun, nichts von ihm. Das ist im Grunde der innerste Zug der ganzen Naturforschung, so dem Objekt gegenüberzutreten, und der ist der echte Forscher, der unbefangen dem Objekt gegenübertritt. Das ist etwas sehr Schönes, etwas Eigenartiges und Neues unserer Kultur und ein Beweis des wachsenden freien Zuges in uns.» («Dr. Steiner und seine kulturelle Mission». München, 25.4.1914. Archiv am Goetheanum)

35 Zur Bedeutung der Mathematik für Rudolf Steiners geistige Entwicklung und für die Ermöglichung übersinnlicher Erkenntnisweisen vgl. u.a. *Mein Lebensgang,*

S.20ff., sowie den Aufsatz «Mathematik und Okkultismus» (1904). In: *Philosophie und Anthroposophie*. GA 35. Dornach ^{2}1984, S.7ff.

36 Rudolf Steiner: *Die Mystik im Aufgange des neuzeitlichen Geisteslebens und ihr Verhältnis zur modernen Weltanschauung*. GA 7. Dornach ^{5}1960, S.19. – Michael Bauer schrieb in einer Münchner Tagebuchnotiz: «Die landläufigen Philosophen mögen manches wissen, was ich nicht weiß, aber sie wissen gewiss nicht das, was ich zu wissen begehre. Unsere Kultur ist offenbar zu jung, um wirkliches Wissen vermitteln zu können. Also entweder Eichhorn bleiben und das Rad weiter drehen, aber – insoweit bin ich über und unter dem Eichhorn – ich muss es mit der Kenntnis meiner Lage weiter drehen – oder wohl oder übel mit Eifer und zusammengebissenen Zähnen den Weg der Versenkung gehen. – *Ja, so gehe ich ihn denn*.» (Zit. n. Margareta Morgenstern, a.a.O., S.47)

37 Zit. n. Margareta Morgenstern, a.a.O., S.45.

38 Vgl. hierzu insbesondere Michael Bauers autobiographische Darstellungen in dem Aufsatz «Die Christusanschauung eines Theosophen» (1911/12). In: GW 2, S.131ff.

39 «Rudolf Steiner und der Schulungsweg». In: GW 4, 204.

40 GW 4, 112f.

41 Vgl. Bauers Briefzitat an Ludwig Sauter aus dieser Zeit: *«Es kann sein, dass ich bei Gelegenheit einmal meinen Meister um einen Rat für Sie angehe»* (zit. n. Margareta Morgenstern, a.a.O., S.54) sowie Margareta Morgensterns spätere Bemerkung: «Michael Bauer hatte außer zu Rudolf Steiner auch zu anderen esoterischen Lehrern Verbindung und bekam auch von diesen Anweisungen.» (ebd., S.76). Bzgl. Rudolf Steiners eigenen Meisterbegegnungen und -beziehungen vgl. u.a. die entsprechenden Andeutungen in der autobiographischen Skizze für Eduard Schuré (in: Rudolf Steiner/Marie Steiner-von Sivers: *Briefwechsel und Dokumente* 1901–1925. Dornach ^{1}1967), in verschiedenen Briefen an Marie von Sivers (ebd.) sowie an einzelne Mitglieder der Esoterischen Schule (in: *Zur Geschichte und aus den Inhalten der ersten Abteilung der Esoterischen Schule* 1904–1914. GA 264).

42 «Die Christusanschauung eines Theosophen» (1911). In: GW 2, 151.

43 «Erzählstunden in der Schule» (1911). In: GW 2, 49f.

44 «Ein Kind aus seiner Nachbarschaft wartete jeden Morgen auf den Lehrer Bauer vor seiner Haustüre. Und was geschah dann? Er erzählte dem Mädchen, das gar nicht seiner Klasse angehörte, auf dem Schulweg Märchen.» (Rudolf Rißmann: «Erinnerungen an Michael Bauer». In: *Geschichte der Anthroposophie in Nürnberg*. Manuskriptdruck 1986, S.100)

45 Ebd., S.63.

46 Rudolf Rißmann: «Rudolf Steiner Anfang des Jahrhunderts». In: Erika Beltle/ Kurt Vierl (Hg.): *Erinnerungen an Rudolf Steiner*. Stuttgart ^{1}1979, S.23.

47 Rudolf Rißmann: *Geschichte der Anthroposophie in Nürnberg*, S.68f.

48 Rudolf Steiner: *Die Mystik im Aufgange des neuzeitlichen Geisteslebens und ihr Verhältnis zur modernen Weltanschauung*, S.14.

49 Rudolf Steiners Schrift beruhte auf Vorträgen, die er ab dem Herbst 1901 in Ber-

lin gehalten hatte – zur selben Zeit war Michael Bauer in Nürnberg Minna Rißmann begegnet und hatte mit ihr eine theosophische Arbeitsgemeinschaft begonnen («Man darf sagen, der ‹Urzweig› von Nürnberg stammt aus den Septembertagen 1901 [...].» Rudolf Rißmann: «Rudolf Steiner Anfang des Jahrhunderts», S.22).

50 Rudolf Steiner: *Das Christentum als mystische Tatsache und die Mysterien des Altertums*. Dornach [8]1976, S.179 (Vorwort der ersten Auflage).

51 Brief an Rudolf Steiner, 30.4.1903 (Rudolf Steiner Archiv, Dornach).

52 Friedrich Rittelmeyer: «Michael Bauer als Mensch». In: Die Christengemeinschaft. 1929, S.105.

53 Rudolf Rißmann: *Geschichte der Anthroposophie in Nürnberg,* S.68. «Neben dem täglichen Schulunterricht gab er Fortbildungskurse und Einführungsvorträge in die Theosophie, schrieb für mehrere Zeitschriften: Erzählungen für die ‹Jugendlust›, Pädagogische Aufsätze für die ‹Bayrische Lehrerzeitung› und für die ‹Freie Deutsche Schule› und fand daneben noch Zeit, sich an freien Tagen mit den eigenen und anderer Leute Kindern zu beschäftigen, denen er Geschichten erzählte und sie auf Blumen und Bäume aufmerksam machte. Rudolf Rißmann berichtet, wie eines Samstagnachmittags, als Regen den üblichen Spaziergang verhinderte, Michael Bauer in einer Schneiderwerkstatt nahe der Nürnberger Sebalduskirche einer Schar größerer Kinder die Siegfried-Sage erzählte.» (Christoph Rau, a.a.O., S.33f.)

54 *Rudolf Steiner in der Waldorfschule*. GA 298. Dornach [2]1980, S.23.

55 Über den spirituellen Hintergrund seiner frühen Wiener Publikationen, die ihre konsequente Weiterführung in Weimar erlebten, schrieb Rudolf Steiner in einer autobiographischen Aufzeichnung für Eduard Schuré: «[...] Die hinter mir stehenden okkulten Mächte gaben mir nur den einen Rat: ‹Alles in dem Kleide der idealistischen Philosophie.›» (Rudolf Steiner/Marie Steiner-von Sivers: *Briefwechsel und Dokumente* 1901–1925. GA 262. Dornach [1]1967, S.9) Zu Rudolf Steiners *Philosophie der Freiheit* sollte Michael Bauer zehn Jahre nach seiner Weimarer Begegnung mit Rudolf Steiner und wenige Monate vor Ausbruch des Ersten Weltkriegs in einem Münchner Vortrag sagen: «Die *Philosophie der Freiheit*, ein Buch, das heute in Schreibmaschinenabschriften zirkuliert, weil es nicht mehr zu haben ist» (die Zweitauflage erschien nach dem Ende des Ersten Weltkriegs, im Herbst 1918; Anm. d.V.) «mutet den, der die Philosophie kennt, an wie die reifste Frucht der idealistischen Philosophie, wie sie von den alten griechischen Philosophen unserer Kultur zu Fichte, Schelling, Hegel geführt hat, und man kann, wenn man diese *Philosophie der Freiheit* richtig auf sich wirken lässt, darin den ersten Samen dessen sehen, was die Bedeutung Steiners als Sendbote eines neuen Kultureinschlages betrifft.» («Dr. Steiner und seine kulturelle Mission». München, 25.4.1914. Archiv am Goetheanum)

56 «Die Christusanschauung eines Theosophen» (1911). In: GW 2, 131.

57 Zit. n. Margareta Morgenstern, a.a.O., S.59.

58 «Die Christusanschauung eines Theosophen». In: GW 4, 131.

59 Zit. n. Margareta Morgenstern, a.a.O., S.60.

60 «Rudolf Steiner und der Schulungsweg». In: GW 4, 180.

61 Rudolf Steiner hielt in der Zeit vom 24. April 1904 bis zum 13. Februar 1918 54 Vorträge und drei esoterische Stunden in Nürnberg; bereits im Jahr 1904 fanden fünf Vorträge Rudolf Steiners statt (vgl. Rudolf Rißmann: *Geschichte der Anthroposophie in Nürnberg*, S. 94f.).

62 Zit. n. Christoph Rau, a.a.O., S. 199f.

63 Am 1.5.1903 schrieb Rudolf Steiner in einem Brief an Mathilde Scholl: «Es war in Deutschland [innerhalb der theosophischen Bewegung] zu viel Hang zu Dogmatik, zur *bloß* intellektuellen Erfassung der [theosophischen] Doktrinen vorhanden, während für die lebendige Spiritualität kein rechtes Verständnis zu finden ist.» (*Zur Geschichte und aus den Inhalten der ersten Abteilung der Esoterischen Schule* 1904–1914, S. 45) In Mitteleuropa, so Rudolf Steiner drei Jahre später an Annie Besant, seien jedoch «seit dem vierzehnten Jahrhundert die Linien des okkulten Wirkens [...] bestimmt vorgezeichnet» (ebd., S. 282). 1911 sollte Michael Bauer in einem Aufsatz rückblickend formulieren: «Dass Steiner [...] Theosophie, man kann sagen, bodenständig gemacht hat, indem er sie als sachgemäße und notwendige Fortsetzung der *tiefsten* und *innerlichsten* Elemente unserer heimischen Kultur erscheinen lässt, dessen wird man ihm nie genug danken können.» («Die Christusanschauung eines Theosophen». GW 2, 134; Hervorhebung v. V.)

64 «Die zahlreichen Gespräche Dr. Steiners mit Michael Bauer, deren Zeuge ich sein durfte, drehten sich in der Hauptsache um das Problem: Könnte nicht der englisch-theosophischen Literatur, dieser östlichen Weisheit, von der wir uns hatten befeuern lassen (Bhagavadgita), eine deutsche Theosophie entgegentreten, die unseren Herzen näher stünde? – Der Lehrer wies uns auf Goethe (Märchen), Novalis, Schiller (Briefe über ästhetische Erziehung). Er sprach auch von einem Buch ‹Theosophie›, das demnächst erscheinen sollte.» (Minna Rißmann, zit. n. Christoph Rau, a.a.O., S. 200)

65 Ebd., S. 200.

66 Wie sehr Rudolf Steiner den geistigen Arbeitszusammenhang um Michael Bauer schätzte und ganz offensichtlich als hilfreichen Beitrag seines Wirkens erlebte, geht bereits aus einem Brief an Minna Rißmann vom 14. August 1904 hervor, in dem es hieß: «[...] Ich denke gern an die Nürnberger Tage, die mir im Hinblick auf die theosophische Weltaufgabe so lieb sind.» (Zit. n. Rudolf Rißmann: «Rudolf Steiner Anfang des Jahrhunderts», S. 26)

67 GW 4, 48.

68 Über das Eintreffen der *Theosophie* in Nürnberg notierte Minna Rißmann: «Wir konnten es kaum erwarten. Da, eines Tages, schickte mir mein Buchhändler das neue Buch – ich renne damit zu Bauer hinaus, wir waren beglückt. Bauer war von dem herrlichen deutschen Buch begeistert, doch machte er mir recht eindringlich begreiflich, das sei kein Buch, über das man herstürzen könne wie über andere Bücher.» (Zit. n. Christoph Rau, a.a.O., S. 200f.)

69 28.7.1904. In: GW 5, 123.

70 Zwei Wochen nach seinem Nürnberg-Besuch war Rudolf Steiner zusammen

mit Marie von Sivers am 7. Mai 1904 nach London gereist und dort von Anni Besant für die Leitung der Esoterischen Schule autorisiert worden («Ich musste gerade wegen unserer esoterischen Arbeit in Deutschland die letzten Tage in London hier bei unserem spirituellen Oberhaupte Mrs. Besant zubringen, um von ihr volle esoterische Autorisation für alles zu erlangen, was ich auf diesem Felde tue. [...] Mein *esoterisches* Wirken hat erst in den letzten Tagen noch die volle Weihe erhalten.» Brief an Doris und Franz Paulus. London, 14.5.1904. In: Rudolf Steiner: *Zur Geschichte und aus den Inhalten der ersten Abteilung der Esoterischen Schule* 1904–1914, S.54). Wie wichtig die Entwicklung der Esoterischen Schule Rudolf Steiner für die Zukunft der theosophischen Bewegung in Deutschland war – und wie zentral er dabei auf einen spirituellen Zusammenschluss verlässlicher Persönlichkeiten setzte –, ging bereits aus einer Briefbemerkung Steiners gegenüber Mathilde Scholl vom 1.5.1903 hervor, in der es hieß: «Es wäre überhaupt recht schön, wenn die *neueren* Mitglieder der E.S. [Esoteric School] in Deutschland sich in irgendeiner Weise näher zusammenschließen würden. Wir brauchen das gerade in Deutschland. Denn die E.S. muss die Seele der Theosophischen Gesellschaft werden. [...] Wir haben in Deutschland ganz sichere Persönlichkeiten nur vier oder fünf.» (1.5.1903. In: Rudolf Steiner: *Zur Geschichte und aus den Inhalten der ersten Abteilung der Esoterischen Schule* 1904–1914, S.44f.) Auch am 18.5.1904, kurz nach seiner Rückkehr aus London, schrieb Steiner an Scholl erneut: «Der Erfolg der deutschen theosophischen Bewegung hängt davon ab, dass wir einen Grundstock von solchen Theosophen haben, die esoterisch arbeiten.» (ebd., S.58).

71 14.8.1904. In: GW 5, 124.

72 Vgl. hierzu insbesondere die Dokumente der Publikationen: *Zur Geschichte und aus den Inhalten der ersten Abteilung der Esoterischen Schule* 1904–1914 (GA 264) und *Aus den Inhalten der esoterischen Stunden* (GA 266/1–3) sowie die Monographie von Hella Wiesberger: *Rudolf Steiners esoterische Lehrtätigkeit*. Dornach 1997.

73 Hella Wiesberger: *Rudolf Steiners esoterische Lehrtätigkeit,* S.48.

74 Ebd.

75 «Die Christusanschauung eines Theosophen». In: GW 2, 152.

76 GW 4, 43.

77 Rudolf Steiner: *Aus den Inhalten der esoterischen Stunden. Band* 1*:* 1904–1909. GA 266/1. Dornach 1995, S.542.

78 In einem rückblickenden Brief schrieb Bauer Jahre später: «[...] Ich habe während meines ganzen bewussteren Lebens mich bemüht, mit allen Menschen, die mir näher kamen, ein herzliches auf gegenseitige Förderung eingestelltes Verhältnis einzugehen. Ich sage dies nicht, um auf ein Verdienst, sondern um auf ein Bedürfnis von mir hinzuweisen. Am meisten war ich gewillt, denen zu dienen, die sich in der theosophischen Lebensauffassung mit mir vereinen konnten. Auch dies nicht deshalb, weil ich Menschen mit anderer Weltanschauung geringer achte, sondern deshalb, weil es in der mir vorgesetzten Lebensaufgabe liegt.» (an Johannes Schenk. 25.6.1913. In: GW 5, 34).

79 Michael Bauer zu Elisabeth Klein. Zit. n. Christoph Rau, a.a.O., S.206.
80 Brief an Marie von Sivers. 13.9.1906. In: GW 5, 131.
81 Brief an Rudolf Steiner. 4.10.1911. In: GW 5, 137.
82 GW 5, 127.
83 Bereits im September 1905, eineinhalb Jahre nach der ersten Begegnung mit Bauer in Weimar, hatte Rudolf Steiner in der von ihm herausgegebenen Zeitschrift «Luzifer-Gnosis» geschrieben: «In *Nürnberg* hat der theosophische Zweig (Albrecht-Dürer-Zweig) in *Michael Bauer* einen energischen, gründlich einsichtsvollen und im theosophischen Leben festgewurzelten Leiter. Er wirkt durch seine literarischen Arbeiten und insbesondere durch seine weite Horizonte eröffnenden Vorträge, die er in Nürnberg hält, in schöner Art für die Sache. Es mögen die Verdienste, die sich dieser Mann um die Theosophie in Deutschland erwirbt, am besten dadurch charakterisiert werden, dass hier der Wunsch nach einer wesentlichen Erweiterung dieser Wirksamkeit ausgesprochen wird. Leider gestatten es ihm seine Berufsverhältnisse nicht, auswärts Vorträge zu halten, was im besten Sinne zur Förderung der theosophischen Bewegung dienen könnte. Man möchte hoffen, dass eine solche Möglichkeit baldigst herbeigeführt wird.» (*Luzifer-Gnosis*. GA 34. Dornach [2]1987, S.561f.)
84 Über seine Vorbereitung eines öffentlichen Münchner Vortrages über «Die klassische Naturphilosophie und ihre gegenwartgemäße Fortsetzung» schrieb Michael Bauer einmal andeutend an Helga Geelmuyden: «Dazu [dafür] sinne ich seit Monaten über die Natur. Viele Stunden habe ich mich ins Pflanzen- und Tierleben versenkt und manches ist mir klar geworden. Außerordentliches fand ich in den Aphorismen des Novalis, so z.B. seine Bemerkungen über das Wesen der Sinne. Ich finde überhaupt, dass diese Keimgedanken noch zum wenigsten bis zu Ende gedacht wurden. Der Schluss meines Vortrags soll eine Skizze unserer Naturanschauung werden. Als wesentlich erscheint mir gegenüber Hegel die völlig veränderte Einstellung in Bezug auf den Gedanken. Dort ist der Gedanke zuerst Erkenntnismittel, durch ihn erlebt man den Weltgrund. Hier ist die Hauptsache die Befruchtung unseres Selbst durch den Gedanken, durch das Denken. Die Natur, die uns die Fülle zu denken gibt, ist ein Mittel für unser Wachstum usw. Die Sinneserlebnisse werden von uns anders gewürdigt. Verschiedene Reihen verschiedener Grade von Sinnen ermöglichen ein Mitleben der Welt in steigendem Maße. Das Ich ist der Ursinn.» (März 1918. In: GW 5, 70)
85 Friedrich Rittelmeyer: *Aus meinem Leben*. Stuttgart 1937, S.330.
86 GW 4, 59.
87 Zit. n. Margareta Morgenstern, a.a.O., S.116.
88 GW 4, 70.
89 Andrej Belyj, a.a.O., S.232.
90 Brief an Wilhelm Kelber. In: GW 5, 90f.
91 Rudolf Steiner: *Luzifer-Gnosis*, S.606.
92 Rudolf Steiner: *Die Apokalypse des Johannes*. GA 104. Dornach [7]1985, S.34. – Rudolf Steiner zufolge brachte Johannes in der Apokalypse «die Ergebnisse seiner Einweihung, seiner christlichen Initiation» zum Ausdruck – «es ist nichts

Geringeres in diesem Dokument enthalten als ein großer Teil der Mysterien des Christentums, es ist darin enthalten das Tiefste von dem, was wir als das esoterische Christentum zu bezeichnen haben. Kein Wunder daher, dass von allen christlichen Dokumenten auch gerade dieses Dokument am allermeisten missverstanden worden ist.» (ebd., S.42). Erst sechzehn Jahre später, im September 1924, kurz vor Anbruch seines Krankenlagers, sollte Rudolf Steiner vor den Priestern der Christengemeinschaft erneut auf die Johannes-Apokalypse eingehen – nun in Form einer Darstellung, «die dieses ‹Priesterbuch› im wahren Sinne dem ‹Priester› als geistigen Führer» übermitteln konnte (Rudolf Steiner: *Vorträge und Kurse über christlich-religiöses Wirken V*. Dornach 1995, S.13). Michael Bauer war mit der Johannes-Apokalypse seit Rudolf Steiners großem Nürnberger Kurs innerlichst verbunden und durchdrang sie immer tiefer (vgl. Anm. 304) – ganz im Sinne der kursbeschließenden und zukunftsgerichteten Vortragsworte Steiners vom 30.8.1908: «Alles, was ich Ihnen sagen konnte, entspricht ganz genau den Intentionen des Apokalyptikers und wurde immer so in den Schulen, welche die Absicht des Apokalyptikers bewahrt haben, gelehrt. Aber es ist nicht alles, lange nicht alles, was zu sagen wäre, und man kann noch viel tiefer in die Wahrheiten, in die Untergründe der Apokalypse gehen. Und wenn wir in alle Tiefen eindringen würden, dann würde Ihnen das, was ich Ihnen habe sagen können, so erscheinen, dass man es nur als eine erste oberflächliche Darstellung charakterisieren könnte. Das geht nicht anders, man kann zuerst nur eine oberflächliche Darstellung geben. Durch diese muss man hindurchgehen. Man muss einmal mit dem Elementaren anfangen, dann wird sich schon, wenn man ein kleines Stück gegangen ist, auch die Tiefe ergeben. Denn es liegt viel, viel unter der Oberfläche, die ein klein wenig zu lüften, ein klein wenig zu enthüllen wiederum möglich war. Und wenn Sie die Bahn weiterschreiten, die Sie in gewisser Weise begonnen haben, indem Sie Ihre Aufmerksamkeit der Erläuterung der Apokalypse des Johannes zugewendet haben, so werden Sie allmählich in die Tiefen des geistigen Lebens hineinkommen. Sie werden in Tiefen hineinkommen, die heute gar nicht möglich sind auszusprechen, weil sie nicht bewusst werden könnten, weil eben noch niemand Ohren hätte, sie zu hören. Es müssen erst durch solche Erklärungen, wie sie nun gegeben worden sind, die Ohren vorbereitet werden, zu hören. Dann werden sie allmählich da sein, die Ohren, Ohren, die hören können das Wort, das so tief durch die Apokalypse fließt. Wenn Sie also einiges aufgenommen haben von dem, was gesagt werden konnte, so seien Sie sich bewusst, dass doch nur die erste Oberfläche gegeben werden konnte, und von dieser nur einzelne Bemerkungen. Lassen Sie es einen Impuls werden, immer tiefer und tiefer in das einzudringen, was durch diese Vorträge nur geahnt werden kann. Wenn ich selbst nur dasjenige sagen wollte, was über die Oberfläche gesagt werden kann, dann müsste ich Ihnen noch viele, viele Wochen lang Vorträge halten. Nur eine Anregung konnten diese Vorträge sein, und derjenige, der sie so empfindet, dass er sich sagt: Ich muss tiefer und tiefer eindringen –, der wird in richtigem Sinne diese Vorträge aufgenommen haben.» (*Die Apokalypse des Johannes*, S.256f.)

93 Margarita Woloschin: *Die grüne Schlange. Lebenserinnerungen*. Stuttgart [7]1997, S.202.

94 Rudolf Steiner: *Die Apokalypse des Johannes,* S.34.

95 Hegels Schüler und erster Biograph, Karl Rosenkranz, betonte bereits 1844, dass Hegel seinen Erfahrungen als Rektor sowie Philosophie- und Religionslehrer am Nürnberger Ägidiengymnasium viel für seine künftige Philosophie verdankt, ja dort nicht zuletzt «die Probe der Verständlichkeit» absolviert habe: «Er musste die Vermittelung zwischen dem unphilosophischen und dem spekulativ gebildeten Bewusstsein, die er bereits als akademischer Lehrer immer mehr in Acht genommen, noch weiter ausdehnen. Er musste die Unterschiede schärfer bestimmen, das Wesentliche ausdrucksvoller hervorheben, allen bloß geistreichen Schimmer, der auch bei ihm mitunter eine mystische Färbung annahm, bei Seite lassen, und, was übrigens von je her sein Streben gewesen, in der Terminologie so viel möglich der *Deutschheit* sich befleißigen. Ohne die Schule des Nürnberger Gymnasiums würde Hegels Tiefe eine so große Klarheit, als sie erreichte, wahrscheinlich nicht errungen haben; in dieser pädagogischen Zucht arbeitete er sich aber alle *mysteriöse Romantik* ab und gewann auch durch eigene Tat die Überzeugung, dass die Philosophie schlechthin *lehrbar* sei. Und so ist denn dieser Übergang zum Rektorat nicht bloß etwas äußerlich, sondern auch innerlich Notwendiges für Hegel gewesen. – Er widmete sich seinem Amt mit vollster Hingebung, mit unermüdlichem Eifer. In der *Philosophie* und *Religion* unterrichtete er in allen Klassen.» (Karl Rosenkranz: *Georg Wilhelm Friedrich Hegels Leben*. Berlin 1844 [Reprografischer Nachdruck Darmstadt 1977], S.248f.) – In seinem «Amtlichen Gutachten über den Philosophie-Unterricht» hatte Hegel 1812, in der Mitte seiner Nürnberger Jahre, seine pädagogisch-didaktischen Intentionen mit den Worten charakterisiert: «Was den Vortrag der Philosophie auf Gymnasien betrifft, so ist erstens die *abstrakte Form* zunächst die Hauptsache. Der Jugend muss zuerst das Sehen und Hören vergehen, sie muss vom konkreten Vorstellen abgezogen, in die innere Nacht der Seele zurückgezogen werden, auf diesem Boden sehen, Bestimmungen festhalten und unterscheiden lernen. Ferner, *abstrakt lernt man denken* durch abstraktes Denken. Man kann nämlich entweder vom Sinnlichen, Konkreten anfangen wollen, und dieses zum Abstrakten durch Analyse heraus und hinaufpräparieren, so, – wie es scheint, – den *naturgemäßen* Gang nehmen, wie auch so vom Leichtern zum Schwerern aufsteigen. Oder aber man kann gleich vom Abstrakten selbst beginnen, und dasselbe an und für sich nehmen, lehren und verständlich machen. *Erstlich*, was die Vergleichung beider Wege betrifft, so ist der erste gewiss *naturgemäßer*, aber darum der *unwissenschaftliche* Weg ... *Zweitens* ist es ein völliger Irrtum, jenen naturgemäßen, beim *konkreten* Sinnlichen anfangenden und zum Gedanken fortgehenden Weg für den *leichteren* zu halten. Er ist im Gegenteil der schwerere; wie es leichter ist, die Elemente der Tonsprache, die einzelnen Buchstaben, auszusprechen und zu lesen, als ganze Worte. – Weil das Abstrakte das Einfachere ist, ist es leichter aufzufassen. Das konkret sinnliche Beiwesen ist ohnehin weg-

zustreifen; es ist daher überflüssig, es vorher dazu zu nehmen, da es wieder weggeschafft werden muss, und es wirkt nur *zerstreuend*.» (Zit. n. Franz Wiedmann: *Georg Wilhelm Friedrich Hegel*. Hamburg 1965, S.39f.)

96 Georg Wilhelm Friedrich Hegel: *Wissenschaft der Logik*. Einleitung. Werkausgabe Band 5. Frankfurt 1970, S.44.

97 «Die von Aristoteles geprägte Logik als Lehre von den Formen und Gesetzen des Denkens in Begriffen, Urteilen und Schlüssen bilden nur einen Teil von Hegels Logik. Als Ganzes betrachtet sie nicht Formen oder Inhalte menschlichen Denkens, sondern den Geist, die Idee im reinen raum- und zeitlosen Zustand des An-sich-Seins. Begriffe und logische Sätze sind also nicht Denkformen, sondern Wesenheiten. Die Selbstentfaltung des Geistes stellt zugleich den gesamten Weltprozess dar, der nach dialektischem Gesetz in drei Entwicklungsstufen erfolgt. Damit ergibt sich zugleich der Aufbau der Philosophie: Auf der ersten Stufe ist der Weltgeist im Zustand des *An-sich-Seins*; dem entspricht als philosophische Disziplin die *Logik*. Auf der zweiten Stufe ist der Geist im Zustand der *Entäußerung*, der *Selbstentfremdung*, des *Anders-Seins*; jene Entäußerung des Geistes ergeht in die an Raum und Zeit gebundene Natur; daher entspricht diesem Zustand die *Naturphilosophie*. Auf der dritten und höchsten Stufe kehrt der Geist aus der Selbstentfremdung zu sich selbst zurück und befindet sich im Zustand des *An-und-für-sich-Seins*; ihm korrespondiert die *Philosophie des Geistes*.» (Franz Wiedmann, a.a.O., S.48) «Hegels ‹Logik› ist also nicht etwa nur ‹Organon› i.S.der aristotelischen Lehre von den Formen des Urteilens und Schließens, sondern vielmehr im umfassenden Sinne *Ontologie*. Sie fragt nach dem Sein des Seienden und sie radikalisiert diese Frage so lange, bis der geistige Grund bloßgelegt ist, in welchem die Wirklichkeit unserer Welt urständet, d.h. nicht mehr auf andere Ursachen und Gründe zurückgeführt werden kann, sondern vielmehr aus sich heraus anfängt und sich selbst trägt.» (Michael Kirn: *Hegels Phänomenologie des Geistes und die Sinneslehre Rudolf Steiners*. Stuttgart 1989, S.33)

98 «Nürnberg kann im Herbst dieses Jahres eine schöne Jahrhundertfeier begehen. Denn es war im Herbst 1808, als diese Stadt in ihren Mauern einen der größten deutschen Geister aufgenommen hat, einen derjenigen deutschen Geister, von denen freilich heute nicht gerade viel gesprochen wird, dessen Werke noch weniger verstanden werden, der aber für die Zukunft des menschlichen Geisteslebens, wenn er einst verstanden werden wird, sehr viel bedeuten wird. Er ist allerdings schwer zu verstehen, und deshalb mag es einige Zeit dauern, bis die Menschen ihn wieder begreifen werden. Im Herbst 1808 wurde *Hegel* Direktor des Königlichen Gymnasiums in Nürnberg.» (*Die Apokalypse des Johannes,* S.11; im selben Vortrag wies Rudolf Steiner – in einer weiteren, scheinbar «anekdotischen» Nebenbemerkung – auch sehr dezidiert auf Kaspar Hauser hin [ebd., S.19f.], der seinerseits knapp zwanzig Jahre nach Hegel, Ende Mai 1828, in Nürnberg aufgetaucht war.)

99 Rudolf Steiner: *Wege und Ziele des geistigen Menschen*. GA 125. Dornach [2]1992, S.35.

100 Zit. n. Margareta Morgenstern, a.a.O., S.75.

101 Rudolf Steiner: *Wege und Ziele des geistigen Menschen,* S.39. – In einem grundlegenden Brief an Annie Besant über die geistige Arbeit in Mitteleuropa und die abendländische Notwendigkeit, die Bewusstseinsstufe des «gedanklich-inneren Schauens» zu entwickeln, hatte Rudolf Steiner bereits im Sommer 1906 betont: «In Deutschland zum Beispiel müssen die Wege zu dieser Schulung von der Gedankenmystik Fichtes, Schellings und Hegels genommen werden, die eigentlich nach ihrer in Wahrheit okkulten Grundlage gar nicht verstanden werden.» (In: Rudolf Steiner: *Zur Geschichte und aus den Inhalten der ersten Abteilung der Esoterischen Schule* 1904–1914, S.280)

102 Rudolf Steiner: *Wege und Ziele des geistigen Menschen,* S.41. – Über die Größe und Eigenart von Michael Bauers Hegel-Vorträgen schrieb Ernst Uehli nach Bauers Tod: «Wenn er [...] in einem Vortrag den Hegel'schen Seinsbegriff entwickelte [...], so entwickelte er ihn in strengster Gedankenarbeit. Aber er blieb nicht beim Begriff. Der Begriff wurde Leben. Er wurde selbst dieses *Sein.* Man hatte, wenn man ihn gehört hatte, nicht bloß den Hegel'schen Seinsbegriff erlebt, man hatte das Sein selbst erlebt.» («Erinnerungen an Michael Bauer». Das Goetheanum. 21.7.1929. 8.Jg. Nr.30, S.235) Sieben Jahre zuvor, am 7.3.1922, hatte Rudolf Steiner in Berlin gesagt: «Man sehe sich die ganzen Begriffe in der Hegelschen Logik an und frage sich: Ist das dasjenige, was ‹vor dem Beginn der Schöpfung als der Inhalt des Göttlichen› (Hegel) da sein konnte? Es ist abstrakte Logik, Forderung des Schöpferischen, der Logos als Postulat, aber als rein menschliches Gedankenpostulat! Man empfinde diese Tragik, die darin liegt! Und man empfinde dann weiter die Tragik, die darin liegt, dass die Hegelsche Philosophie als überwunden galt! Sie enthält aber Momente, aus denen in der Tat neues Leben sprießen kann. Sie enthält Keime. Hegel hat sein Heil gesehen in dem: Sein – Nichts – Werden – Dasein. Wenn aber heute die Leute Hegel zugeführt bekommen, dann sagen sie: Das ist eine alte Schwarte, darauf brauchen wir uns nicht einzulassen. – Wenn man es aber unternimmt, sich durch einen inneren Seelenprozess darauf einzulassen, den Begriff innerlich zu erleben, wie ihn Hegel zu erleben suchte, dann schwinden alle Begriffe von Empirie und Rationalismus, dann wird der Gedanke erfahren und das Erfahrene unmittelbar gedacht. Da wird der Gedanke zum Erlebnis und das Erlebnis zum reinen Gedanken. Wer das mitmacht, der empfindet das Bestreben, den Gedanken aus der Abstraktheit zu erlösen, und die Hegelsche Logik als den Keim dazu, dass aus dem Gedanken etwas ganz anderes werden kann, wenn er sich lebendig ausgestaltet. Mir erscheint oft Hegels Logik als der Keim einer Pflanze, dem man kaum ansieht, was er werden kann, der aber doch die mannigfaltigsten Anlagen in sich trägt. Und mir scheint, wenn dieser Keim wächst, wenn ihn der Mensch liebevoll pflegt und in den seelischen Boden einsetzt durch anthroposophische Forschung, dann entsteht gerade das, dass der Gedanke nicht nur gedacht, sondern als Realität erlebt werden kann. Da haben wir das Mitteleuropäische.» (*Erneuerungs-Impulse für Kultur und Wissenschaft. Berliner Hochschulkurs.* GA 81. Dornach 1994, S.64f.)

103 In seiner autobiographischen Schrift *Mein Lebensgang* beschrieb Rudolf Steiner, wie er die Hegelbüste des Bildhauers Ludwig Wilhelm Wichmann (Berlin, 1826) von einem befreundeten Weimarer Schauspieler als Weihnachtsgeschenk erhalten hatte und deutete an, welche Bedeutung sie für ihn besaß – «[...] so kam ich denn zu der Hegelbüste, die zu dem Wenigen gehört, was mich dann an viele Orte begleitete. Ich sah immer wieder gerne nach diesem Hegelkopfe hin, wenn ich mich in Hegels Gedankenwelt vertiefte. Und das geschah wirklich recht oft. Die Züge des Antlitzes, die menschlichster Ausdruck des reinsten Denkens sind, bilden einen vielwirkenden Lebensbegleiter.» (*Mein Lebensgang*, S.305)

104 Vgl. zur Persönlichkeit, Biographie und Lebensarbeit Friedrich Rittelmeyers u.a. die Studien von Erwin Schühle: *Entscheidung für das Christentum der Zukunft. Friedrich Rittelmeyer – Leben und Werk*. Stuttgart 1969, Christoph Führer: *Aspekte eines «Christentums der Zukunft». Zur Theologie und Spiritualität Friedrich Rittelmeyers* und Gerhard Wehr: *Friedrich Rittelmeyer. Sein Leben*. Stuttgart 1998, sowie Rittelmeyers autobiographische Darstellungen *Aus meinem Leben*. Stuttgart [1]1937.

105 «Ein Wust von unbegründeten Behauptungen, ein vorwitziges und voreiliges Hineinstarren in geheimnisvolle Geisthintergründe der Welt, langweilig und lähmend, eine echte Verfallserscheinung von durcheinandergemischtem Orientalismus und Christentum, nicht bestehend vor ernsteren geistigen Ansprüchen, unerträglich dem wahren religiösen Empfinden, frech, kalt und sensationslüstern: – so schien es mir.» (Friedrich Rittelmeyer, *Meine Lebensbegegnung mit Rudolf Steiner*. Stuttgart [10]1983, S.14)

106 In einer anderen, unmittelbar nach Bauers Tod verfassten Erinnerung schrieb Friedrich Rittelmeyer weiter: «Man muss Michael Bauer gesehen haben, wenn er eine Blume betrachtete. Er war dann mit seinem ganzen Wesen für diese Blume da. Nicht drängte ihn irgendeine Pflicht. Nicht plagte ihn das Gefühl einer größeren Wichtigkeit. Die Blume lebte in seiner vollen Liebe. Er begegnete in ihr dem Weltschöpfer. Nicht hinter ihr, sondern in ihr suchte er das Auge Gottes. So schien er mit jeder Blume wie mit einem persönlichen Freund zu sprechen. Eine unbegrenzte Fähigkeit lebte in ihm, sich an jeder Farbe, an jeder Form eines Blütenkelches zu freuen. Seine Seele tat sich weit auf für die göttliche Offenbarung einer Blume und wurde so selbst zu einer Offenbarung. Es war wirklich offenbarend, ihn eine Blume betrachten zu sehen. Es schien, als ob er durch jede Blume unmittelbar in den Weltengrund eingehe. Man sah die Natur anders von dem Tage an, wo man sie in ihm sich spiegeln sah.» («Michael Bauer als Mensch», S.106)

107 Auch Alexander Strakosch schrieb über Michael Bauer und dessen Augen: «Wenn man seiner hohen und doch demütigen Gestalt begegnete, konnte man meinen, einer von den holzgeschnitzten Aposteln der Nürnberger Meister sei von seinem Sockel herabgestiegen, denn nur Augen, welche den Heiland selbst gesehen hatten, konnten so blicken, wie die seinen; der sprach unmittelbar aus ihrem warmen Leuchten: durchdringend, aber ohne jede Schärfe, ohne Schwärmerei und dabei erfüllt von höchster Begeisterung, der klare Blick des Denkers,

der alles ruhig durchschaute, verbunden mit den aus der unendlichen Güte des Herzens hervorbrechenden Liebesstrahlen.» (Alexander Strakosch: *Lebenswege mit Rudolf Steiner*, S.203)

108 Friedrich Rittelmeyer: *Meine Lebensbegegnung mit Rudolf Steiner,* S.15f.

109 Ebd., S.18f.

110 Margareta Morgenstern, a.a.O., S.77. – Zu Wilhelm Kelber sagte Michael Bauer 1923 einmal: «Recht weit bin ich ja nicht gekommen; das letzte war ein Engel. Aber wer nur das kennt, weiß, dass Leute höchstens ihr höheres Selbst gespürt haben, die schon gleich von Gottes- und Christuserlebnissen reden.» (Zit. n. Kurt von Wistinghausen, a.a.O., S.215)

111 Margareta Morgenstern, a.a.O., S.77.

112 «Die Frage, ob in der alten Astrologie nicht tiefe Weltwahrheit verborgen ist, trat damals zuerst in meinen Gesichtskreis herein. Nach meiner Gewohnheit sprach ich darüber mit Michael Bauer. Er sagte mir, er denke es sich so: Die Weltenkräfte, die in den Sternen sich ausdrücken, geben in jedem Augenblick miteinander einen geistigen Akkord. Und wenn der Akkord erklingt, der gewissermaßen der Klang einer bestimmten Seele ist, dann fühlt sich diese Seele gerufen und tritt ins Dasein. – Auf solche lebendig herantretende Geistesanschauung konnte man nicht mit Gegenreden antworten, sondern nur mit Nachdenken. Ein Tor zu einer neuen Welt tat sich auf.» (Friedrich Rittelmeyer: *Aus meinem Leben,* S.338f.)

113 «Rudolf Steiner hatte einen starken Schutzwall um sich her. [...] Wer zu ihm durchdringen wollte, der musste durch eine Zone, in der ihm die Erkenntnis kam: Wenn dieser Mann recht hat, dann bist du ein kleiner Knirps und darfst mit aller deiner Weisheit und Weltherrlichkeit wieder von vorn anfangen. In dieser Zone sind viele, viele umgekehrt, allermeist unbewusst dessen, was eigentlich ihr Erlebnis war [...].» (Friedrich Rittelmeyer: «Rudolf Steiner als Ereignis des Christentums». In: Die Christengemeinschaft. 1925, 2. Jg., Heft 2. Wiederabdruck in: Friedrich Rittelmeyer: *Meine Lebensbegegnung mit Rudolf Steiner*, S.239)

114 Friedrich Rittelmeyer: *Aus meinem Leben,* S.338.

115 Friedrich Rittelmeyer: *Meine Lebensbegegnung mit Rudolf Steiner,* S.21.

116 Brief an Emma Klein, Februar 1912. Zit. n. Margareta Morgenstern, a.a.O., S.86.

117 Friedrich Rittelmeyer: *Meine Lebensbegegnung mit Rudolf Steiner,* S.35.

118 Bereits in seiner Erstbegegnung mit Friedrich Rittelmeyer und trotz dessen vordergründiger Rhetorik sah Michael Bauer weiter und tiefer in Rittelmeyers Seele und Geistesweg als dieser selbst – eine spezifische Möglichkeit des Gewahrwerdens und Vernehmens, die mit Bauers spiritueller Schulung in innerem Zusammenhang stand: «Wenn [der Geistesschüler] sich [...] übt, kritiklos zuzuhören, auch dann, wenn die völlig entgegengesetzte Meinung vorgebracht wird, wenn das ‹Verkehrteste› sich vor ihm abspielt, dann lernt er nach und nach mit dem Wesen eines anderen vollständig zu verschmelzen, ganz in dasselbe aufzugehen. Er hört dann durch die Worte hindurch in des anderen Seele

hinein.» (Rudolf Steiner: *Wie erlangt man Erkenntnisse der höheren Welten?*, S. 51; Hervorhebung v. V.)

119 Brief an Emma Klein, ca. 1912. In: GW 5, 26f.

120 GW 4, 43.

121 GW 5, 137f.

122 Annemarie Dubach-Donath, die nach der Schulentlassung als sechzehnjähriges Mädchen von ihrem Arzt zur Kräftigung ins Tessin geschickt worden war, dort nachfolgend eine hauswirtschaftliche Stelle angenommen und Michael Bauer kennengelernt hatte (der sie in lebensphilosophischen Fragen beriet), berichtete im Juni 1943 im Nachrichtenblatt der Wochenschrift «Das Goetheanum» von einem Besuch Bauers bei einer schwerkranken Mitpatientin des Hauses und einem anschließenden Nach-Gespräch mit den Worten: «[Ich erinnere mich], wie er einmal, von ihrem Krankenbette kommend – sie litt an sehr heftigen, plötzlich auftretenden Schmerzanfällen –, leise und noch ganz erschüttert sagte: Er glaube, dass dies, was er eben miterlebt hätte, die furchtbarsten Schmerzen seien, die es überhaupt gäbe, und er könne sich nur vorstellen, dass Menschen, die solches durchmachen müssen, nicht nur eigenes, sondern auch Karma für andere abtragen. Ein junger holländischer Theosoph meinte etwas herablassend, eine solche Behauptung ließe sich wohl kaum aufstellen. Doch, sagte Michael Bauer, er könne sich vorstellen, dass jemand Karma für andere, vielleicht für ein ganzes Volk, abtragen helfe. Der Holländer widersprach heftig, das stimme nicht mit den Gesetzen des Karma; der Sinn des Karma sei, dass jeder durch die eigenen Fehler lerne, das könne ihm niemand abnehmen. Das sei schon so, antwortete Michael Bauer sinnend, aber er könne sich doch denken, dass z.B. eine Mutter, die einen ungeratenen Sohn liebt, den Schmerz, den er ihr bereitet, gar nicht ganz an sich herankommen lässt und ihm dadurch ein Leiden, das er später im Kamaloka durchmachen müsste, erspart. Der Holländer war entrüstet und erklärte, das widerspräche allen Gesetzen der Logik. Michael Bauer schwieg eine Weile, dann sagte er sehr leise, wie für sich: ‹Da geht mir die Liebe doch über die Philosophie.›» (13.6.1943, S. 94)

123 An Ludwig Sauter. Ostern 1912. In: GW 5, 25. – Auch Annemarie Dubach-Donath (vgl. Anm. 122) betonte in ihren Erinnerungen Bauers schlechten Zustand und schilderte in diesem Zusammenhang andeutend seine Lebenssituation in Locarno-Monti mit den Worten: «[Die] Wochen, in denen Michael Bauer sich so liebevoll mit meinen Fragen und Zweifeln abgab, fielen für ihn in eine Zeit (es war Frühling 1912), in der es ihm wohl besonders schlecht ging; denn er hatte sich damals ganz vom gemeinsamen Leben des Hauses zurückgezogen, nahm auch nicht an den Mahlzeiten teil, sondern ließ sich von mir das Essen durch den Garten hinüberbringen. – Es war ein wundervoller Frühling: Mimosen, Mandelbäumchen, Orangen und Kamelien blühten. Michael Bauer konnte nur kleine Spaziergänge in den Wald machen. Immer brachte er einige kleine Frühlingsblumen mit, die er dann liebevoll selber ins Wasser stellte. Dabei betonte er oft, dass er nicht alle Blumen, die es schon an einer Stelle gab, abgepflückt hätte – es sei schöner, wenn man immer einige stehen ließe. – Es war ein Erlebnis, ihn durch den Garten gehen zu sehen; mit etwas vorgebeugten

Schultern, krank, abgezehrt, aber in einem tief-innigen Zusammenhang mit allem Leben rings um ihn herum. Auch zu Kindern hatte er dieses still-beobachtende Verhältnis.» (Annemarie Dubach-Donath, a.a.O., S.95)

124 Minna Rißmann berichtete über ein frühes – undatiertes und nicht im Kontext der Krankheit stehendes – Gespräch mit Michael Bauer in den zur Burg führenden Gassen Nürnbergs: «Da blieb Michael Bauer stehen und sagte mit tiefem Ernst: ‹*Ja, Theosophie ist mir nun zum Lebensbrot geworden, ich könnte ohne sie nicht mehr leben.*› Er hatte den Kopf geneigt wie unter der Wucht dieses Geständnisses, und wir schwiegen lange. Schweigend stiegen wir aufwärts.» (Zit. n. Rudolf Rißmann: «Rudolf Steiner Anfang des Jahrhunderts», S.31)

125 Brief an Emma Klein. Juli 1915. In: GW 5, 26.

126 Ebd.

127 Rudolf Steiner: *Wie erlangt man Erkenntnisse der höheren Welten?*, S.39.

128 Andrej Belyj, a.a.O., S.233.

129 Ebd., S.231.

130 Brief an Ludwig Sauter. 26.10.1905. In: GW 5, 28 (vgl. jedoch auch die weitere – für Bauer typische – Briefbemerkung an Andreas Körner vom 1.2.1915: «ja, ich hoffe, dass Rittelmeyer immer tiefer in unsere Weltanschauung kommt – *auch von uns hoffe ich das natürlich*». GW 5, 56; Hervorhebung v.V.).

131 GW 2, 67f.

132 Brief an Ludwig Sauter. 18.1.1913. In: GW 5, 29.

133 Ebd. – Bereits die Herauslösung der von Rudolf Steiner geleiteten Esoterischen Schule aus der bis dahin übergeordneten «Esoteric School of Theosophy» im Mai 1907 (im Rahmen des Münchner Pfingstkongresses) war eine «tiefeinschneidende Änderung» (*Zur Geschichte und aus den Inhalten der ersten Abteilung der Esoterischen Schule* 1904–1914, S.321) und stand neben aktuellen Konfliktanlässen mit Rudolf Steiners christlich-rosenkreuzerischem Weg in Zusammenhang, einem Weg, den Annie Besant eindeutig ablehnte («Dr. Steiners okkulte Schulung ist von der unsrigen sehr verschieden. Er kennt den östlichen Weg nicht, daher kann er ihn auch nicht lehren. Er lehrt den christlich-rosenkreuzerischen Weg, der für manche Menschen eine Hilfe, aber von unserem verschieden ist. Er hat seine eigene Schule und trägt auch selbst die Verantwortung dafür.» Brief von Annie Besant an Wilhelm Hübbe-Schleiden. 7.6.1907. In: *Zur Geschichte und aus den Inhalten der ersten Abteilung der Esoterischen Schule* 1904–1914, S.270). Zweieinhalb Jahre nach der Münchner Trennung im Bereich der Esoterischen Schule begann Besant dann zusammen mit Charles Webster Leadbeater das bevorstehende irdische Wiedererscheinen Christi in Gestalt des 14jährigen Jiddu Krishnamurti zu proklamieren, wogegen sich Rudolf Steiner in aller Entschiedenheit wandte.

134 Michael Bauer: «Mystik und Okkultismus». In: GW 2, 178.

135 Brief an Ludwig Sauter. 23.2.1913. In: GW 5, 30.

136 Brief an Ludwig Sauter. Juli 1913. In: GW 5, 36.

137 Zit. n. Margareta Morgenstern, a.a.O., S.106.

138 Ebd., S. 107.
139 Ebd., S. 108.
140 Ebd., S. 111f.
141 Ebd., S. 114.
142 Assja Turgenieff: *Erinnerungen an Rudolf Steiner und die Arbeit am ersten Goetheanum.* Stuttgart [1]1972, S. 42.
143 Rudolf Steiner: *Die Geheimnisse der Schwelle.* GA 147. Dornach [6]1997, S. 153.
144 Vgl. hierzu meine Studie *Rudolf Steiner und das «Fünfte Evangelium».* Dornach 2005.
145 24.9.1913. In: GW 5, 40f.
146 Ebd.
147 Zit. n. Margareta Morgenstern, a.a.O., S. 149.
148 Friedrich Rittelmeyer: *Meine Lebensbegegnung mit Rudolf Steiner,* S. 59f.
149 Rudolf Steiner / Marie Steiner-von Sivers: *Die Kunst der Rezitation und Deklamation.* GA 281. Dornach [3]1987, S. 209.
150 Brief von Christian Morgenstern an Christian Friedrich Kayssler. 10.1.1914. In: Christian Morgenstern: *Ein Leben in Briefen.* Herausgegeben von Margareta Morgenstern. München 1952, S. 485.
151 Friedrich Hölderlin: *Sämtliche Werke und Briefe.* 1. Band. München, Wien 1992, S. 744f.
152 GW 4, 376.
153 Brief an Emma von Staudt. 29.3.1914. In: GW 5, 47. Der von Bauer skizzierte geistige Eindruck stimmte bis in einzelne Formulierungen mit den entsprechenden Impressionen Rudolf Steiners überein, der am 10.5.1914 im Rückblick auf seine letzte Begegnung mit Christian Morgenstern sagte: «Als ich ihn dann sah auf seinem Zimmer in Leipzig, da war es eigentümlich zu sehen, wie – ja wie gesund, wie innerlich kraftvoll diese Seele in dem morschen Leibe war, und wie sich diese Seele gerade dazumal so gesund, so gesund im geistigen Leben fühlte wie nie zuvor.» (Rudolf Steiner: *Unsere Toten.* GA 261. Dornach [2]1984, S. 97)
154 Rudolf Steiner: *Vor dem Tore der Theosophie.* GA 95. Dornach [4]1990, S. 28.
155 Rudolf Steiner Archiv, Dornach.
156 In: GW 5, 138f.
157 23.6.1914. In: GW 5, 139.
158 Zit. n. Christoph Rau, a.a.O., S. 66.
159 GW 4, 71.
160 Zit. n. Margareta Morgenstern, a.a.O., S. 122f.
161 Ebd., S. 123.
162 Ebd., S. 124.
163 Brief an Emma von Staudt. 28.9.1914. In: GW 5, 52.
164 Brief an Emma von Staudt. 1.11.1914. In: GW 5, 53.
165 Victor B. Fedjuschin: *Russlands Sehnsucht nach Spiritualität. Theosophie, Anthroposophie und die Russen.* Schaffhausen 1988, S. 152.
166 Andrej Belyj: *Geheime Aufzeichnungen.* Dornach [1]1992, S. 122.
167 Zit. n. Christoph Rau, a.a.O., S. 225.

168 Margareta Morgenstern, a.a.O., S.125.

169 Über diese, von Belyj umschriebene «Tonalität» sagte Wilhelm Kelber in näherer Erläuterung: «Was er sprach, war [...] in einfachsten kargen Worten gesagt und erinnerte mich immer an die Art, wie Bauern vom Feld und Vieh und auch vom Leben sprechen. So sprach er von den höchsten Dingen und Wesen. Und die wurden dadurch fast nüchtern gegenständlich. In der Unmittelbarkeit solcher Gespräche löschte er alles, was einen von ihm distanzierte – Jahre, Reifegrade, ehrfürchtige Befangenheit, selbst das Trennende bürgerlicher Umgangsformen – und nannte mich mit dem Rufnamen meiner Jugend, wie es die Bauern in meinem Heimatdorf taten. In solchen Stunden war er ganz naher Menschenbruder und sprach von sich selbst und seinen inneren Erlebnissen ganz ohne Aufhebens und Rückhalt, als wären alle Hüllen schon gefallen, die uns im Erdenleben voreinander verbergen. Für ihn war das wohl so. Die Lebensart nach dem Tode holte er in solche Stunden herein.» (Zit. n. Kurt von Wistinghausen, a.a.O., S.215)

170 Andrej Belyj: *Verwandeln des Lebens,* S.232.

171 Zit. n. Christoph Rau, a.a.O., S.69; in einem Brief vom Frühjahr 1915 schrieb Michael Bauer an Margareta Morgenstern: «Hier ist heute der Frühling in allen Höhen und Tiefen gegenwärtig. Ich saß so ganz allein, ohne dass weit und breit ein Mensch zu sehen war, auf einer sonnigen Bank am Waldrand und wurde durch die Schönheit rings herum fast traurig, weil ich vom Herzen und vom Vertrautsein der Schöpfer dieser Schönheit immer noch so fern bin. Eine Drossel schlug auf einem Baum so bunt und heiter, dass ich Dich hergewünscht habe, damit Du hörst, wie musikalisch dieser Vogel ist. Meisen und Zeisig zwitscherten, Bienen und Hummeln und Schmetterlinge spielten herum, Grillen saßen vor ihren Löchern, ein Eichhörnchen trippelte auf dem raschelnden Waldboden einher, über mir blauer Himmel und ein Wachstums-Drängen in den Knospen und in mir. Dazu Tausende von Anemonen und einen Rasen vor mir mit unzähligen Maßliebchen ...» (Zit. n. Kurt von Wistinghausen, a.a.O., S.149; über Bauers tiefes Verständnis des «Wachstums»-Prozesses – «und ein Wachstums-Drängen in den Knospen und in mir» – vgl. a. den Beginn seiner Vortragsausführungen über «Freiheit und Christentum» aus dem Jahre 1910, in denen es hieß: «Wachstum, das ist die tiefste Lust des Lebens. Wenn man sich recht in den innersten Pulsschlag des Lebens hineinversetzt, dann fühlt man heraus die Lust, die Sehnsucht, das unabänderliche und unaufhörliche Sehnen und Drängen nach Wachstum. Schon bei Kindern spricht sich dies aus, welche Freude das Bewusstsein des Wachsens macht. Es gibt bei jedem Kind einen Zeitpunkt, von dem an es nicht mehr gern die Bezeichnung ‹Kleines›, ‹Kleiner› verträgt, es wünscht lieber, ‹groß› angesprochen zu werden. Wenn man in den Schulen die Kinder zu messen hat, beobachtet man, wie sie sich recken, wie sie größer sein möchten, wie sie nachgeben und nachhelfen ihrer Sehnsucht nach Wachstum. – Dieser äußeren Beobachtung kann man das innere Erlebnis des Wachstums hinzufügen, und da hat noch jeder erfahren, der wirkliches Wachstum in seiner Seele erlebt hat, dass ihm damit die größte Freude seines Lebens

zuteil wurde. – Ja, die Freude, die wir erfahren in der Liebe, wenn wir reine Liebe zu einem Wesen haben, oder wenn wir erfahren, dass wir geliebt werden, diese Freude ist im innersten Grunde durchsetzt mit dieser Freude am Wachstum. Denn das Leben will sich eben ausweiten, entfalten, will seinen Machtbereich vergrößern, und wenn wir geliebt werden, dann haben wir das Bewusstsein, dass unser Wesen sich über uns selbst hinausgereckt hat in ein anderes Wesen hinein. Dieses gefühlte Ausweiten unseres Selbst ist mit die innigste Freude an allem Geliebt-Werden.» Zit. n. Wistinghausen, a.a.O., S.73f.)

172 Brief an Emma von Staudt. 2.2.1915. In: GW 5, 57f.

173 Zit. n. Christoph Rau, a.a.O., S.193. – Nach dem Brand des ersten Goetheanum sagte Rudolf Steiner in einem rückblickenden Vortrag: «Die Sockel der zwölf Säulen, die im Umkreise des kleinen Kuppelraumes waren, hatte man zu zwölf Stühlen umgebildet. Man konnte einen Versammlungsraum für eine beschränkte Zahl von Teilnehmern erkennen; aber nicht etwas Kirchenartiges. Zwischen den Säulen sollte dereinst eine plastische Gruppe stehen, in deren Mittelpunkt eine Gestalt sich befindet, in der man Christus erkennen kann.» (*Der Goetheanumgedanke inmitten der Kulturkrisis der Gegenwart.* GA 36. Dornach [1]1961, S.315) Über die zwölf «Thronsitze» in der kleinen Kuppel des ersten Goetheanum schrieb Johannes Wilhelm Gädeke: «Der Menschheitsrepräsentant sollte nicht alleinstehen. Auch nicht nur im Hintergrund des Menschentreibens, sondern in der Mitte eines in Freiheit gebildeten Repräsentantenkreises. Das ist veranlagt mit den zwölf Thronen in seiner Umgebung. – Aber wer sollte auf ihnen sitzen? – Solche Menschen, die die Notwendigkeit der persönlichen Repräsentanz des Initiationsprinzips fühlen und – im vollen Bewusstsein ihrer Unvollkommenheit – dafür einstehen wollen. – Es ist das nicht anders, als wenn nach der Versinnlichung der Absichten geistiger Wesen in einem Kultus gesucht wird. Denn der Kultus braucht Menschen, die ihn ausüben, und keine Idealmenschen. Die Ausüber müssen nur zwischen ihrer unvollkommenen Person und der zu verrichtenden Aufgabe jederzeit unterscheiden können. Das war in allen Hochkulturen so: Man arbeitete mit den Menschen, die da waren, und nicht mit Muster- oder Wunschkandidaten. Der Vorstand am Goetheanum hat auch unter Rudolf Steiners Vorsitz nur aus den Persönlichkeiten bestanden, die ihm gegeben waren, und das wird in keiner Zukunft anders sein. – Es geht also darum, in welcher Seelenverfassung diejenigen sein können, welche die persönliche Umgebung des Menschheitsrepräsentanten bilden wollen. Und das erste Goetheanum hat darauf eine kunstgerechte Antwort gegeben: Es stellte hinter jeden der Thronsitze eine etwa dreizehn Meter hohe Säule, mit einem sinnvollen Kapitäl, legte über die zwölf Säulen einen gemeinsamen Architravenkranz, und erhob zuletzt die Anschauung zu den Inspiratoren der hier gemeinten Hochschule für Geist-Erkenntnis. – Also, die Anlage des für die heutige Geistesschulung maß- und richtunggebenden Menschenkreises im Goetheanum war so gestaltet, dass jeder Mitwirkende hinter und über sich und auch sich gegenüber und bei jedem anderen Beteiligten die über ihn hinausweisende Säule erleben konnte, die ihn auf ihrem zum

Thronsitz umgestalteten Sockel trug, ihn aber auf die über ihm waltenden individuellen, gemeinschaftlichen und hierarchischen Mächte aufmerksam machen konnte, mit denen er es bei sich und in jedem seiner Mitarbeiter zu tun hat. – Damit war auf künstlerische Art gesagt, wie die Führung des Goetheanums sich zur menschlichen Umgebung dessen machen kann, den sie im Bilde der Statue als ihren Meister anschauen will.» (Johannes Wilhelm Gädeke: «Die Statue und ihre Umgebung.» Unveröffentlichtes Manuskript [2004]. Ita Wegman Archiv für anthroposophisch-medizinische Grundlagenforschung, Arlesheim.)

174 Brief an Andreas Körner. Etwa 1.2.1915. In: GW 5, 56.

175 Nach mündlicher Mitteilung von Emil Leinhas und Günther Schubert an Hella Wiesberger gehörten der dritten und höchsten Klasse der Esoterischen Schule «nur zwölf bewährte Schüler Rudolf Steiners an [...], mit denen Fragen der geistigen Existenz der anthroposophischen Bewegung beraten wurden». (Hella Wiesberger: *Rudolf Steiners esoterische Lehrtätigkeit,* S.23) Obwohl die Namen dieser zwölf Schüler nicht bekannt geworden sind, ist von Michael Bauers Zugehörigkeit auszugehen.

176 Vgl. den von Michael Bauer verfassten Brief vom 21.8.1915 (in: Rudolf Steiner: *Probleme des Zusammenlebens in der Anthroposophischen Gesellschaft*. GA 253. Dornach [1]1989, S.152ff.) sowie die Erinnerungsnotiz von Andrej Belyj: «Ich werde die Zeit, in der diese Augiasställe [von Dornach] gesäubert wurden, übergehen; bei dieser Arbeit standen [Rudolf Steiner] Bauer, M.J. Steiner [Marie Steiner] und Sophie Stinde (bis zu ihrem Tod) mit mutigem Herzen zur Seite.» (Andrej Belyj: *Verwandeln des Lebens,* S.57)

177 «Rittelmeyers Sache ist die des Doktors. Er hat ihm die Erlaubnis erteilt, die Logenvorträge zu besuchen, die Zyklen zu kaufen usw. Er darf als Schüler des Doktors gelten und der Doktor selbst meinte, vorläufig könne er der Sache außerhalb der Gesellschaft mehr dienen als *in* ihr.» (Brief an Andreas Körner. März 1915. In: GW 5, 59)

178 In: GW 5, 61.

179 Brief an Friedrich Rittelmeyer. 1.6.1916. In: GW 5, 147.

180 Zit. n. Margareta Morgenstern, a.a.O., S.150.

181 Ebd., S.128.

182 Zit. n. Margarita Woloschina, a.a.O., S.302f.

183 «Die Christusanschauung eines Theosophen» (1911). In: GW 2, 139.

184 Brief an Helga Geelmuyden. 24./25.2.1918. In: GW 5, 68. – Auch Friedrich Rittelmeyer führte im Laufe des Jahres 1918 ein Gespräch mit Rudolf Steiner über die dringend notwendigen «fachlichen Arbeiten», das er in seiner Erinnerungsschrift zehn Jahre später mit den Worten festhielt: «Mitte 1918 sagte ich einmal zu Steiner: ‹Herr Doktor, wenn jetzt der Krieg vorüber ist, dann sollte man doch ein Forschungsinstitut gründen, in dem man den geisteswissenschaftlichen Ergebnissen mit den wissenschaftlichen Mitteln, die sich dafür bieten, beizukommen sucht. Ich habe schon einige hundert Mark und auch ein paar junge Gelehrte, die dafür wohl zu haben sind.› Darauf legte mir Steiner die beiden Hände auf die Schultern und sagte mit einer Freude, wie ich sie selten bei

ihm sah: ‹*Jawohl, mein lieber Herr Doktor, das wollen wir tun.*› Man konnte in diesem Augenblick lebendig sehen, woran ihm lag.» (Friedrich Rittelmeyer: *Meine Lebensbegegnung mit Rudolf Steiner,* S. 128)

185 So hieß es beispielsweise in einem Brief Michael Bauers an Helga Geelmuyden im August 1918: «[...] Mit größtem Interesse wirst auch Du die Neuauflagen der Bücher Steiners auf die Änderungen hin durchsehen. Ich lese gerade ‹Goethes Weltanschauung›. Da ist nun freilich mancher Satz, der uns früher zu schaffen machte, zum Vorteil abgeändert [...]. Was denkst Du über den Aufsatz im ‹Reich›? Die Gedankenzucht, wie sie die naturwissenschaftlichen Methoden nötig machen, will mir nicht zureichen, den Missbrauch übersinnlicher Erkenntnisse zu verhindern. – Ich habe aber den Aufsatz noch nicht gründlich genug studiert. Im Wesentlichen dachte ich bisher so: Die übersinnlichen Erfahrungen sind so eindrucksvoll, dass sie moralisch wirken; und zwar unmittelbar, wie die Schönheit unmittelbar wirkt. Vielleicht meint Steiner aber nur, dass die methodische Gedankenzucht das Mittel ist, übersinnliche Gebiete der moralischen Sphäre zu erreichen. Ohne diese Zucht bliebe das Niveau der Erkenntnisse zu niedrig, um Missbrauch zu verhüten.» (In: GW 5, 74; in seinem wenige Wochen zuvor in der von Alexander von Bernus in München herausgegebenen Zeitschrift «Das Reich» erschienenen Aufsatz «Frühere Geheimhaltung und jetzige Veröffentlichung übersinnlicher Erkenntnisse» hatte Rudolf Steiner betont, dass die Geheimhaltung übersinnlicher Erkenntnis in esoterischen Schulungsgemeinschaften nicht länger möglich sei – und u.a. situationsdeskriptiv geschrieben: «Dem unwiderstehlichen Drang, das übersinnliche Wissen [durch unvorbereitete Menschen] zu missbrauchen, steht jetzt anderes gegenüber, das dessen – wenigstens teilweise – Veröffentlichung unerlässlich macht, und das auch die schädliche Wirkung dieses Dranges [d.i. der Tendenz, ‹Übersinnliches und Sinnliches im Leben zu vermengen›] zu beseitigen geeignet ist. – Das Naturwissen hat eine Form angenommen, durch die es fortwährend zerstörend an seine eigenen Grenzen anschlägt. Der Mensch wird jetzt auf vielen Gebieten dieses Wissens durch die Art, wie er gewisse Naturtatsachen in Gesetzmäßigkeiten zu bringen genötigt ist, auf seine übersinnlichen Fähigkeiten hingewiesen. Diese drängen sich an das bewusste Seelenleben heran. Das war in früheren Zeiten bei dem der Allgemeinheit bekannten Naturwissen nicht der Fall. Durch die gegenwärtige Art des sich immer mehr ausbreitenden Naturwissens müsste die Menschheit in eine von zwei Verirrungen geworfen werden, wenn nicht eine Veröffentlichung übersinnlicher Erkenntnisse eintreten würde. Entweder, man würde die Möglichkeit einer übersinnlichen Weltanschauung in immer stärkerer Art ableugnen, was nach entsprechender Zeit zu einer künstlichen Zurückdrängung der herausgeforderten übersinnlichen Fähigkeiten führen würde. Eine solche Zurückdrängung aber würde dem Menschen unmöglich machen, sein eigenes Wesen im wahren Lichte zu schauen. Verödung, Verwirrung, Unbefriedigtheit des Seelenlebens, innere Haltlosigkeit, Willensverkehrtheit und in deren Folge auch physische Verkümmerung und Ungesundheit müssten dann eintreten. Oder die übersinnlichen Fähigkeiten, unbeherrscht

durch besonnenes übersinnliches Wissen, müssten als unbewusste, unorientierte, stumpfe Erkenntniskräfte wild wuchern und das menschliche Erkennen in einem chaotischen Vorstellungsnebel verkommen lassen, was gleichbedeutend wäre mit dem Schaffen wissenschaftlicher Trugbilder, die sich als eine Decke für das menschliche Geistesauge vor die wahre übersinnliche Welt hinstellen. Beiden Verwirrungen ist nur abzuhelfen durch eine richtige Veröffentlichung des übersinnlichen Wissens. – Dem Drange, dieses Wissen in der angedeuteten Art zu missbrauchen, kann gegenwärtig dadurch entgegengearbeitet werden, dass man die durch das neuere Naturwissen erworbene Gedankenschulung für die Einkleidung der auf das Übersinnliche zielenden Wahrheiten fruchtbar macht. Dieses Naturwissen selbst kann nicht in die übersinnliche Welt eindringen; aber es verleiht der menschlichen Seele die Fähigkeit für Gedankenverbindungen, durch die sich übersinnliche Erkenntnisse so ausdrücken lassen, dass der charakterisierte unwiderstehliche Drang zum Missbrauch dieses Wissens nicht auftreten muss. Die Gedankenverbindungen des Naturwissens früherer Zeitalter waren bildhafter, weniger nach dem Felde des reinen Denkens hin gelegen, und die Einkleidung der übersinnlichen Anschauungen in sie wirkte, ohne dass der Mensch sich dessen bewusst wurde, auf seine nach dem Missbrauch drängenden Triebe. – Betont allerdings kann nicht stark genug werden, dass der Verbreiter des übersinnlichen Wissens in der Gegenwart seiner Verpflichtung gegenüber der Menschheit in um so besserer Art nachkommt, als er sich bemüht, dieses Wissen in die Gedankenformen zu prägen, welche dem wissenschaftlichen Naturerkennen nachgebildet sind. Dadurch wird der Empfänger der übersinnlichen Erkenntnis genötigt, auf die Überwindung gewisser Schwierigkeiten des Verständnisses solche Seelenfähigkeiten zu verwenden, die sonst unbetätigt blieben und zum Drange nach Missbrauch führen würden.» (*Philosophie und Anthroposophie. Gesammelte Aufsätze*. GA 35. Dornach ²1984, S.405ff.)

186 Brief an Margareta Morgenstern. Mai 1918. In: GW 5, 70f.

187 Brief an Andreas Körner. Mai/Juni 1920. In: GW 5, 79.

188 Brief an Helga Geelmuyden. 4.5.1920. In: GW 5, 80.

189 GW 4, 68.

190 Brief an Helga Geelmuyden. 24.1.1921. In: GW 5, 80f. – Über den ihm gut bekannten Orientalisten Prof. Hermann Beckh, der ein Jahr später zum Kreis der Urpriester der Christengemeinschaft gehören sollte, schrieb Bauer in diesem Sinne 1921 an Andreas Körner: «Beckh müsste vor allem das Leben selber studieren, nicht immer bloß Bücher. In Parteiversammlungen gehen, wo er Menschen sieht, Gerichtsverhandlungen, Kleinkinderunterricht, denen man nicht bloß dozieren kann, aber es ist ihm auch schwer beizubringen, wo sein toter Winkel ist.» (GW 5, 82)

191 24.1.1921. In: GW 5, 154.

192 Über den geisteswissenschaftlichen Ideal-Begriff vgl. u.a. Peter Selg: *Friedrich Schiller. Die Geistigkeit des Willens*. Dornach 2005, S.86ff.

193 Zit. n. Margareta Morgenstern, a.a.O., S.95.

194 «Einmal teilte er mir mit, dass ihm durch eine nicht gestellte Frage sieben Jahre der Zugang zur geistigen Welt versagt worden war.» (Elisabeth Klein, zit. n. Christoph Rau, a.a.O., S. 207) Über die Thematik der versäumten Frage (vgl. hierzu auch Rudolf Steiners Leipziger Ausführungen in *Christus und die geistige Welt. Von der Suche nach dem heiligen Gral.* GA 149) notierte Michael Bauer in seinen Morgenstern-Aufzeichnungen u. a.: «Für den Menschen unserer Zeit bedeutet die versäumte Frage Parsifals die Gleichgültigkeit gegenüber der leidenden Menschheit. Der ganze Wissenschaftsbetrieb ist vor lauter Objektivität herzlos geworden. Das Fragen kommt nicht aus der Sehnsucht des mitleidenden Gemüts, zu wissen, wie geholfen werden soll. Man will schon selbstlos beim Fragen sein, während doch alles darauf ankommt, selbstlos die Antwort der Welt entgegenzunehmen. – Christian Morgensterns Art war anders. Was er oft in Selbstverkennung bei sich schilt, ist eben gerade dieses herzhafte Fragen. Und damit befindet er sich auf dem Weg zum Gral, ohne es zu wissen. Als er die Zeilen schrieb: ‹O Nacht, die mich umfleußt / mit Offenbarungswonnen, / ergib mir, was du weißt!›, da wusste er um das Geheimnis des Weltenworts. – Man kann das Verständnis für dieses Geheimnis anbahnen, wenn man erinnert, wie wir zu unseren Einsichten kommen. ‹Einfälle› nennt es die Sprache, und jeder Schaffende erfährt, dass die Einfälle nicht kommen ohne tiefste Fragestellung. Die Welt ist nicht so oberflächlich wie die müßig plaudernden Menschen. Das Gespräch der Welt mit der Seele ist ein Schaffen. Jedes Wort, das in die fragende Seele als neue Einsicht einschlägt, rückt den Menschen ein Stück weiter, schafft ihn um. – Man kann das im Bild des Schreitens auf einem Weg erleben, und dieser Weg ist dann der Weg zum Gral oder der Pfad.» (Zit. n. Kurt von Wistinghausen, a.a.O., S. 132f.)

195 «Die Christusanschauung eines Theosophen» (1911). In: GW 2, 139. – Auch in seiner Schrift *Mystik und Okkultismus* aus dem Jahre 1913 betonte Michael Bauer den «eigentümlichen weltüberwindenden Geist des Christentums», den er – als Tathandlung der Weltverbindung und -verwandlung – der passiven Gelassenheit des mittelalterlichen Mystikers gegenüberstellte. Über letztere schrieb er: «Ihrer inneren Natur nach gemahnt diese Gelassenheit eher an die stoische Philosophie als an das Christentum. Man darf wohl sagen, dass aller bloßen Mystik die Versuchung zur Weltflucht wie ein Schatten folgen muss.» (GW 2, 172)

196 «Die Christusanschauung eines Theosophen» (1911). In: GW 2, 140 (Vgl. hierzu beispielsweise auch Rudolf Steiners detaillierte Ausführungen der Esoterischen Stunde vom 1.6.1907, in denen er beschrieb, dass der esoterisch übende Mensch eine reale Zukunftsarbeit vollziehe – «was der esoterische Schüler tut, ist [...] eigentlich eine Vorwegnahme dessen, was später geschehen wird» –, eine Zukunftsarbeit, die, so Steiner, von wesentlicher Bedeutung für die Zukunft der Menschheit und der Erde ist: «Niemals könnte sich unsere Erde fortentwickeln, wenn es nicht Menschen auf ihr gäbe, die schon so lebten, wie es erst in ferner Zukunft die ganze Menschheit tun wird. Wenn niemand auf der Erde wäre, der esoterische Übungen machen wollte, so müsste die Erde immer mehr und mehr erstarren. [...] Darum muss jeder Esoteriker sich dessen klar

bewusst werden, welch eine heilige Pflicht für den Fortschritt der Menschheit er erfüllt, wenn er esoterische Übungen macht.» [*Aus den Inhalten der esoterischen Stunden.* Band 1: 1904–1909. GA 266/1. Dornach 1995, S.215])

197 «Schulfragen vom Standpunkt der Geisteswissenschaft», Berliner Vortrag vom 24.1.1907 (in: Rudolf Steiner: *Die Erkenntnis des Übersinnlichen in unserer Zeit und deren Bedeutung für das heutige Leben.* GA 55. Dornach [2]1983, S.133).

198 Vgl. hierzu den weiteren Text sowie Anm. 271; dass Michael Bauer sich bereits während des Weltkrieges in Dornach aktiv für die Intentionen der Jugendgeneration einsetzte, bezeugen die autobiographischen Erinnerungen Andrej Belyjs: «Als die Stunde geschlagen hatte und es nötig wurde, in Dornach einen Kern aus jüngeren Menschen zu bilden, entstand dieser Kern hauptsächlich aus der Münchener Jugend, die unter den Fittichen der ‹alten› Stinde [Sophie Stinde] groß geworden war; die grauhaarige ‹Tante Stinde› in ihrer blauen Stola war immer dabei, wenn nicht auf den staubigen Baugerüsten, so in Ausschüssen, immer auf Seiten der Jugend, immer bereit, diese *gemeinsam mit Steiner und Bauer* gegen böswillige Angriffe zu verteidigen.» (*Verwandeln des Lebens,* S.260f.; Hervorhebung v.V.)

199 GW 4, 78.

200 «Der heilige Geist ist kein Skeptikus» (1920). In: GW 2, 81.

201 GW 4, 290.

202 In seinen vorbereitenden Aufzeichnungen zur Morgenstern-Biographie schrieb Michael Bauer einmal in einer längeren Ausführung nieder: «Nimmt man einen großen Sinn des Lebens auf Erden an, so kann ein Menschenleben mehr oder weniger sinnvoll verlaufen. Vielleicht kann man in kürzester Formel sagen: Der Mensch soll zu sich selber kommen, um dann in Freiheit eine kosmische Aufgabe zu erfüllen. Erwachen und Schaffen. Vollzieht sich der Lebenslauf in dieser Weise, dann könnte man von einem kanonischen Leben sprechen. Für unsere Zeit bestünde der Kanon in der Wiederbringung eines höheren Bewusstseins, wodurch unsere geistige Vereinsamung aufgehoben wird. Ja, schon diese geistige Vereinsamung und Blindheit zu fühlen, ist ein Stück des Kanons der Zeit. Insofern ist Morgensterns Leben im entsprechenden Maße kanonisch zu nennen. Er litt unter der Finsternis, stritt (mit Nietzsche) gegen das genügsame Bürgertum des Menschen, erfuhr den Durchbruch in die Gottverbundenheit, und beschritt bewusst den Weg zu einem gottesdienstlich-weltfrommen Leben.» (GW 4, 280f.)

203 «Das ganze Buch könnte als Suche nach dem Heiligen Gral gelten, insofern doch alles in der ganzen Breite und Mannigfaltigkeit dieses Lebens zusammenhilft, um die Richtung nach dem Gral deutlicher zu erkennen.» (GW 4, 280) Vgl. a. Anm. 194.

204 «Es gab für die Andacht-suchende Seele jener Zeit einen letzten Rest der geistigen Welt: die großen Menschen. Daher seine unendliche Verehrung für Nietzsche und in der Kehrseite seine Ablehnung des Philisters.» (GW 4, 287)

205 Über diesen letzten Vortrag Michael Bauers und seine denkwürdigen Umstände

schrieb Rudolf Rißmann, der Bauer nach Schwabach begleitet hatte: «Der Vortrag über Morgenstern vor den 200 Seminaristen war von kurzer Dauer. Bauer sprach langsam, seine Stimme kaum vernehmbar; immer wieder lange Pausen, als hätte er den Faden verloren. Wir waren beunruhigt. Auf der Heimfahrt klagte Bauer: ‹Die Atmosphäre war schlimm.› Jahre darnach erfuhr ich von einem Ohrenzeugen, dass der damalige Seminarpräfekt, ein orthodoxer Theologe, die Seminaristen vor dem Theosophen Bauer gewarnt hatte. Sie sollten sich vor dem Ketzer hüten, der an indische Seelenwanderung glaube, an eine unchristliche Wiedergeburt in Tiergestalt auf Erden. Bauer spürte deutlich den Widerstand der Zuhörer, dem sein zarter Körper nicht gewachsen war. Er kehrte todkrank nach Breitbrunn zurück. Nie mehr konnte er einen Vortrag halten.» (Rudolf Rißmann, a.a.O., S.122)

206 Zit. n. Christoph Rau, a.a.O., S.84.

207 Am 14.7.1915 hatte Rudolf Steiner über Christian Morgenstern in Norrköping gesagt: «Er hat [...], während er mit uns verbunden war innerhalb unserer anthroposophischen Strömung, aufgenommen dasjenige, was wir zu sagen haben über den Christus. Indem er aufnahm die anthroposophische Lehre, indem er diese anthroposophische Lehre mit seiner Seele so verband, dass sie wirklich das geistige Herzblut seiner Seele wurde, hat er diese Lehre auch so in seiner Seele aufgenommen, dass diese anthroposophische Lehre für ihn den Christus als Substanz in sich enthielt. Er hat sie mit der Christus-Wesenheit zugleich aufgenommen. Der Christus, wie er in unserer Bewegung lebt, ist in seine Seele zugleich übergegangen.» (*Christus und die menschliche Seele*. GA 155. Dornach [3]1994, S.166)

208 Vgl. Peter Selg: *Christian Morgenstern. Sein Weg mit Rudolf Steiner.* Stuttgart 2008.

209 Zit. n. Friedrich Rittelmeyer: «Michael Bauer als Mensch», S.105.

210 Rudolf Steiner: *Konferenzen mit den Lehrern der Freien Waldorfschule in Stuttgart* 1919–1924. Erster Band. GA 300a. Dornach [1]1975, S.62/61.

211 Ebd., S.76.

212 Zit. n. Christoph Rau, a.a.O., S.210. – Über die Bedeutung der gegenseitigen Arbeits-Wahrnehmung innerhalb des Lehrerkollegiums sagte Rudolf Steiner am 11.9.1921 im Rahmen einer Stuttgarter Lehrerkonferenz: «Ich habe Ihnen gesagt, es ist gut, sich mit der Dissertation Baravalles (*Zur Pädagogik der Mathematik und Physik*. Stuttgart 1921) zu befassen. Ich möchte erwähnen, dass es überhaupt im allgemeinen aus okkulten Untergründen heraus für die Belebung des Unterrichts in allen Fächern eine große Bedeutung hat, wenn ein lebhaftes Interesse vorhanden ist für Arbeiten, die aus dem Lehrerkollegium heraus geleistet werden. Dies ist außerordentlich wichtig; es belebt das ganze Lehrerkollegium, wenn ein richtiges Interesse genommen wird an Originalarbeiten der Mitglieder des Lehrerkollegiums. [...] Das ist tatsächlich so, dass spirituelle Kräfte, die im Lehrerkollegium sind, das Lehrerkollegium tragen durch die Gegenseitigkeit des innerlichen wissenschaftlichen Erlebens.»

(Rudolf Steiner: *Konferenzen mit den Lehrern der Freien Waldorfschule in Stuttgart* 1919–1924. Zweiter Band. GA 300b. Dornach [1]1975, 43f.)

213 Zit. n. Margareta Morgenstern, a.a.O., S. 143.

214 Zit. n. Christoph Rau, a.a.O., S. 80.

215 Über die von Rudolf Steiner für das erste Lebensjahrsiebt prioritär thematisierten Nachahmungsprozesse (vgl. Peter Selg: *Vom Logos menschlicher Physis. Die Entfaltung einer anthroposophischen Humanphysiologie im Werk Rudolf Steiners.* Dornach [1]2000, S. 593ff.) schrieb Bauer beispielsweise: «Dass die Nachahmung in der ersten Kindheit eine große Rolle spielt, ist eine Binsenweisheit. Ihre ganze Reichweite und ihren Ursprung aufzuzeigen, war der Geisteswissenschaft vorbehalten. Auffälligste, nicht wichtigste Äußerungen der Nachahmung sind es, wenn das Kind unter den Tisch kriecht und bellt oder wenn es die Brille der Großmutter aufsetzt und ins Buch guckt. Auf eine viel heimlichere und innigere Weise vollziehen sich unter der Nachahmung ungleich wichtigere Dinge. Wie wir, wenn wir in einen gotischen Dom oder in einen schönen Hochwald eintreten, etwas wie ein Aufgerichtetwerden erfahren, so wird das kleine Kind durch alles, was es in seiner Umgebung wahrnimmt, bis ins Innere, bis ins Organische bewegt. Es würde nie sprechen lernen, wenn nicht längst, ehe es selbst die ersten Sprechversuche macht, bei dem, was ihm die Mutter vorplauscht, seine Sprachwerkzeuge leise mitschwängen. Der Erwachsene lernt einfach gewisse schwierige Laute einer fremden Sprache, zum Beispiel des Russischen, deshalb nicht mehr richtig, weil er nicht mehr zuhören kann wie das Kind. Man kann das nachahmende Verhältnis des Kindes zur Umgebung gar nicht folgenschwer genug denken. Nicht bloß die Laute ergreifen das Kind. Der Zorn, der aus einer Rede klingt, die Güte, welche die Worte fügt, disponieren das zuhörende Kind geradezu für die Zukunft zu Zorn und Güte. Die intimste intellektuelle und moralische Struktur des kindlichen Organismus wird auf dieser Stufe den Vorgängen in der Umgebung entsprechend umgebildet. Das Kind dieses Alters ist eine solche Ganzheit, dass das Vertrauen, mit dem es ins Leben blickt, und die Kräfte, die an seinem Leibe bauen, völlig als Einheit wirken. Die vertrauenden Bildekräfte werden auf dem Umweg über die Sinne zur heimlichen und offenen Nachahmung aufgerufen und verwandeln, weil es *Bildekräfte* sind, nachahmend die innere Gestalt des Kindes selber.» (GW 2, 95f.)

216 Brief an Heinrich Redlich. 1.5.1922. In: GW 5, 89.

217 Bereits sieben Jahre zuvor, zu Beginn des Jahres 1914, auf der Generalversammmlung der Anthroposophischen Gesellschaft, und wenige Monate später in schriftlicher Form war Michael Bauer intensiv für die Verbreitung der Schrift Eugène Lévys *Rudolf Steiners Weltanschauung und ihre Gegner* eingetreten. In den von Mathilde Scholl herausgegebenen «Mitteilungen für die Mitglieder der Anthroposophischen Gesellschaft» hatte er im April 1914 in einem offenen Brief formuliert: «Warum hat Lévy dies Buch geschrieben? Wer es aufmerksam liest, wird den Grund heraushören können. Er tat es, weil er auf das Lebhafteste empfindet, dass es sich um seine ureigenste Angelegenheit handelt, wenn ir-

gendwo und von irgendwem Dr. Steiners Weltanschauung oder die anthroposophische Bewegung überhaupt oberflächlich und unrichtig dargestellt wird. – Ob es nicht gut wäre, wenn wir alle anfangen ein wenig ähnlich wie Lévy zu empfinden? – ‹Und alle ein Buch schreiben?› – Nein; aber das Buch rechtschaffen nützen. – Wir sind nun fast 4000 Mitglieder; d.h. wir haben zusammen sehr viele Augen, die aufpassen können. Es dürfte uns wirklich wenig entgehen von dem, was über unsere Bewegung von Außenstehenden in Vorträgen und Schriften gesagt wird. Seien Sie so gut, verehrte anthroposophische Freunde, und machen Sie mir von all den Fällen, wo Missverstand und schiefes Urteil vortragend oder drucken lassend gegen uns am Werke ist, eine kurze Mitteilung! Ich werde den Betreffenden dann von Verlags wegen [Philosophisch-theosophischer Verlag, Berlin] ein Exemplar des Lévy'schen Buchs zusenden.» (No. VI, S.51)

218 29.4.1921. In: GW 5, 154.

219 Zit. n. Christoph Rau, a.a.O., S.206.

220 Rudolf Steiner: *Die Geheimnisse der Schwelle,* S.235.

221 Nach seinen Dankesworten für das Buch, in denen er auch auf seine eigene Stellung in den Kämpfen um die anthroposophische Weltanschauung und Kulturwirksamkeit eingegangen war, hatte Rudolf Steiner am Ende des Briefes im Hinblick auf die innere Aufgabensituation innerhalb der anthroposophischen Bewegung formuliert: «Im Grunde ist ja die anthroposophische Bewegung mit allem im Anfange; und die Hauptsorge ist, sie selbst auszubilden. Mir selbst tritt das immer wieder vor die Seele. Wie stark stellt zum Beispiel das, was ich in dem eben vollendeten hiesigen Ärztekurs geben konnte, einen *Anfang* dar. Vor mir stehen diese Dinge, die ich da zu sagen hatte, wie die ersten Elemente, und was sich daran anschließen sollte, ist noch turmhoch. Aufgaben sind da; und die Zeit mangelt in allem. Das ist nur eine objektiv gemeinte Schilderung des Tatbestandes; es kann natürlich nicht anders sein. Wenn meine Sätze aussehen würden wie ein schmerzliches Beseufzen, so wäre dieser Eindruck nicht richtig. Ich sage es, weil es zu geschehen hat, nicht um zu klagen, dass so vieles nicht geschieht.» (Zit. n. Friedrich Rittelmeyer: *Meine Lebensbegegnung mit Rudolf Steiner,* S.108)

222 GW 5, 156.

223 «Die Waldorfschule ist zwar ein Kind der Sorge, aber vor allem ist sie auch ein Wahrzeichen für die Fruchtbarkeit der Anthroposophie innerhalb des geistigen Lebens der Menschheit.» (Rudolf Steiner: *Die Konstitution der Allgemeinen Anthroposophischen Gesellschaft und der Freien Hochschule für Geisteswissenschaft*. GA 260a. Dornach [2]1987, S.405)

224 «Was nämlich der Einzuweihende mitbringen muss, ist ein in gewisser Beziehung ausgebildeter *Mut* und *Furchtlosigkeit*.» (Rudolf Steiner: *Wie erlangt man Erkenntnisse der höheren Welten?*, S.71; zur Mutqualität in der spirituellen Schülerschaft und in der direkten Vertretung der Anthroposophie vgl. u.a. Peter Selg: *Der Mut des Heilens. Über Ita Wegman*. Arlesheim 2017 und Peter Selg: *Ita Wegman und die Heilkraft des Goetheanum*. Arlesheim 2018.)

225 GW 4, 45.

226 «Geheimschulung nach Rudolf Steiner» (1921). In: GW 2, 303.

227 Ebd., S. 312.

228 GW 4, 61.

229 Elisabeth Klein, zit. n. Christoph Rau, a.a.O., S. 53.

230 Elisabeth Klein, zit. n. Christoph Rau, a.a.O., S. 206.

231 Über die Haus- und Lebenssituation Michael Bauers und Margareta Morgensterns in Breitbrunn schrieb der Besucher Michail Čechov unter anderem: «Breitbrunn am Ammersee – ein kleines Dorf in Bayern. Auf einer Anhöhe über dem Seeufer steht ein schönes, zweistöckiges Haus. Es ist aus Holz, und wenn der Herbststurm bläst, fängt es an zu schaukeln wie ein Schiff auf dem Meer. Die Zimmer sind gemütlich, und alle, außer einem im oberen Stock, sind vollgestopft mit Mobiliar, Tischen insbesondere. Auf diesen Tischen liegt viel Papier herum, Manuskripte und Korrekturen. An den Wänden überall Bücher. Stille. Das Haus hat nur zwei Bewohner. Oben liegt im Bett ein Mann mit eingefallenem, strengem, schönen Gesicht. Sein Name ist Michael Bauer. [...] Das ganze Papier, die Notizbücher, Manuskripte und Korrekturen auf den Tischen im Erdgeschoß waren Materialien für die postume Veröffentlichung von Christian Morgensterns Werken.» (*Leben und Begegnungen. Autobiographische Schriften*. Stuttgart 1992, S. 294f.)

232 Margareta Morgenstern, a.a.O., S. 143. – Friedrich Rittelmeyer schrieb über Bauers Garten in Breitbrunn: «Das kleine Blumengärtchen vor seinem Häuschen am Ammersee, zu dem ihm Menschen aus allen Weltgegenden die Samenkörner gesandt, weil sie seine Liebe zu den Blumen kannten, hatte etwas von dem Hauch des Paradieses. Die Blumen fühlten sich sichtlich wohl in dieser Obhut.» («Michael Bauer als Mensch», S. 106)

233 Brief an Andreas Körner. Etwa 1921. In: GW 5, 82.

234 Brief an Marie Schenk. 5.3.1922. In: GW 5, 86f.

235 Zit. n. Margareta Morgenstern, a.a.O., S. 140.

236 Margarita Woloschina, a.a.O., S. 332.

237 In anekdotischer wie auch urbildlicher Weise beschrieb Wilhelm Kelber diese geistige Schutz- und Begleitfunktion Michael Bauers mit den Worten: «Einmal hatte ich Frau Morgenstern über den See gerudert nach Utting zu Einkäufen. Als wir zurückfuhren, kam Sturm, und wir hatten zu tun, gut ans Ufer zu kommen. Diese verehrte Frau im Boot, in das immer mehr Wasser eindrang, das wollte mir den Atem verschlagen. Aber mit einer Gelassenheit, als schöpfe sie Wasser für ihren Garten aus dem Brunnen, hob sie ohne Eile eine Kelle nach der anderen aus dem Kahn und begann zu erzählen, wie sie in ihrer Jugend das Reiten gelernt habe. – Je näher wir dem Ufer kamen, desto deutlicher erkannten wir Michael Bauers hohe Gestalt am Fenster. Auf dem Tisch an seinem Fenster sahen wir dann das Fernglas liegen, mit dem er über den ganzen See unsere Fahrt verfolgt hatte. Dieses Bild ist mir von ihm nicht mehr zu trennen. *So hat er, so weit sein Blick reichte, ungezählte Lebensschifflein begleitet und behütet.*» (Zit. n. Kurt von Wistinghausen, a.a.O., S. 213f.; Hervorhebung v. V.)

238 Rudolf Steiner: *Die Geheimnisse der Schwelle*, S.235.
239 GW 5, 87.
240 Alexander Strakosch, a.a.O., S.203.
241 «Sie müssen ja durchkommen. Bei mir sitzt es tiefer unten und ich bin froh, wenn ich noch einiges arbeiten kann.» (Brief an Friedrich Rittelmeyer. 29.4. 1921. In: GW 5, 155)
242 GW 2, 215.
243 In einem exemplarischen Brief schrieb Michael Bauer, der dem «Pädagogischen Jugendkurs» Rudolf Steiners überaus nahe stand, an den jungen Rudolf Rißmann: «Sehen Sie nur zu, dass Sie durch das forcierte Sprachenstudium und die anschließende Universität nichts von dem einbüßen, was Sie für die spätere Arbeit nötiger brauchen als den Dr.-Titel, der Ihnen freilich gleichwohl von manchem Vorteil sein kann. Menschen, wie sie die Universitäten ausstatten, haben wir ja, das wissen Sie auch, mehr als genug. Und dennoch ringsum Kulturlosigkeit. Wir brauchen Menschen, die mit frischem Sinn in die Welt blicken und die Mut haben zuzugreifen. Das sind Dinge, die man auf unseren Schulen heute leider nicht lernt, die man sich im Gegenteil durch die Schulen mühsam und klug hindurchretten muss. Also seien Sie klug, lieber junger Freund. Und helfen Sie schon dazwischenhinein in der freien A.[nthroposophischen] G.[esellschaft] mit.» (18.9.1923; in: GW 5, 94)
244 «Was als geistige Substanz durch die Priesterschaft der Christengemeinschaft strömt, ist ihr […] aus der geistigen Welt durch meine Vermittlung gereicht worden.» (Rudolf Steiner: *Vorträge und Kurse über christlich-religiöses Wirken V*, S.12) Vgl. a. Peter Selg: *Menschen-Weihehandlung. Rudolf Steiner und die Priestergemeinschaft der christlichen Erneuerung*. Arlesheim 2016.
245 GW 4, 82.
246 Vgl. zu den Breitbrunner Wochen u.a. die ausführlichen Schilderungen von Alfred Heidenreich (*Aufbruch. Die Gründungsgeschichte der Christengemeinschaft*. Stuttgart 2000, S.50ff.), Joachim Sydow (*Aus der Begründungszeit der Christengemeinschaft*. Basel 1989, S.53ff.) und Ellen Huidekoper (*In silberner Finsternis. Eduard Lenz*. Stuttgart 2003, S.91ff.).
247 Friedrich Rittelmeyer: «Michael Bauer als Mensch», S.107.
248 Wolfgang Gädeke: *Anthroposophie und die Fortbildung der Religion*. Flensburg 1990, S.298 (das dort Michael Bauer zugeschriebene, dokumentarisch unbelegte Zitat findet sich – ohne Autorenangabe – auch in den publizierten Erinnerungen von Gottfried Husemann: «Die Begründung der Christengemeinschaft» [in: Erika Beltle/Kurt Vierl (Hg.): *Erinnerungen an Rudolf Steiner*. Stuttgart 1979, S.306] und wurde nach mündlicher Auskunft von Wolfgang Gädeke von Husemann auf Michael Bauer bezogen).
249 «Es ist […] durchaus so, […] dass der Arbeit von unten her durch die relig. Bewegung eine Antwort von oben her wird, dass die Bewegung also eine Hilfe für den Esoteriker bedeutet.» (Brief an Wilhelm Kelber. 3.1.1923. In: GW 5, 90)
250 Vgl. hierzu u.a. Rudolf Steiners grundlegende Ausführungen vom 29.9.1922, in: *Die Grundimpulse des weltgeschichtlichen Werdens der Menschheit*. GA

216. Dornach [3]1988. – Vieles spricht dafür, dass Michael Bauer als einer der ganz wenigen Anthroposophen die von Rudolf Steiner geschilderte Wirkung der kultischen Vollzüge auf geistige Wesenheiten und ihre Bedeutung für die Zukunft der Erde aus eigener geistiger Anschauung kannte («wie die Erde in ihrer Vernichtung auferstehen wird aus den elementarisch sich erlebenden Wesenheiten, die in dem richtig verstandenen Kultus sich in die Zukunft hinein entwickeln»; ebd., S.100).

251 Rudolf Steiner: *Vorträge und Kurse über christlich-religiöses Wirken IV.* GA 345. Dornach 1994, S.28.

252 Brief an Helga Geelmuyden. Breitbrunn, 8./11.7.1927. In: GW 5, 102.

253 Zit. n. Christoph Rau, a.a.O., S.87.

254 «Viele haben in ihm eine ermutigende Verkörperung durchchristeten Menschentums, einen ‹Heiligen unserer Tage› erlebt, *dessen Herz nicht neben, sondern in der Welt und im Denken schlägt.*» (Zit. n. Christoph Rau, a.a.O., S.220; Hervorhebung v.V.)

255 GW 4, 68.

256 «Auf dem Heimweg [von Breitbrunn] durch den Wald war Lenz betrübt. ‹Ich kann ihn nie wieder besuchen›, sagte er bekümmert. ‹Warum?› – ‹Ich habe beim ersten Besuch bei dem Eingeweihten versagt.› Nun erzählte er, dass er von Michael Bauer nach einer bestimmten Persönlichkeit gefragt worden wäre, und er habe aus Überzeugung Negatives geäußert. Er war verzweifelt darüber.» (Elisabeth Klein, zit. n. Christoph Rau, a.a.O., S.207)

257 Vgl. hierzu u.a. die eindrucksvolle Arbeit von Ellen Heidekoper: *In silberner Finsternis. Eduard Lenz.* Stuttgart 2003.

258 «Die entscheidende Wendung» (1911). In: GW 2, 219. – Im Einzelnen hieß es dort: «Wir müssen den Widerspruch, den wir in jeder wachen Stunde empfinden zwischen der Sehnsucht unserer Seele nach Vollkommenheit und dem stetig drohenden Tod, bis zu solcher Kraft vertiefen, dass ein grundstürzender Entschluss von dieser Kraft getragen werden kann. Da die Hilfsmittel unsrer gewöhnlichen Seelenverfassung nicht zureichen – der Tod, der gerade dieses Bewusstsein mitgeschaffen hat, wird ja nicht uneins in sich selbst – können wir Hoffnung auf Erfüllung unserer Sehnsucht nur haben, wenn es uns gelingt, einen ganz neuen Standpunkt, *einen völlig anderen Lebensgrund außerhalb des Todes* zu erlangen. Vorübergehende Störungen der natürlichleiblichen Gesundheit mögen durch die Ausgleichskräfte des Schlafs und durch die Mittel, die uns die Natur zur Verfügung stellt, überwunden werden. Die uralte durch die Geschlechter der ganzen Menschheit fortgeerbte Bewusstseins- und Todeskrankheit aber fordert stärkere, stärkste Hilfs- und Heilkräfte. Aus übersinnlichen, übertodlichen, göttlichen Bezirken muss da die Hilfe kommen. Und in der Tat kommt sie von daher – hier blitzt wie der Stern des neuen Lebens das Wesen des Christentums auf: durch Christus, den durch den Tod Gegangenen, Auferstandenen. Mit ihm vereint können wir mitten in der Zeit unsere Ewigkeit und mitten in der Umfangung des Todes unsere Unsterblichkeit erfahren.» (ebd.; Hervorhebung v.V.)

259 Friedrich Rittelmeyer: «Michael Bauer als Mensch», S. 107.
260 Zit. n. Margareta Morgenstern, a.a.O., S. 151.
261 Vgl. Anm. 9.
262 Über die selbstlose, «schöpferisch-schenkende» Liebe und das ihr entgegengesetzte selbstbezogen-subjektive Begehren notierte Michael Bauer in einem anderen Zusammenhang: «Zunächst schreibt der Mensch seinem Ich gleicherweise Liebe und Begehren zu. Gelangt er aber auf den Grund seines Wesens, so erlebt er ein schöpferisch-schenkendes Ich verknüpft mit einem bedürftigen Leib. Nicht das Ich begehrt, sondern der Leib. Und insofern es in diesen Leib eingetaucht ist, erhält das Begehren die Ich-Farbe.» (GW 4, 80)
263 Im Hinblick auf Rudolf Steiner und die in ihm lebende Selbstlosigkeit und Liebe sagte Michael Bauer in einer unscheinbaren Vortragsbemerkung anlässlich einer Neuausgabe der Schrift «Welt- und Lebensanschauungen im 19. Jahrhundert» in München Ende April 1914 «Die ‹Welt- und Lebensanschauungen des 19. Jahrhunderts›, die jetzt erschienen sind, konnten [...] ermöglichen, einen eigentümlichen Blick *in das Wesen Dr. Steiners* zu machen. Er führt vorüber die großen Denker des vorigen Jahrhunderts in einer solchen selbstlosen Art, dass man den Autor nur in der Vorrede erkennt: Leise heraus, in einer keuschen, selbstlosen Art ist er eingegangen auf den Grundnerv jedes dieser großen Denker, wie man kein Buch dieser Art findet.» («Dr. Steiner und seine kulturelle Mission». Archiv am Goetheanum; Hervorhebung v. V.; vgl. diesbezüglich auch meine Studie *Das Fünfte Evangelium und die Kultur der Selbstlosigkeit*. Dornach 2006.)
264 GW 2, 333.
265 Brief an Wilhelm Kelber. 3.1.1923. In: GW 5, 91.
266 Brief an Albert Steffen. 14.1.1923. In: GW 5, 192.
267 Brief an Albert Steffen. September 1923. In: GW 5, 194.
268 «Rudolf Steiner und der Schulungsweg». In: GW 4, 178.
269 Michael Bauers objektiv-nüchterner Brief an Rudolf Steiner, der bereits wiederholt ratgebend in die Behandlung Bauers einbezogen gewesen war, hatte den – die gegebene Lage verdeutlichenden – Wortlaut: «Verehrter, lieber Herr Doctor! Augenblicklich ist mein Gesundheitszustand in einer leidlich guten Phase. D. h. ich habe jetzt Tage, in denen die Temperatur auch abends ziemlich normal ist, so dass die Nachtschweiße (die übrigens nie stark waren und sich eigentlich nur auf die Nacken- und Schulterblattgegend erstreckten) aufgehört haben, der Appetit um ein wenig sich hob und eine leichte Zunahme der Kräfte zu bemerken ist. Geringfügige Hämorrhoidalknoten, die seit etlichen Tagen bestehen und nicht lästig sind, weil sie sich fast täglich entleeren, dürften das Gesamtbefinden eher günstig beeinflussen. Diese Blutungen betreffend möchte ich wohl an eine Besserung überhaupt glauben, ich denke infolge der Kupfersalbe. Auch der Tee, den Dr. Noll empfahl und der (außer Lungenkraut, Schafgarbe, Wermut, Melisse, Zinnkraut) auch die früher schon von Ihnen angeratene Brennessel enthält, könnte mitgewirkt haben. – Leider folgte bisher solchen meist kurzen günstigeren Zeiten immer wieder eine schlechtere Peri-

ode, in welcher der vorausgegangene Gewinn schnell vertan war und allem Anschein nach jedes Mal etwas darüber hinaus verbraucht wurde. Denn im ganzen muss ich eine langsame, aber stetige Abnahme meiner Kräfte feststellen. Ich bin jetzt soweit, dass mir z.B. Ankleiden und Waschen schon kurzen Atem und raschen Puls bringt und mehrmaliges Hin- und Hergehen im Zimmer mich bereits müde macht. Das Atmen erfolgt überhaupt, auch wenn ich im Bett liege, meist mit kurzem ruckartigem Einatmen. In schlechten Zeiten fühle ich nicht selten den Puls durch das Ausatmen ‹hindurchsacken›, das Atemgeräusch also durch den Pulsschlag gleichsam abgeteilt. Die Sputum absondernde Stelle in der Lunge hat sich indessen kaum wesentlich vergrößert. Es ist in der Hauptsache nur der mittlere und vielleicht auch untere Teil der rechten Lunge. Entmutigend sind die schlechten Perioden vor allem auch dadurch, dass dann der Kopf fast unbrauchbar ist. Ich lebe dann gewissermaßen nur vom Vergangenen und finde nicht die Kraft zu der Sammlung, in der allein das Denken mir noch Wert zu haben scheint. Ob ich unter solchen Umständen die Biographie Christian Morgensterns, zu welcher die Vorarbeiten ziemlich weit gediehen sind, zu Ende bringe, ist mir oft recht fraglich. – Innerlich geht es mit diesem Gesundheitswechsel mehr oder weniger auf und ab. In guten Stunden ist mir die geistige Welt jedoch näher als je und mitunter hoffte ich, ich könnte doch noch den Punkt erreichen, auf dem es mir vergönnt wäre, durch ernsthafte Mitarbeit für die Liebe, die Sie geduldig durch nun fast 20 Jahre an mich gewendet haben, dankbar zu werden. Möchte die nächste Inkarnation mich brauchbarer finden! – Stets Ihr von Herzen ergebener Michael Bauer.» (Rudolf Steiner Archiv, Dornach)

270 Brief an Albert Steffen. Januar 1924. In: GW 5, 195f.

271 Wie wesentlich die Jugend-Frage für Rudolf Steiners Entschluss war, den Vorsitz der Allgemeinen Anthroposophischen Gesellschaft zu übernehmen – und dadurch ihre Führung selbst zu gestalten –, deutete er auf der Weihnachtstagung in Dornach in einer unscheinbaren Nebenbemerkung an. Im Rückblick auf die Stuttgarter Delegierten-Versammlung zehn Monate zuvor und den dort von ihm erteilten Rat, angesichts der generationalen Probleme eine «Freie Anthroposophische Gesellschaft» für die Jugend zu gründen, sagte Rudolf Steiner am 24.12.1923: «Es ist ja während einer Stuttgarter Tagung gerade für mich nötig geworden, jenen schweren Entschluss zu fassen, den Rat zu geben, die Gesellschaft in Deutschland in zwei Gesellschaften zu teilen: in die Fortsetzung der alten Gesellschaft und in die Begründung derjenigen Gesellschaft, in der vorzugsweise die Jugend vertreten sein sollte: der Freien Anthroposophischen Gesellschaft. – Ich sage Ihnen, meine lieben Freunde, es war dazumal ein schwerer Entschluss, diesen Rat zu geben. Es war das aus dem Grunde ein schwerer Entschluss, weil im Grunde genommen ein solcher Rat allen Grundfesten der Anthroposophischen Gesellschaft widersprach. Denn, wenn nicht diese, welche Vereinigung von Menschen hier in der irdischen Welt sollte eine Stätte sein dafür, dass die Jugend, die heutige Jugend, sich voll darinnen geborgen fühlt! Es war eine Anomalie. *Und es war vielleicht eins der bedeutsamsten*

Symptome, die dann einflossen in den Entschluss, Ihnen hier zu sagen, dass ich die anthroposophische Bewegung in der Anthroposophischen Gesellschaft nur weiterführen kann, wenn ich selber in der Anthroposophischen Gesellschaft, die hier neu begründet werden soll, den Vorsitz übernehmen kann. – Es ist ja so, dass mit der Jahrhundertwende tief, tief im Innern des geistigen Geschehens etwas vorgegangen ist, etwas, was sich in seinen Wirkungen zeigt in den äußeren Ereignissen, unter denen die Menschen auf Erden stehen. Einer der größten Umschwünge ist auf geistigem Gebiet geschehen. Er hat sich vorbereitet Ende der siebziger Jahre, er ist zu seiner Kulmination gekommen gerade mit der Jahrhundertwende. Alte indische Weisheit hat auf ihn hingedeutet als das Ende des Kali Yuga. Viel, viel, meine lieben Freunde, ist damit gesagt. Und wenn ich in der letzten Zeit in mannigfaltiger Weise jungen Freunden in allen mir zugänglichen Ländern der Erde entgegengetreten bin – immer wieder und wieder –, musste ich mir sagen: Das, was in diesen jugendlichen Herzen schlägt, was in einer so schönen und oftmals auch so unbestimmten Weise entgegenlodert geistiger Betätigung, das ist der äußere Ausdruck für dasjenige, was im tiefsten Inneren des geistigen Weltenwebens im letzten Drittel des 19. Jahrhunderts bis zum 20. Jahrhundert hin sich vollzogen hat.» (Rudolf Steiner: *Die Weihnachtstagung zur Begründung der Allgemeinen Anthroposophischen Gesellschaft* 1923/1924. GA 260. Dornach [5]1994, S.39f.; Hervorhebung v.V.)

272 In: GW 5, 141f.

273 Brief an Friedrich Rittelmeyer. 18.8.1924. In: GW 5, 169.

274 Zit. n. Christoph Rau. In: GW 4, 27.

275 GW 5, 168.

276 Brief von Friedrich Rittelmeyer an Michael Bauer. 8.9.1924. In: GW 5, 169f.

277 In: GW 5, 171.

278 «Wie in diesen stillen Stunden [der Krankheitszeit im Atelier] gekämpft wurde gegen den Anprall feindlicher Mächte, ist eigentlich nicht möglich zu beschreiben.» (Ita Wegman, London 27.2.1931, Vortragsentwurf. Zit. n. Emanuel Zeylmans van Emmichoven: *Wer war Ita Wegman. Eine Dokumentation.* Band 1. Dornach [2]2000, S.316) Wie insbesondere Rudolf Steiners Ärztin und Begleiterin seiner letzten sechs Lebensmonate, Ita Wegman, berichtete, war Rudolf Steiners Wesensgefüge seit dem vernichtenden Brandanschlag auf das Goetheanum schwer labilisiert – «‹im Vergleich zu anderen Menschen bin ich auf Erden eigentlich schon gestorben›, war öfter sein Ausspruch» (zit. n. Emanuel Zeylmans van Emmichoven, a.a.O., S.315). Wegman war seit der Goetheanumzerstörung darum bemüht gewesen, Rudolf Steiner zu schützen, hatte im Verlauf des Jahres 1923 die ganze Tragik der Anthroposophischen Gesellschaft miterlebt – «was da für Enttäuschungen an Menschen durch Rudolf Steiner erlebt wurde, war erschütternd zu sehen» (ebd.) –, dann jedoch auch Rudolf Steiners Willenswendung und -entscheidung zur Weihnachtstagung mitsamt der damit implizierten Verantwortungsübernahme für den weiteren Fortgang der Anthroposophischen Gesellschaft («Es war ein ungeheures Wagnis, eine Tat, bei der man, als sie geschah, fast die Erschütterung des ganzen Kosmos

empfinden und fühlen konnte.» «Das Opfer wurde gebracht. Zielvoll und bewusst.» «So, wie die Christus-Wesenheit sich mit der Erde verband zum Wohle der Menschheit, so identifizierte Rudolf Steiner sich mit der Anthroposophischen Gesellschaft. Es war eine Christus-Tat.» Ita Wegman: *An die Freunde*. Dornach [3]1986, S.12/38). Nach Ita Wegman bekämpften die Anti-Michael-Dämonen Rudolf Steiners Werk, aber auch seine irdische Existenz in der letzten Entscheidungszeit mit aller Macht («versuchen es die Gegenmächte mit dem physischen Leib»; Brief Rudolf Steiners an Marie Steiner, 15.10.1924. In: Rudolf Steiner/Marie Steiner-von Sivers. *Briefwechsel und Dokumente 1901–1925*. GA 262. Dornach [1]1967, S.242). Sie konnten durch die ungenügende Aufnahme und Realisierung der Weihnachtstagung durch die Mitglieder der Anthroposophischen Gesellschaft nicht hinreichend zurückgedrängt oder gar überwunden werden: «Es war eines Tages, dass mir von Rudolf Steiner mitgeteilt wurde, wie Anti-Michael-Dämonen rücksichtslos an die Arbeit sich begeben, das Werk Michaels nicht aufkommen zu lassen und zu zerstören. Sie verbergen solche Absichten, und nur Menschen können den Dämonen ihre Geheimnisse entlocken. Nur Menschen sind es, die von Dämonen-Geheimnissen ein Wissen haben können. Die Götter warten auf diese Geheimnisse, die ihnen die Menschen entgegenbringen, und die Götter sind es, die diese Geheimnisse der Dämonen den Menschen wiederum nur enträtseln können. Durch solches Opfern der Menschen an die Götter von Dämonen abgerungenen Geheimnissen wird finsteres Tun dieser Dämonen abgewendet, so dass, wo Finsternis gewaltet hat, das geistige Licht wieder aufleuchten kann. – Diese Anti-Michael-Dämonen, zu denen auch Klingsor und seine Schar gehört, waren tüchtig am Werk und machten höhnende Drohungen, sich geltend zu machen, wenn die Michaels-Impulse, die so mächtig eingesetzt hatten, nicht zum Durchbruch kommen können. – Meine bange Frage war: was wird geschehen, wenn dies nicht gelingt? Und die Antwort lautete: dann wird das Karma walten.» (*An die Freunde*, S.102f.) «Anscheinend wurde mit großer Begeisterung dieses [Ereignis der Weihnachtstagung] aufgenommen. Aber war sie wirklich in den Herzen der Menschen aufgenommen? Der Anruf der Elementargeister, in der Grundsteinlegung zu Zeugen aufgerufen, die Bitte, Menschen mögen es hören, haben nicht das erreicht, was sie hätten erreichen sollen, Menschen-Ohren blieben taub, und die Elementargeister erwarteten erwartungsvoll, was von Menschen kommen konnte und wurden unruhig, als nicht genügend Echo von Menschen zurück ertönte, sagte mir Dr. Steiner. Dann sprach Rudolf Steiner von einem Versprechen, das er der geistigen Welt gegenüber gemacht hatte und es halten müsste, wenn die Dinge nicht anders würden.» (Zit. n. Emanuel Zeylmans van Emmichoven, a.a.O., S.315) – Auch Friedrich Rittelmeyer erinnerte in seinen Gedenkaufzeichnungen an Rudolf Steiner ein Gespräch im Mai 1924 u.a. mit den Worten: «Fast erdrückt schien er von dem Versagen seiner Anhänger.» (*Meine Lebensbegegnung mit Rudolf Steiner*, S.156f.)

279 Zit. n. Kurt von Wistinghausen, a.a.O., S.151.

280 «Über die Schülerschaft». In: GW 2, 325.

281 Ebd., S.324.
282 Seine entsprechenden Aufzeichnungen begann Michael Bauer mit den Sätzen: «Die meisten Menschen wissen wohl nicht viel mit Christus anzufangen, wenn sie bloß über ihn hören, lesen, und wenn sie alle christlichen Forderungen als von außen kommend empfinden. Erst, wenn man entdeckt hat, dass man das, was verlangt wird, ja selber wünscht und will, tritt einem Christus plötzlich nahe, nein, nicht bloß nahe, sondern er spricht und lebt damit schon in uns selbst. Dies empfinden zu lassen in meinem Buch ist vor allem wichtig.» (GW 4, 177)
283 GW 4, 179.
284 Brief an Minna Rißmann. 14.8.1904. Zit. n. Rudolf Rißmann: «Rudolf Steiner Anfang des Jahrhunderts», S.26.
285 Ebd.
286 Ebd.
287 Zit. n. Margareta Morgenstern, a.a.O., S.161.
288 GW 4, 180.
289 Brief an Albert Steffen. 17.7.1925. – Bauers Beitrag erschien dann jedoch nur neun Tage später im «Goetheanum» (Heft Nr.30, 26.7.1925).
290 «Über die Schülerschaft». In: GW 2, 326f.
291 «Vom neuen Menschen» (1925). In: GW 2, 315.
292 «Rudolf Steiner und der Schulungsweg». In: GW 4, 201.
293 «Vom neuen Menschen» (1925). In: GW 2, 315.
294 Ebd., S.320.
295 «Über die Schülerschaft» (1930). In: GW 2, 328.
296 Brief an Helga Geelmuyden. 10.10.1925. In: GW 5, 100.
297 Ebd.
298 Vgl. bzgl. der notwendigen Durchchristung der – ahrimanisch bedrohten – Naturvorgänge und -kräfte u.a. Rudolf Steiners Ausführungen in dem Wiener Pfingstvortrag «Anthroposophie als ein Streben nach Durchchristung der Welt» (Wien, 11.6.1922; GA 211) sowie die weiterführenden Wiener Darstellungen vom September/Oktober 1923 «Die Anthroposophie und das menschliche Gemüt» (GA 223). Der in den genannten Vorträgen von Rudolf Steiner entwickelte Inhalt wirft nicht nur ein weitreichendes Licht auf Michael Bauers spirituelles Naturverhältnis, sondern eröffnet Blicke auf seine gesamte Wesensart. – Über ein Gespräch Bauers mit Johannes Hemleben notierte Margareta Morgenstern: «Mit H.[emleben], dem Priester, der vordem *Botaniker* war, sprach Bauer ganz wunderbar über die Möglichkeit und Notwendigkeit von PflanzenNeuzüchtungen. […] Eine Verwandlung, Neuzüchtung sei nur möglich durch gründliche meditative Arbeit. Durch eine solche müsse man die Hilfe der Engelwesen mit aufrufen. Eine bestimmte Pflanze, die sehr ausdauernde Quecke, ein sonst sehr lästiges Unkraut, nannte er. Diese müsse sich verwandeln, umgestalten lassen, wenn man sich dabei die *höhere* Form vorstelle, indem man sie so aus dem Geistigen heraus mit Hilfe der Engelwesen neu *schaffe*. M.[ichael] B.[auer] meinte, in etwa ein und einem halben Jahre müsse man

dann schon die Einwirkung auf die Pflanze bemerken [...].» (Zit. n. Christoph Rau, a.a.O., S.121f.)

299 Rudolf Steiner: *Anthroposophische Leitsätze*. GA 26. Dornach [10]1998, S.257.

300 Ebd., S.258.

301 In seinem Arlesheimer Abschiedsbrief hatte Trapeznikov im November 1916 an Michael Bauer und Margareta Morgenstern geschrieben: «Morgen muss ich nach Russland reisen. Mit dem Gedanken an diese Reise habe ich mich schon etwas versöhnt. Wahrscheinlich muss es so sein. Vielleicht bietet sich da die Gelegenheit nützlich zu sein. Ein großer Trost ist es für mich, dass ich bis zuletzt Doktor Steiner hören durfte und auch ihn persönlich sprechen konnte. Ein eigentümliches Gefühl habe ich, dass mich das Schicksal führt.» (Zit. n. Victor B. Fedjuschin: *Russlands Sehnsucht nach Spiritualität. Theosophie, Anthroposophie und die Russen*. Schaffhausen 1988, S.152f.)

302 Zit. n. Victor B. Fedjuschin, a.a.O., S.154f.

303 «Für mich war die erste und entscheidende Erkenntnis [...], dass im Zentrum aller Aussagen Rudolf Steiners der Christus steht. Die Anthroposophie hat sich mir als die moderne Form des Christentums offenbart. – Diese ‹Begegnung› mit der Anthroposophie war der glücklichste Augenblick in meinem Leben.» (Michail A. Čechov, *Leben und Begegnungen,* S.137)

304 In einem Brief an Čechov schrieb Michael Bauer: «Wie wunderbar, dass Sie ihn [den Apokalypse-Zyklus] gerade als den ersten in Moskau kennengelernt haben!» (von Rudolf Steiners schriftlichen Werken war Michail A. Čechov zuerst Steiners Schulungsbuch *Wie erlangt man Erkenntnisse der höheren Welten?* begegnet; vgl. Michail A. Čechov: a.a.O., S.130). Weiter hieß es in Bauers Brief über den Nürnberger Kurs: «Er [der Apokalypse-Zyklus] wird Ihnen [...] gewiss jetzt manches aufschließen, was Sie am Beginn Ihres anthroposophischen Studiums noch nicht daraus verstanden. Mir geht es auch so, dass ich ihn immer tiefer und tiefer erst allmählich verstehe. Wichtig ist, dass man die *Bilder*, die in der Offenbarung Johannis *selber* gegeben sind, sich dabei möglichst konkret veranschaulicht und in sich leben lässt. Dann werden sie Schlüssel zum Weltverständnis. Dazu hilft dann auch die kleine Apokalypse, die Christus selber seinen Jüngern in der letzten heiligen Woche gab: Marcus 13 und Lucas 21. Das ist eine gute Ergänzung dazu. Wieviel davon ist doch heute in Russland sichtbare Wirklichkeit – und überhaupt in der Welt! (Lucas 21, Vers 12 und Vers 16.17)» (GW 5, 106)

305 Michail A. Čechov, a.a.O., S.294.

306 Nach Michael Bauers Tod schrieb Michail Čechov in einem Brief an Margareta Morgenstern: «Einst gab er mir eine Meditation. Dann schloss er auf eine halbe Minute die Augen, um das mir gegebene Bild nachzuprüfen. Und in diesem Augenblicke: – *beim Anschauen seines Antlitzes* – ging mir etwas auf von den Möglichkeiten des Meditierens, etwas, was ich *vor* diesem glücklichen Augenblick noch nicht hatte verstehen können. – Einmal, als ich Schwierigkeiten hatte mit den Übungen, die er mir gegeben – da erhielt ich ganz unerwartet und so zur rechten Zeit von ihm ein Zettelchen, das gerade auf diese Schwierigkei-

ten erklärend und ratend einging. – Und wie ich eines Morgens zu ihm komme und ihm meinen Traum erzähle, da sagte er zu mir: ‹Das ist ja genau dasselbe, was ich für Sie *ausgedacht* hatte, was ich Ihnen habe geben wollen.› – Ein andermal, gleichfalls im Hinblick auf ein Traumerlebnis von mir, äußerte er: ‹Ja, aber das Bild muss noch verstärkt werden› und dann fügte er das hinzu, was meinem Traum noch gefehlt hatte. – Wo, wo sind die Grenzen der Liebe und der Sorge für die Menschen bei Michael Bauer?» (Zit. n. Kurt von Wistinghausen, a.a.O., S.219)

307 Brief an Michail Čechov, undatiert. Zit. n. Kurt von Wistinghausen, a.a.O., S.167; zu Čechovs ebenso erfolgreichem wie schwerem künstlerisch-biographischen Weg vgl. u.a. Victor B. Fedjuschin, a.a.O., S.292ff., sowie die Kurzbiographie von Jobst Langhans in Bodo von Plato (Hg.): *Anthroposophie im 20. Jahrhundert.* Dornach 2003, S.127f. Nach Fedjuschin und Langhans war Čechov bis kurz vor seinem Tod intensiv in die Mysteriendramen Rudolf Steiners vertieft.

308 Zit. n. Kurt von Wistinghausen, a.a.O., S.167.

309 Michail A. Čechov, a.a.O., S.298f.

310 Undatiert. In: GW 5, 105ff.

311 Zit. n. Margareta Morgenstern, a.a.O., S.166.

312 Zit. n. Christoph Rau, a.a.O., S.102.

313 Ebd., S.104.

314 Zit. n. Margareta Morgenstern, a.a.O., S.171.

315 In einem Brief beschrieb Carossa dieselben als Menschen, «die einzig auf Rudolf Steiner schwuren, alles andere mit grenzenloser Verachtung ablehnten, stets von Konzentrationsübungen sprachen, im übrigen aber sich in ihrem Verhalten und Handeln nicht von den übrigen Leuten unterschieden». (Zit. n. Christoph Rau, a.a.O., S.102)

316 Zit. n. Christoph Rau, a.a.O., S.106.

317 Vgl. hierzu die zahlreichen Briefaussagen Rudolf Steiners in: Rudolf Steiner/ Marie Steiner-von Sivers: *Briefwechsel und Dokumente* 1901–1925, GA 262.

318 Brief an Elisabeth Klein, undatiert (ca. 1928). In: GW 5, 105.

319 Friedrich Rittelmeyer: «Michael Bauer als Mensch», S.107f.

320 Bereits in einem frühen Brief vom Juni 1914 hatte Michael Bauer an Margareta Morgenstern geschrieben: *«[...] Innerlich geht es mir glücklicherweise jetzt wieder richtig. Ich kann fest meditieren, ohne dass die Lunge widerspricht, und bin auch ganz getrost.»* (In: GW 5, 49) Neun Jahre später berichtete Bauer im Juni 1923 an Rudolf Steiner in dem in Anm. 269 vollständig zitierten Brief: *«Innerlich geht es mit diesem Gesundheitswechsel mehr oder weniger auf und ab. In guten Stunden ist mir die geistige Welt jedoch näher als je [...].»* Friedrich Rittelmeyer sollte kurz nach dem Tod Michael Bauers in der Zeitschrift «Die Christengemeinschaft» über Bauers intensiv betriebene Selbstschulung (mit stundenlangen nächtlichen Meditationen) formulieren: «Er erzählte mir einmal, solange sein Leib ihn nicht hemmte, habe es jeden Tag bei ihm einen Ruck vorwärts getan. Aber er fügte sich auch ohne Widerrede darein, als das

Schicksal ihm durch den Körper diese starke Art vorwärtszustreben untersagte.» («Michael Bauer als Mensch», S. 106)

321 Brief an Albert Steffen. 14.6.1928. GW 5, 203.

322 Brief vom 11.11.1927. Zit. n. Kurt von Wistinghausen, a.a.O., S. 159.

323 Friedrich Rittelmeyer, zit. n. Margareta Morgenstern, a.a.O., S. 89.

324 Zit. n. Christoph Rau, a.a.O., S. 207.

325 Brief von Albert Steffen an Michael Bauer und Margareta Morgenstern. 10.11. 1928. In: GW 5, 205.

326 Vgl. Anm. 278.

327 Brief von Albert Steffen an Margareta Morgenstern. 26.5.1918. In: GW 5, 203.

328 Vgl. hierzu auch Rudolf Steiners drei Jahre später formulierte Aussage, der zufolge die Verbindung mit dem Michaels-Mysterium «im tiefsten Herzensinneren» der Anthroposophen ruhe (Rudolf Steiner: *Esoterische Betrachtungen karmischer Zusammenhänge*. Sechster Band. GA 240. Dornach [5]1992, S. 188); auch die Grundsteinlegung der Allgemeinen Anthroposophischen Gesellschaft erfolgte «in den Boden unserer Herzen» (Rudolf Steiner: *Die Weihnachtstagung zur Begründung der Allgemeinen Anthroposophischen Gesellschaft* 1923/24. GA 260. Dornach [5]1994, S. 64). Zum organologischen Schicksals-Kontext dieser Aussagen s. a. meine Monographie *Mysterium cordis. Studien zur sakramentalen Physiologie des Herzorgans*. Dornach 2004. – Hinsichtlich Michael Bauers sollte in diesem Zusammenhang die tiefgründige Charakterisierung Emil Bocks näher bedacht werden, der darauf hinwies, dass Bauers Herz – als dasjenige eines modernen Heiligen – nicht neben, sondern *in* der Welt und *im* Denken schlug (vgl. Anm. 254). Über Bauers Breitbrunner Existenz und Weltteilnahme schrieb Bock: «Aus der Stille seiner Krankenklause am Ammersee begleitete er *glühenden Herzens* die verschiedenen aus der Anthroposophie hervorgehenden Kultur-Erneuerungsbewegungen.» (Zit. n. Kurt von Wistinghausen, a.a.O., S. 207; Hervorhebung v. V.) Rudolf Steiner sagte in seiner letzten Jugend-Ansprache am 20.7.1924 in Arnheim: «[...] Unsere Herzen sind [...] anders geworden, wir tragen nicht mehr dieselben Herzen in der Brust. Unser physisches Herz ist hart, unser ätherisches Herz ist beweglicher geworden. Wir müssen die Möglichkeit finden, uns an unser übersinnliches Herz zu wenden. Wir müssen nach dieser Richtung hin Geisteswissenschaft verstehen. [...] Man muss sich schon klar sein, Geisteswissenschaft ist etwas, was leben muss in den Herzen. Die Herzen der Jugend sind wie geschaffen, auf diesem Gebiete das Richtige zu fühlen. Man muss den Mut haben, wirklich es zu denken. Schiller hat aus seiner Begeisterung heraus der Welt viel zu sagen gehabt. Er ist unter merkwürdigen Umständen gestorben. Aber man hat ihn doch seziert und sein Herz gefunden. Es war ein leerer Beutel, ganz vertrocknet, verbrannt. – So werden alle Herzen verbrennen, die sich in ihrer Erneuerung ergreifen. Wollen wir mit der Spiritualität ernst machen, dann müssen wir selbst uns mutvoll gestehen: Wenn es in uns nicht geht, mit der Welt mitzuleben, so kommt das davon her, dass wir neue Herzen haben müssen. Das sollen wir aber nicht bloß als Phrase empfinden. Werden wir uns bewusst, dass wir neue Herzen haben, dass neue

Herzen die Welt ganz anders fühlen müssen als die alten Herzen, und nehmen wir das ganz ernst, dann wird aus der Jugendbewegung etwas werden wie eine Flamme, die der Flamme des Sonnenaufgangs entgegenschlagen wird. [...] – Innerlich zusammenwachsen mit der Flamme, die sich heute entzündet, auf dass die Michael-Impulse verwirklicht werden! Ohne dass Flammen da sind, können sie nicht verwirklicht werden. Aber um durchflammt zu leben und zu arbeiten, dazu ist notwendig, dass man selber Flamme wird. Nur die Flamme wird von der Flamme nicht verzehrt. Wenn wir so fühlen können, dass wir Flammen werden, die von den Flammen nicht verbrannt werden, dann können wir ruhig die physischen Herzen als leere Beutel zurücklassen, denn wir haben das ätherische Herz, das verstehen wird, dass die Menschheit in ein neues Zeitalter hineinrückt: in das Leben der Geistigkeit.» (Rudolf Steiner: *Die Erkenntnis-Aufgabe der Jugend.* GA 217a. Dornach [2]1982, S. 185ff.)

329 Zit. n. Christoph Rau, a.a.O., S. 55f.

330 Zit. n. Christoph Rau, a.a.O., S. 111; Margareta Morgenstern schrieb in ihren Erinnerungen an den Tod Michael Bauers: «Seit drei Monaten wusste er den Tag seines Erdenabschieds. Er war ihm damals in Verbindung mit einem eindrucksvollen Bilde nachts gesagt worden. Die Ansage stimmte genau.» (Margareta Morgenstern, a.a.O., S. 173)

331 Zit. n. Christoph Rau. In: GW 4, 28.

332 Zit. n. Christoph Rau, a.a.O., S. 125.

333 Wie intensiv, aufmerksam und geistesgegenwärtig jedoch auch zahlreiche weitere Priester der Christengemeinschaft Michael Bauers letzte Erdenzeit begleiteten (und wie deutlich sie die spirituelle Bedeutung Bauers – als eines Christus-Zeugen – für das Werden der Christengemeinschaft erlebten), beleuchten nicht nur zahlreiche Erinnerungsberichte, sondern auch die denkwürdigen Briefworte Emil Bocks an Margareta Morgenstern am Tag nach Michael Bauers Tod: «Vor einem Jahr wurde ich in Assisi elementar von einem eindringlichen Erlebnis des Todes überfallen, als ich an Michael Bauer dachte. Ich habe damals tagelang gedacht, eine Todesnachricht zu erhalten. Seitdem musste ich jeden Tag in besonderer Art als hinzugeschenkt empfinden.» (19.6. 1929; zit. n. Kurt von Wistinghausen, a.a.O., S. 206)

334 Friedrich Rittelmeyer, a.a.O., S. 11. – Im einleitenden Kapitel seiner herausragenden Erinnerungsschrift an Rudolf Steiner formulierte Rittelmeyer in diesem Zusammenhang u.a.: «Nicht um einen Beweis für die Anthroposophie kann es sich hier handeln – der muss auf andere Weise geführt werden –, sondern nur um ein Wort für ihren Begründer. Dies aber mag um so notwendiger erscheinen, als die Anzeichen sich mehren, dass man nach alter Räuberart verfährt: den Menschen, den man getötet hat, hernach zu plündern. Man hat das Seinige dazu getan, Rudolf Steiner geistig tot zu machen. Nun nimmt man ihm noch seine geistigen Güter ab und trägt sie als eigenen Besitz zur Schau.» (ebd., S. 12f.).

335 Brief von Friedrich Rittelmeyer an Michael Bauer. 1.5.1928. In: GW 5, 172.

336 Brief an Friedrich Rittelmeyer. 17.8.1928. In: GW 5, 173.

337 Brief an Friedrich Rittelmeyer. 15.2.1928. In: GW 5, 174.

338 Friedrich Rittelmeyer: *Aus meinem Leben,* S.341.
339 Ebd.
340 Brief von Friedrich Rittelmeyer an Michael Bauer. 7.6.1929. In: GW 5, 176.
341 Über die Umstände der Text-Übergabe berichtete Emil Bock: «Ich konnte in der zweiten Februarhälfte 1925 einige Tage in Dornach sein und durch Dr. Guenther Wachsmuth, der dem Vorstand am Goetheanum angehörte und Leiter der Naturwissenschaftlichen Sektion war, einige Fragen, die sich in unserer Arbeit ergeben hatten, an Dr. Steiner richten. Als dieser von meiner Anwesenheit erfuhr, ließ er mir sogleich sagen: Ich möchte nicht abreisen, ohne entgegengenommen zu haben, was er mir noch mitgeben wolle. Am übernächsten Tage hielt ich die Blätter in den Händen, auf die er die Wortlaute für die noch ausstehende Feier geschrieben hatte. Ich bekam sie zugleich mit dem Vorschlag, wir sollten zu diesem Vollzuge die Priesterschaft nach Berlin zusammenrufen [...].» (Emil Bock: «Religiöse Erneuerung». In: M.J. Krück von Poturzyn (Hg.): *Wir erlebten Rudolf Steiner. Erinnerungen seiner Schüler.* Stuttgart [3]1967, S.52) Wachsmuth beschrieb die nähere Situation der Übergabe im Dornacher Atelier, fünf Wochen vor Rudolf Steiners Tod, mit den Worten: «Unvergesslich steht in meiner Erinnerung das Erlebnis, als Rudolf Steiner, bevor er dieses schicksalsreiche Dokument auf seinem Krankenlager zu Füßen der Christusstatue übergab, mich aufforderte, zunächst den Inhalt anzuhören und aufzunehmen. Mit seiner durch das Leiden zart und leise gewordenen Stimme, die aber so unendlich innig und geisterfüllt die Worte ertönen ließ, las er die erhabenen Worte der Einsetzungshandlung vor. Nur in solchen seltenen, entscheidenden Augenblicken habe ich Rudolf Steiner so innerlich bewegt und zugleich vom vollzogenen Werk freudig ergriffen erlebt. Und als er die Worte der Handlung vorgelesen hatte, sagte er mir bei der Übergabe des Textes: ‹Dies ist unmittelbar aus der geistigen Welt gegeben.›» (Guenther Wachsmuth: *Rudolf Steiners Erdenleben und Wirken.* Dornach [2]1951, S.623) Auch auf den – erneut durch Guenther Wachsmuth vermittelten – Bericht von der vollzogenen Einsetzungshandlung am 24. Februar 1925 in Berlin reagierte Rudolf Steiner «mit tiefster Erschütterung» (Emil Bock, a.a.O., S.52).
342 Zit. n. Rudolf F. Gädcke: *Die Gründer der Christengemeinschaft. Ein Schicksalsnetz.* Dornach 1992, S.5 (die entsprechende Formulierung Rudolf Steiners lautet gemäß der Rudolf Steiner-Gesamtausgabe: «Die Christengemeinschaft ist auf geistigem Boden von geistigen Wesenheiten gestiftet in Wirklichkeit.» Vgl. Rudolf Steiner: *Vorträge und Kurse über christlich-religiöses Wirken.* GA 346. Dornach 1995, S.230)
343 In: GW 5, 211.
344 Friedrich Rittelmeyer, zit. n. Margareta Morgenstern, a.a.O., S.89.
345 Brief von Friedrich Rittelmeyer an Michael Bauer. 14.6.1929. In: GW 5, 176f.
346 Nach dem Tod Michael Bauers sollte Friedrich Rittelmeyer in einem ersten Gedenkartikel schreiben: «Denke ich heute an Michael Bauer zurück, so ist sein Eigentümliches eine reife, reine Menschlichkeit gewesen, die ‹durchchristet› war, die eben Menschlichkeit nur war durch Christus. Es würde einem nicht in

den Sinn kommen, besonders von Michael Bauers Wahrhaftigkeit zu sprechen oder von seiner Reinheit oder von seinem sicheren Takt, weil dies alles selbstverständlich war, und weil es über dieses alles hinaus etwas gibt, das man eben nur Menschlichkeit nennen kann, wie sie durch Christus wird. Das höchste Erlebnis, das der Mensch auf der Erde haben kann, ist der Mensch. Man möchte die Erde segnen um eines einzigen Menschen willen, den man erlebt hat. Man wird in irgendeiner Tiefe froh, dass man auch ein Mensch sein darf. Man erlebt Menschenweihe.» («Michael Bauer als Mensch», S. 109)

347 Brief von Friedrich Rittelmeyer an Michael Bauer. 16.6.1929. In: GW 5, 177.

348 Michail A. Čechov, a.a.O., S.299. – Weiter schrieb Čechov in seinen Erinnerungen: «Sie [Margareta Morgenstern] wusste von Bauer schon lange über den Tag, selbst die Stunde seines Todes Bescheid. Dieser Tag war nun nicht mehr fern. Ich blieb. Mir war schwer zumute, und ich wartete auf die Stunde des Schicksals. Frau Morgenstern blieb ruhig wie immer, nur ihr Blick wurde traurig. Der Tag war gekommen. Ich konnte meine Erregung nicht mehr unterdrücken. Jetzt rückte auch die festgesetzte Stunde näher. Um meine Unruhe zu verbergen, ging ich für einige Minuten hinaus in den Garten, und als ich zurückkam, fand ich Bauer nicht mehr unter den Lebenden.» (ebd., S.299f.)

349 Das Bild Rudolf Steiners hing neben Michael Bauers Bett – vgl. die diesbezügliche Schilderung Wilhelm Kelbers: «Über dem Kopfende des Bettes hing das Christusbild unserer Altäre, an der Langseite das Bild Rudolf Steiners und [ein] Gemälde seiner Erdenheimat, hart neben seinem Kopf eine kleine Photographie Friedrich Rittelmeyers.» (Zit. n. Kurt von Wistinghausen, a.a.O., S.217; das «Christusbild unserer Altäre» – ein Gemälde des Auferstandenen von Vincenzo Foppa (vgl. S. 104), das Rudolf Steiner für die erste Menschen-Weihehandlung am 16.9.1922 aus seinem Atelier holte – befand sich ebenfalls über dem Kopfende des Kranken- und Sterbelagers von Rudolf Steiner und Christian Morgenstern; vgl. S.113.)

350 Zit. n. Margareta Morgenstern, a.a.O., S. 173.

351 Rudolf Steiner: *Wie erlangt man Erkenntnisse der höheren Welten?*, S.199. – Michail Čechov formulierte nach Michael Bauers Tod in einem Brief an Margareta Morgenstern: «Soll ich Dir, lieber Freund, nun noch schreiben, was blitzartig meine Seele durchzog, während wir in der Stille der Nacht an seinem Sterbebett saßen?: / Von geistigem Schaffen und Leiden spricht Dein Antlitz, Du teurer Michael Bauer! – vom *Wie* dieses Schaffens und Leidens. / Solch einen Tempelbau des Geistes, solch einen irdischen Leib, ihn kann man nicht hin*werfen*, noch hin*schleudern*; behutsam kann man ihn nur hin*legen*. / Du hast ihn wahrlich wie ein Künstler sein Werkzeug im letzten, allerletzten Augen-Blick *hingelegt*.» (In: Das Goetheanum. 21. Juli 1929. 8. Jg., Nr. 30. S.237)

352 Erstveröffentlichung des Textes in: Die Christengemeinschaft. Stuttgart 1937, S.307ff.

Gesamtverzeichnis der Schriften
von Peter Selg

Werkbiografie Rudolf Steiners

Geistiges Überleben. Der Abgrund des Materialismus und die Aufgabe der Anthroposophie. (2021, Verlag am Goetheanum)

Die Zukunft Ahrimans und das «Erwachen der Seelen». Zur Geistesgegenwart der Mysteriendramen. (2021, Verlag am Goetheanum)

Die Eröffnung des Goetheanum und die Diffamierung der Anthroposophie. (2021, Verlag des Ita Wegman Instituts / Verlag am Goetheanum)

Der Untergang des Abendlands? Rudolf Steiners Auseinandersetzung mit Oswald Spengler (1920). (2020, Verlag des Ita Wegman Instituts / Verlag am Goetheanum)

Rudolf Steiners Atelier. (2019, Verlag des Ita Wegman Instituts)

Rudolf Steiner. 1861–1925. Lebens- und Werkgeschichte. 7 Bände. ([2]2018, Verlag des Ita Wegman Instituts)

Michael als Genius der Zivilisationsentwicklung. Rudolf Steiners Abschied von Berlin. Potsdamer Straße 39a, 23. Mai 1923. (2013, Verlag des Ita Wegman Instituts)

Rudolf Steiner und Christian Rosenkreutz. (2010; [3]2015, Verlag des Ita Wegman Instituts)

Rudolf Steiner und Felix Koguzki. Der Beitrag des Kräutersammlers zur Anthroposophie. (2009, Verlag des Ita Wegman Instituts)

Rudolf Steiner – zur Gestalt eines geistigen Lehrers. Eine Einführung. (2007; [2]2011, Verlag am Goetheanum)

Die Arbeit des Einzelnen und der Geist der Gemeinschaft. Rudolf Steiner und das Soziale Hauptgesetz. (2007; [2]2011, Verlag am Goetheanum)

Rudolf Steiners innere Situation zur Zeit der «Philosophie der Freiheit». Eine Studie. (2007, Verlag am Goetheanum)

Studien zu Ita Wegman

Die Intentionen Ita Wegmans 1925–1943. Zur Rehabilitierung Ita Wegmans. Band 2. (2019, Verlag des Ita Wegman Instituts)

(Hrsg.) Rudolf Steiner: Briefe und Meditationen für Ita Wegman. Zur Rehabilitierung Ita Wegmans. Band 1. (2018, Verlag des Ita Wegman Instituts)

(Hrsg.) Widerspruch. Ungehörte und verdrängte Stimmen gegen die Dornacher Ausschlüsse des Jahres 1935. (2018, Verlag des Ita Wegman Instituts)

Ita Wegman und die Heilkraft des Goetheanum. (2018, Verlag des Ita Wegman Instituts)

Der Mut des Heilens. Über Ita Wegman. (2017, Verlag des Ita Wegman Instituts)

(Hrsg.) Ita Wegman: Erinnerung an Rudolf Steiner. (2009; ²2011, Verlag des Ita Wegman Instituts)

Liane Collot d'Herbois und Ita Wegman. (2008, Verlag am Goetheanum)

«Ich bleibe bei Ihnen». Rudolf Steiner und Ita Wegman. München, Pfingsten 1907. Dornach, 1923–1925. (2007, Verlag Freies Geistesleben)

Ita Wegman und Arlesheim. (2006, Verlag am Goetheanum)

Sterben, Tod und geistiges Leben. Die Kondolenzbriefe Ita Wegmans und das Todesverständnis der anthroposophischen Geisteswissenschaft. (2005, Verlag am Goetheanum)

Geistiger Widerstand und Überwindung. Ita Wegman 1933–1935. (2005, Verlag am Goetheanum)

Die letzten drei Jahre. Ita Wegman in Ascona 1940–1943. (2004; ²2006, Verlag am Goetheanum)

«Ich bin für Fortschreiten». Ita Wegman und die Medizinische Sektion. (2002; ²2004, Verlag am Goetheanum)

Goetheanum und Freie Hochschule

Die Sprache des Hüters. Zur Schulung der «Ersten Klasse». (2020, Verlag des Ita Wegman Instituts)

Die Auseinandersetzung mit dem Bösen. Zur Schulung der «Ersten Klasse». (2019, Verlag des Ita Wegman Instituts)

(Hrsg.) Die Freie Hochschule für Geisteswissenschaft. Ihre Bedeutung und ihr Ziel. Beiträge zum Verständnis und zum Weiterwirken der Weihnachtstagung. Band 4. (Gemeinsam mit Marc Desaules; 2018, Verlag des Ita Wegman Instituts)

(Hrsg.) Anthroposophie und Hochschule. Geisteswissenschaftliche Perspektiven in Forschung, Studium und Ausbildung. (Gemeinsam mit Tomáš Zdražil; 2016, Verlag des Ita Wegman Instituts)

Die Freie Hochschule für Geisteswissenschaft und die Michael-Schule. (2014, Verlag des Ita Wegman Instituts)

Der Vorstand, die Sektionen und die Gesellschaft. Welche Hochschule wollte Rudolf Steiner? (2011, Verlag des Ita Wegman Instituts)

Die Gestalt Christi. Rudolf Steiner und die geistige Intention des zentralen Goetheanum-Kunstwerkes. (2008; ²2009, Verlag des Ita Wegman Instituts)

Rudolf Steiner und die freie Hochschule für Geisteswissenschaft. Die Begründung der «Ersten Klasse». (2008, Verlag des Ita Wegman Instituts)

Edith Maryon. Rudolf Steiner und die Dornacher Christus-Plastik. (2006, Verlag am Goetheanum)

Anthroposophische Gesellschaft

Das Geheimnis der Liebe. Für Florian Roder. (2021, Verlag des Ita Wegman Instituts)

(Hrsg.) Die Anthroposophische Gesellschaft. Beiträge zum Verständnis und zum Weiterwirken der Weihnachtstagung. Band 3. (Gemeinsam mit Marc Desaules; 2016, Verlag des Ita Wegman Instituts)

(Hrsg.) Der Grundstein und die Grundstein-Meditation. Beiträge zum Verständnis und zum Weiterwirken der Weihnachtstagung. Band 2. (Gemeinsam mit Marc Desaules; 2015, Verlag des Ita Wegman Instituts)

(Hrsg.) Die Sozialgestalt der Weihnachtstagung. Beiträge zum Verständnis und zum Weiterwirken der Weihnachtstagung. Band 1. (Gemeinsam mit Marc Desaules; 2014, Verlag des Ita Wegman Instituts)

Geistige Hilfeleistung. Rudolf Steiner und Christian Morgenstern. (2014, Verlag des Ita Wegman Instituts)

Grundstein zur Zukunft. Vom Schicksal der Michael-Gemeinschaft. (2013, Verlag des Ita Wegman Instituts)

Das Wesen und die Zukunft der Anthroposophischen Gesellschaft. (2013, Verlag des Ita Wegman Instituts)

Die Identität der Allgemeinen Anthroposophischen Gesellschaft. (2012, Verlag des Ita Wegman Instituts)

Karl Schuberts Beziehung zu Rudolf Steiner. (2011, Verlag des Ita Wegman Instituts)

Zum Schicksal Elisabeth Vreedes. Plinius der Ältere – Jakob von Molay. (2010, Verlag des Ita Wegman Instituts)

Willem Zeylmans van Emmichoven. Anthroposophie und Anthroposophische Gesellschaft im 20. Jahrhundert. (2009, Verlag des Ita Wegman Instituts)

Elisabeth Vreede. 1879–1943. (2009, Verlag des Ita Wegman Instituts)

Albert Steffen. Begegnung mit Rudolf Steiner. (2009, Verlag am Goetheanum)

Christian Morgenstern. Sein Weg mit Rudolf Steiner. (2008; [2]2013, Verlag Freies Geistesleben)

Rudolf Steiners Toten-Gedenken. Die Verstorbenen, der Dornacher Bau und die Anthroposophische Gesellschaft. (2008, Verlag des Ita Wegman Instituts)

Vom Umgang mit Rudolf Steiners Werk. Ursprung, Krise und Zukunft des Dornacher Goetheanums. (2007, Verlag am Goetheanum)

Marie Steiner-von Sivers. Aufbau und Zukunft des Werkes von Rudolf Steiner. (2006, Verlag am Goetheanum)

Michael Bauer. Ein Mitarbeiter Rudolf Steiners. (2006, [2]2021 Verlag am Goetheanum)

Karl König und die Anthroposophie. Zur Spiritualität eines esoterischen Christen im 20. Jahrhundert. (2006, Verlag am Goetheanum)

Christengemeinschaft

Anthroposophie, Religion und Kultus. Rudolf Steiners Kurs für Theologie-Studenten. Stuttgart, Juni 1921. (2021, Verlag am Goetheanum)

Apokalypse. Vom Weg zur «Ewigen Stadt». (2020, Verlag des Ita Wegman Instituts)

Friedrich Doldinger. Priester der Christengemeinschaft. (2019, Verlag des Ita Wegman Instituts)

Wiederkunft. Werden und Wesen der Christengemeinschaft. (2018, Verlag des Ita Wegman Instituts)

Rudolf Steiner und das Credo der Menschen-Weihehandlung. (2018, Verlag des Ita Wegman Instituts)

Menschen-Weihehandlung. Rudolf Steiner und die Priestergemeinschaft der christlichen Erneuerung. (2016; ^{2}2018, Verlag des Ita Wegman Instituts)

Menschwerdung. Das therapeutische Vaterunser im Zeitalter der Extreme. (2016; ^{2}2017, Verlag des Ita Wegman Instituts)

Der geistige Jahreslauf

«Bald sind wir aber Gesang». Welten-Pfingsten in Zeiten der Gefahr. (2021, Verlag des Ita Wegman Instituts)

Epiphanias. Fest der Geisttaufe. (2019, Verlag des Ita Wegman Instituts)

«Ergründe ich mein wahres Wesen». Der Weg der Menschenseele von Ostern bis Michaeli. (2018, Verlag des Ita Wegman Instituts)

«Zu tragen Geisteslicht in Weltenwinternacht». Der Weg der Menschenseele von Michaeli bis Weihnacht. (2018, Verlag des Ita Wegman Instituts)

«Eingedenk vollzogner Geistgeburt». Der Weg der Menschenseele von Weihnacht bis Ostern. (2017, Verlag des Ita Wegman Instituts)

Himmelfahrt und Pfingsten. (2017, Verlag des Ita Wegman Instituts)

Michaeli. Vom Vertrauen in die Menschheit am Abgrund. (2017, Verlag des Ita Wegman Instituts)

Weihnachten. Mysterien der Hoffnung in einer erschütterten Welt. (2017, Verlag des Ita Wegman Instituts)

Ostern. Die Atmung der Erde. (2016; ^{2}2018, Verlag des Ita Wegman Instituts)

Johanni. Das historische Gewissen und die Zukunft der Erde. (2016; ^{2}2018, Verlag des Ita Wegman Instituts)

(Hrsg.) Rudolf Steiner: «Seelenkalender». In der Fassung der Handschrift. (2013, Verlag des Ita Wegman Instituts)

Meditationen Rudolf Steiners

«Das geistige Licht». Heilmantren Rudolf Steiners. (2019, Verlag des Ita Wegman Instituts)

Patienten-Meditationen von Rudolf Steiner. (2019, Verlag des Ita Wegman Instituts)

«Ich denke an mein Herz – es birgt mein Ich». Eine Krankenmeditation Rudolf Steiners. (2017, Verlag des Ita Wegman Instituts)

Die Punkt-Umkreis-Meditation des Heilpädagogischen Kurses. Vom werdenden Ich des Menschen. (2013, Verlag des Ita Wegman Instituts)

Die Grundstein-Meditation Rudolf Steiners und die Zerstörungen des 20. Jahrhunderts. (2011; ²2013, Verlag des Ita Wegman Instituts)

«Die beseelte Menschen-Sonne». Eine Herz-Meditation Rudolf Steiners. (2011, Verlag des Ita Wegman Instituts)

Geisteswissenschaftliche Christologie

«Die Gestalt des Menschheitsrepräsentanten und das Evangelium der Erkenntnis». (2020, Verlag am Goetheanum, gemeinsam mit Constanza Kaliks und Claus-Peter Röh)

Die Leiden der nathanischen Seele. Anthroposophische Christologie am Vorabend des Ersten Weltkriegs. (2014, Verlag des Ita Wegman Instituts)

Michael und Christus. Studien zur Anthroposophie Rudolf Steiners. (2010, Verlag des Ita Wegman Instituts)

Das Vaterunser in der Darstellung Rudolf Steiners. (2009; ²2011, Verlag Freies Geistesleben)

Christus und die Jünger. Vom Schicksal der inneren Gemeinschaft. (2009, Verlag des Ita Wegman Instituts)

Das Ereignis der Jordantaufe. Epiphanias im Urchristentum und in der Anthroposophie Rudolf Steiners. (2008; ²2016, Verlag Freies Geistesleben)

«Wie eine Art Gottesdienst». Rudolf Steiner, die Oberuferer Spiele und das Weihnachtsfest. (2008; ²2016, Verlag Freies Geistesleben)

Die Kultur der Selbstlosigkeit. Rudolf Steiner, das Fünfte Evangelium und das Zeitalter der Extreme. (2006; ³2010, Verlag am Goetheanum)

Rudolf Steiner und die Vorträge über das Fünfte Evangelium. Eine Studie. (2005; ²2010, Verlag am Goetheanum)

(Hrsg.): Es war einer krank. Die Heilungen in den Evangelien. (2003, Verlag Freies Geistesleben)

Studien mit und zu Sergej O. Prokofieff

Die Mysterien der Zukunft. Vom Lebenswerk Sergej O. Prokofieffs. (2018, Verlag des Ita Wegman Instituts)

Die Weihnachtstagung und die Begründung der neuen Mysterien. (Gemeinsam mit Sergej O. Prokofieff; 2011, Verlag des Ita Wegman Instituts)

Die Christologie des Buches «Die Geheimwissenschaft im Umriss». (Gemeinsam mit Sergej O. Prokofieff; 2010, Verlag des Ita Wegman Instituts)

Das Erste Goetheanum und seine christologischen Grundlagen. (Gemeinsam mit Sergej O. Prokofieff; 2009, Verlag des Ita Wegman Instituts)

Die Wiederkunft des Christus im Ätherischen. Zum Fünften Evangelium. (Gemeinsam mit Sergej O. Prokofieff; 2009; ²2010, Verlag des Ita Wegman Instituts)

Studien zu Kaspar Hauser

Schicksals-Weihe. Die Konfirmation Kaspar Hausers. (2018, Verlag des Ita Wegman Instituts)

Ita Wegman und Kaspar Hauser. (2018, Verlag des Ita Wegman Instituts)

(Hrsg.) Kaspar Hauser und das Flüchtlingsdrama heute. Verlust und Wiederaufbau menschlicher Identität. (2017, Verlag des Ita Wegman Instituts)

Das andere Deutschland. Über Friedrich Hölderlin, Kaspar Hauser und Rudolf Steiner. (2016, Verlag des Ita Wegman Instituts)

(Hrsg.) Karl König: Kaspar Hauser. Das Kind Europas. (Gemeinsam mit Richard Steel; 2012, Verlag Freies Geistesleben)

Heilkunst und Ethik der Medizin

Heilpädagogik oder «Kindereuthanasie»? Karl Königs Auseinandersetzung mit Werner Catel. (2021, Verlag des Ita Wegman Instituts)

Nach Auschwitz. Auseinandersetzungen um die Zukunft der Medizin. (2020, Verlag des Ita Wegman Instituts)

(Hrsg.) Vorgeschichte, Intention und Komposition. Materialien zum ersten Ärztekurs Rudolf Steiners 1920. (Gemeinsam mit Péter Barna 2020, Verlag am Goetheanum)

Rudolf Steiners Beziehung zur Medizin. (2019, Verlag des Ita Wegman Instituts)

Der Kampf um die Heileurythmie im Spannungsfeld von therapeutischer Gemeinschaft, Anthroposophischer Gesellschaft und Hochschule. (2018, Verlag des Ita Wegman Instituts)

Was heißt und zu welchem Ende studiert man Anthroposophische Medizin? (2017; [2]2019, Verlag des Ita Wegman Instituts)

Die Würde des Leibes und die gesundende Kraft des Geistes. (2016, Verlag des Ita Wegman Instituts)

Mensch und Mistel. Die Begründung der onkologischen Viscum-Behandlung durch Rudolf Steiner und Ita Wegman. Band 1: 1917–1925. (2016, Salumed Verlag)

(Hrsg.) Von der Eurythmie zur Heileurythmie. Methodische Grundlagen und Arbeitsansätze. (2016, Verlag des Ita Wegman Instituts)

(Hrsg.) Mistelforschung und Krebstherapie. Arlesheimer Studien Band 1. (Gemeinsam mit Maurice Orange, Hartmut Ramm und Severin Poechtrager; 2016, Verlag des Ita Wegman Instituts)

Hippokrates. Ärztliche Ausbildung und Ethik. (2015, Verlag des Ita Wegman Instituts)

(Hrsg.) «Okkulte Physiologie». Rudolf Steiners Prager Kurs (1911). (2015, Verlag des Ita Wegman Instituts)

(Hrsg.) Das menschliche Herz. Kardiologie in der Anthroposophischen Medizin. (Gemeinsam mit Christoph Rubens; 2014, Verlag des Ita Wegman Instituts)

Das Leib-Seele-Problem. Zur Entwicklung eines geistgemäßen Menschenbildes in der Medizin des 20. Jahrhunderts. (Gemeinsam mit Peter Heusser; 2011, Verlag des Ita Wegman Instituts)

Dr. Oskar Schmiedel 1887–1959. Der erste anthroposophische Pharmazeut und Weleda-Direktor. (2010, Verlag des Ita Wegman Instituts)

Rudolf Hauschka am Klinisch-Therapeutischen Institut in Arlesheim (1929–1941). (2010, Verlag des Ita Wegman Instituts)

Das Leben schützen. Ärztliche Ethik und Suizidhilfe. Eine Betrachtung aus anthroposophischer Sicht. (Gemeinsam mit Sergej O. Prokofieff; 2010, Verlag am Goetheanum)

(Hrsg.) «Und in der Tat, dies wirkte». Die Krankengeschichten des Buches «Grundlegendes für eine Erweiterung der Heilkunst nach geisteswissenschaftlichen Erkenntnissen» von Rudolf Steiner und Ita Wegman. Eine Dokumentation. (2007, Verlag am Goetheanum)

(Hrsg.) Ita Wegman: Medizinisch-Therapeutische Korrespondenzen. (2007, Verlag am Goetheanum)

«Die Medizin muss Ernst machen mit dem geistigen Leben». Rudolf Steiners Hochschulkurse für die «jungen Mediziner». (2006, Verlag am Goetheanum)

Die «Wärme-Meditation». Geschichtlicher Hintergrund und ideelle Beziehungen. (2005; [4]2018, Verlag am Goetheanum)

Christliche Medizin. Die ideellen Beziehungen des Christentums zur Heilkunde und die Anthroposophische Medizin. (2005, Verlag am Goetheanum)

Die Briefkorrespondenz der «jungen Mediziner». Eine dokumentarische Studie zur Rezeption von Rudolf Steiners «Jungmediziner»-Kursen. (2005, Verlag am Goetheanum)

(Hrsg.) Rudolf Steiner – Quellentexte für die Wissenschaften. Band 3: Physiologische Menschenkunde. Band 4: Pathologie und Therapie. (2004, Rudolf Steiner Verlag; [2]2014, Salumed Verlag)

Krankheit, Heilung und Schicksal des Menschen. Über Rudolf Steiners geisteswissenschaftliches Pathologie- und Therapieverständnis. (2004, Verlag am Goetheanum)

Mysterium cordis: Von der Mysterienstätte des Menschenherzens. Studien zur sakramentalen Physiologie des Herzorgans. Aristoteles, Thomas von Aquin, Rudolf Steiner. (2003; [2]2006, Verlag am Goetheanum)

Helene von Grunelius und Rudolf Steiners Kurse für junge Mediziner. Eine biographische Studie. (2003, Verlag am Goetheanum)

Krankheit und Christus-Erkenntnis. Anthroposophische Medizin als christliche Heilkunst. (2001; [2]2003, Verlag am Goetheanum)

(Hrsg.) Eugen Kolisko: Das Wesen und die Behandlung der Maul- und Klauenseuche. (2001, Verlag am Goetheanum)

Vom Logos menschlicher Physis. Die Entfaltung einer anthroposophischen Humanphysiologie im Werk Rudolf Steiners. (2000; [2]2006, Verlag am Goetheanum)

(Hrsg.) Anthroposophische Ärzte. Lebens- und Arbeitswege im 20. Jahrhundert. (2000, Verlag am Goetheanum)

Anfänge anthroposophischer Heilkunst. Ita Wegman, Friedrich Husemann, Eugen Kolisko, Willem Zeylmans van Emmichoven, Karl König, Gerhard Kienle. (2000, Verlag am Goetheanum)

Waldorfpädagogik und Heilpädagogik

Wirklichkeitsverständnis. Jugendpädagogik in globaler Krisenzeit. (2021, Verlag des Ita Wegman Instituts)

Zivilcourage. Die Herausforderung Freier Waldorfschulen. (2020, Verlag des Ita Wegman Instituts)

Die Oberuferer Weihnachtsspiele. (2019, Verlag des Ita Wegman Instituts)

«Armer Leute Kind». Rudolf Steiners Kindheits- und Jugendentwicklung. (2019, Verlag des Ita Wegman Instituts)

Das Licht der Waldorfschule. (2019, Verlag des Ita Wegman Instituts)

Waldorfpädagogik und Anthroposophie. (2018, Verlag des Ita Wegman Instituts)

Anthroposophie in einer autistischen Gesellschaft. (2018, Verlag des Ita Wegman Instituts)

Übe Geist-Erinnern. Das Gewissen der anthroposophischen Heilpädagogik. (2018, Verlag des Ita Wegman Instituts)

Anthroposophische Pädagogik. Rudolf Steiners Kurs im Berner Rathaus. (2015, Verlag des Ita Wegman Instituts)

Kindheit und Christuswesen. Von der therapeutischen Haltung im Angesicht der Bedrohung. (2015, Verlag des Ita Wegman Instituts)

Das Kind als Sinnes-Organ. Zum anthroposophischen Verständnis der Nachahmungsprozesse. (2015, Verlag des Ita Wegman Instituts)

«Ich bin anders als Du». Vom Selbst- und Welterleben des Kindes in der Mitte der Kindheit. (2011, Verlag des Ita Wegman Instituts)

Der Wille zur Zukunft. (2011; [2]2018, Verlag des Ita Wegman Instituts)

Ungeborenheit. Die Präexistenz des Menschen und der Weg zur Geburt. (2009; [4]2018, Verlag des Ita Wegman Instituts)

Der geistige Kern der Waldorfschule. (2009; [4]2017, Verlag des Ita Wegman Instituts)

(Hrsg.) Karl König: Meine zukünftige Aufgabe. Autobiographische Aufzeichnungen und lebensgeschichtliche Zeugnisse. (2008, Verlag Freies Geistesleben)

(Hrsg.) Karl König: Das Seelenpflege-bedürftige Kind. Vom Wesen der Heilpädagogik. (2008, Verlag Freies Geistesleben)

Ita Wegman und Karl König. Eine biographische Dokumentation. (2007, Verlag am Goetheanum)

Willfried Immanuel Kunert. Zur Lebens- und Therapiegeschichte eines Kindes aus dem «Heilpädagogischen Kurs». (2006, Verlag am Goetheanum)

Der therapeutische Blick. Rudolf Steiner sieht Kinder. (2005; [4]2018, Verlag am Goetheanum)

«Eine grandiose Metamorphose». Zur geisteswissenschaftlichen Anthropologie und Pädagogik des Jugendalters. (2005; [2]2011, Verlag am Goetheanum)

Der Engel über dem Lauenstein. Siegfried Pickert, Ita Wegman und die Heilpädagogik. (2005, Verlag am Goetheanum)

(Hrsg.) Eugen Kolisko. Vom therapeutischen Charakter der Waldorfschule. (2002, Verlag am Goetheanum)

(Hrsg.) Georg von Arnim. Meditative Aufzeichnungen. (2002, Verlag am Goetheanum)

Goetheanistische Naturwissenschaft

(Hrsg.) Der Mensch und die Bienen. (Gemeinsam mit Johannes Wirz; 2015, Verlag des Ita Wegman Instituts)

Koberwitz, Pfingsten 1924. Rudolf Steiner und der Landwirtschaftliche Kurs. (2009, Rudolf Steiner Verlag)

Anthroposophie und Widerstand im Nationalsozialismus

«Ein Brückenschlag zum Rechtsextremismus»? Über die Anthroposophie in der Zeit des Nationalsozialismus. (2021, Verlag des Ita Wegman Instituts)

Dichter nach Auschwitz. Paul Celan und Nelly Sachs. (2020, Verlag des Ita Wegman Instituts)

Rudolf Steiner, die Anthroposophie und der Rassismus-Vorwurf. Gesellschaft und Medizin im totalitären Zeitalter. (2020, Verlag des Ita Wegman Instituts)

Erzwungene Schliessung. Die Ansprachen der Stuttgarter Lehrer zum Ende der Waldorfschule im deutschen Faschismus (1938). (2019, Verlag des Ita Wegman Instituts)

Flucht und Deportation Anne Franks. (2019, Verlag des Ita Wegman Instituts)

Die Überlebenden von Bergen-Belsen. Anny Pfirter und das Internationale Rote Kreuz. (2018, Verlag des Ita Wegman Instituts)

Ilse Rennefeld. Eine anthroposophische Ärztin jüdischer Herkunft im niederländischen Exil (1939–1942). (2017, Verlag des Ita Wegman Instituts)

Nelly Sachs. Die Opfer des Nationalsozialismus und die «Gejagten alle auf der Welt». (2017, Verlag des Ita Wegman Instituts)

Alexander Schmorell. 1917–1943. Der Idealismus der «Weißen Rose» und das geistige Russland. (2013, Verlag des Ita Wegman Instituts)

Maria Krehbiel-Darmstädter. Von Gurs nach Auschwitz. Der innere Weg. (2010, Verlag des Ita Wegman Instituts)

Überleben in Auschwitz. Elie Wiesel, Ruth Klüger, Ruth Elias, Primo Levi, Viktor Frankl. (2010, Verlag des Ita Wegman Instituts)

Der geistige Weg von Hans und Sophie Scholl. (2006; [2]2007, Verlag am Goetheanum)

Anthroposophie und Zeitgeschehen

Die Zukunft der Erde. Franz von Assisi, die Rosenkreuzer und die Anthroposophie. (2021, Verlag des Ita Wegman Instituts)

Das Mysterium der Erde. Aufsätze zur Corona-Zeit. (2020, Verlag des Ita Wegman Instituts)

Klima-Wandel. Greta Thunberg und wir. (2020, Verlag des Ita Wegman Instituts)

«Daheim in der Güte». Erinnerung an Heinrich Böll. (2018, Verlag des Ita Wegman Instituts)

Die Gegenwart des Vergangenen. Rudolf Steiner und die Aktualität des Jahres 1917. (2017, Verlag des Ita Wegman Instituts)

Ökonomie der Brüderlichkeit. Zur Aktualität der sozialen Dreigliederung. (Gemeinsam mit Marc Desaules; 2016; ²2017, Verlag des Ita Wegman Instituts)

Rudolf Steiner 1916 und die Herausforderungen der Gegenwart. (2016; ²2017, Verlag des Ita Wegman Instituts)

Gerhard Kienle, das Gemeinschaftskrankenhaus und die Universität Witten / Herdecke

Gerhard Kienle und die Universität Witten-Herdecke. Ärztliche Ausbildung und Ethik. (2017, Verlag des Ita Wegman Instituts)

(Hrsg.) Gerhard Kienle. Die Würde des Menschen und die Humanisierung der Medizin. Aufsätze und Vorträge. (2009, Verlag des Ita Wegman Instituts)

Gerhard Kienle. Leben und Werk. (2003, Verlag am Goetheanum)

Kunst und Geistesgeschichte

(Hrsg.) Der Wolkendurchleuchter. Friedrich Doldingers apokalyptisches Widerstandsdrama. (2019, Verlag des Ita Wegman Instituts)

Rudolf Steiner und der Weltenhumor. (2019, Verlag des Ita Wegman Instituts)

(Hrsg.) Jacques de Jaager (1885–1916). Von der Suche nach einem früh verstorbenen Bildhauer am Goetheanum. (2016, Verlag des Ita Wegman Instituts)

(Hrsg.) Liane Collot d'Herbois. Werk und Leben – Work and Life. (Gemeinsam mit Walter Schneider; 2013, Raffael-Verlag)

Esoterische Gemeinschaften in Rudolf Steiners Mysteriendramen. Templer – Rosenkreuzer – Der Kreis um Benedictus. (2010, Verlag des Ita Wegman Instituts)

Die Reinheit des Ordens und das Opfer. Friedrich Schillers Johanniter-Fragment «Die Malteser». (2010, Verlag am Goetheanum)

Friedrich Hölderlin. Die Linien des Lebens. (2009, Verlag Freies Geistesleben)

Rainer Maria Rilke und Franz Kafka. Lebensweg und Krankheitsschicksal im 20. Jahrhundert. (2007, Pforte Verlag)

Friedrich Schiller. Die Geistigkeit des Willens. (2005; ²2010, Verlag am Goetheanum)

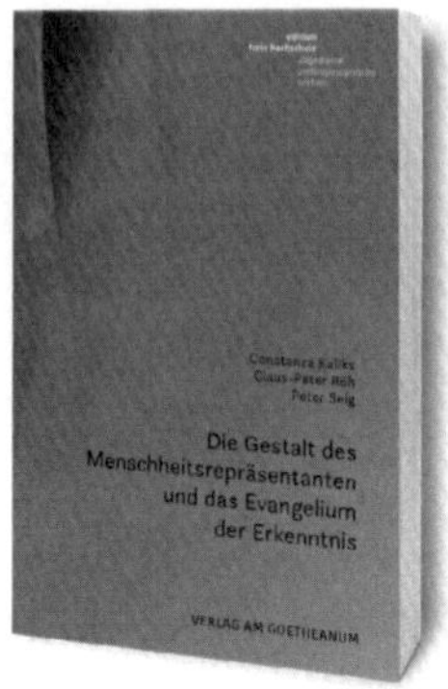
Constanza Kaliks
Claus-Peter Röh
Peter Selg
Die Gestalt des Menschheitsrepräsentanten und das Evangelium der Erkenntnis
VERLAG AM GOETHEANUM

Allgemeine Anthroposophische Sektion (Goetheanum)
Peter Selg
Die Eröffnung des Goetheanum und die Diffamierung der Anthroposophie
Verlag am Goetheanum | Verlag des Ita Wegman Instituts

Ita Wegman Institut für anthroposophische Grundlagenforschung

Im Ita Wegman Institut für anthroposophische Grundlagenforschung wird die von Dr. phil. Rudolf Steiner (1861–1925) in Schrift- und Vortragsform entwickelte anthroposophische Geisteswissenschaft ideengeschichtlich aufgearbeitet, unter werkbiographischer Akzentuierung und im Kontext der Wissenschafts- und Sozialgeschichte des 19. und 20. Jahrhunderts.
Das Institut unterhält mehrere, öffentlich zugängliche Arbeitsarchive, die auf den Nachlässen von wegweisenden Mitarbeitern Rudolf Steiners beruhen, insbesondere im Bereich der Medizin, Heilpädagogik und Pädagogik (Ita Wegman Archiv, Hilma Walter Archiv, Willem Zeylmans van Emmichoven Archiv, Karl König Archiv und Karl Schubert Archiv).
Die Arbeiten des Ita Wegman Instituts werden von verschiedenen Stiftungen – in erster Linie der Software AG-Stiftung (Darmstadt) – sowie einem internationalen Freundes- und Förderkreis unterstützt.

Pfeffingerweg 1A · CH-4144 Arlesheim · Schweiz
Leitung: Prof. Dr. P. Selg
www.wegmaninstitut.ch · E-mail: sekretariat@wegmaninstitut.ch